リチャード・A・スクーズ

フロイトとアンナ・O

最初の精神分析は失敗したのか

岡元彩子
馬場謙一
共 訳

みすず書房

SIGMUND FREUD AND THE HISTORY OF ANNA O.

Reopening a Closed Case

by

Richard A. Skues

First published by Palgrave Macmillan, 2006

スージー、かけがえのない人へ――

目次

第2部　伝説の生成

適切な技法は4つの基本原則にまとめられる．(1) 何事も当然のことと決めてしまわないこと．(2) すべてを吟味すること．(3) 何事もその文脈において考えること．(4) 事実と事実の解釈との区別を峻厳につけること．

——アンリ・F・エランベルジェ『無意識の発見』序（1970）

専門を持つ科学者は大きな不利をこうむる立場にある．彼らは無駄なものも無視することを許されない．

——ゲーテ『箴言と省察』（遺稿）

序

最大の難事は予期しないところにある。[1]
——ゲーテ『箴言と省察』(一八二九)

本書の目的は、ある一つの神話を史実に添って見直すこと、すなわち精神分析学の中の一つの伝説を根本的に書きなおしてみることである。その伝説とは、フロイトとヨーゼフ・ブロイアーによる一八九五年初版『ヒステリー研究』の中核、アンナ・O、本名ベルタ・パッペンハイムの症例研究である。

ヨーゼフ・ブロイアーはベルタ・パッペンハイムを一八八〇年末から一八八二年六月まで治療したが、事例を公表したのは治療終了の一〇年後、フロイトから二人の共同研究を説明する例として、これを公表しようと強く求められ、一八九三年初頭にその一部を『予報』に発表したのが最初であった。より詳細な報告が出たのは、さらに二年後になる。一八九五年ブロイアーとフロイトは、この事例を新しい治療技法を用いてヒステリー症状の緩和に成功した例として発表した。ブロイアーは患者を治療しているうちに、ヒステリー症状は、それが生じる状況と、最初に症状を引き起こすきっかけとなった出来事とを、患者自身が関連づけることができると消えることに気づき、この技法を洗練していったという。もとの体験に附随する感情が、ひとたび言葉となって流れ、自由に表現されると、その感情はもはや問題のヒステリー症状を生み出すエネルギー基地を構成できなくなるのである。この〝談話療法〟を始めたのは患者自身であったが、以後ブロイアーは患者のさまざまな症状を消すために、この方法を組織的に使うようになった。そして事例の治療が終了した直後に、ブロイアーから症例とその結末について聞いていたフロイトは、数年後にはこの技法を自身も試みるようになった。『ヒステリー研究』は、アンナ・O症例の他、フロイトによる四症例を主軸に、ブロイアーが理論に関する章、フロイトが精神療法の章を書いたものである。

フロイトにとってこの仕事は、精神分析学の礎石の一つとなるものであった。それはやがて彼の名前と同義語となる分野の完成へと踏み出す最初の、だがおぼつかない一歩であり、その後に続くすべての礎《いしずえ》であった。フロイトとブロイアーの関係はこの本の完成を待たずに破綻し、また、その刊行時には、フロイトはこの本の弱点をすでに明確に認識していた。だがそれでも、ヒステリー症状を理解可能にし、統御可能にしようとした系統的な実験が、精神分析学の胚芽期の形としての新しい技法を世に出したのである。こうしてみると、アンナ・Oの治療は、フロイトの新しい科学の誕生より約一五年以前であったとしても、彼女は最初の精神分析の患者といってよい。後年、フロイトが精神分析学の事実上の創始者はブロイアーである言ったのは、ブロイアーがアンナ・Oを治療した当人だったからである。フロイトの存命中もまたその後も、精神分析学の歴史を語る際、ブロイアーによるアンナ・Oの治療をその起源にあった事件としてふれない者はまずいない。

精神分析学にとってアンナ・Oの症例が、草創期の勝利の一つであるとしても、今日では、精神分析学史上に名を残す論評家たちは、これに対してかなり懐疑的態度をとっている。そうでない者はごく少数であり、むしろ時には、これをブロイアーとフロイトによるまったくの欺瞞と主張する者さえいる。一九五三年、アーネスト・ジョーンズはフロイトの伝記の初版を出すが、ここに彼がフロイト自身から聞いた話として、本症例の結末には発表されていない側面が少なからずあり、ブロイアーは患者との間に生じた感情的なもつれから、時期尚早に治療を終わらせ、その結果患者は再発に苦しみ、入院を余儀なくされたと書いた。以後これをもとに、ブロイアーの治療は、ほとんど破滅的大失敗だったらしいとする論評が積み重なっていった。一九七〇年はじめ、力動心理学の先駆的歴史家であるアンリ・エランベルジェは、ベルタ・パッペンハイムがブロイアーの治療終了直後、スイスのサナトリウムに入ったことを突き止めた。彼の発見したブロイアーによるオリジナルレポートと、サナトリウムの医師による補足的な診療記録には、ベルタが依然としてかなりの苦痛に襲われていると書かれている。さらに、ブロイアーの伝記作家であるアルブレヒト・ヒルシュミュラーも、ベルタはその後五年間ウィーンで施設への入退院を繰り返していたことを発見している。これらは、フロイトが多年にわたってさまざまな弟子たちと交わした書簡で述べた数多のコメントとあいまって、伝統的精神分析学の歴史の中に深く刻みつけられていた定番の話とは根本的にそぐわない、奇妙なアンナ・O症例の図を描き出したのである。

今日、アンナ・O症例について書く者なら——一片の言及程度ですます者はともかく——こうした証拠とこの五〇年間に目立ってきた論評に言及せずに論じる者は皆無、といってよい。彼らは患者の治療自体についてばかりか、治療は成功だったと断言するブロイアーとフロイトの態度の誠実さにも、疑いの眼を投げているようだ。そしてフロイトの立場は、おそらくブロイアーよりもっと危うい。フロイトはこの症例にはきわめて疑問の余地があると考えており、それを数人の弟子に何年にもわたって漏らしながら、公的には、アンナ・Oが精神分析学の基礎をつくった患者とする態度を、維持し続けたからである。この症例は劇的な失敗であるとみる現在では、フロイトの記述は皮肉にも、彼のライフワークであった学問と治療の価値に辛らつな批判を投げかける。

本書で議論する本質的テーマは、フロイトの学問の過去五〇年間に作られたこのアンナ・Oの図像は、根本的に誤りであり、精神分析学の起源に関する現代のフィクションにすぎない、ということである。このテーマは歴史を一つ書き直すどころか、逆転させようとさえする試みである。多くの者にとっては、そもそも一見して一縷の望みもない、ただの途方もない仕事に見えるかもしれない。なぜなら現代語られているアンナ・Oの話は、精神分析学の重要な文献に深く根をおろしており、現代の歴史領域では根本的否定などはもちろん、訂正さえほとんど不可能なほど、確固とした根拠を持っているように見えるからである。

だが、やはりこの試みは必要である。これまで精神分析学の歴史は、ある人々によって、厳しい批判――その中には正当でないものもあったのだが――にさらされてきた。精神分析学史とは、その過去にあった事実を葬って、その起源については、都合のよい新しい神話を作らなければならないような教義を、ただ弁解してきただけだ、と彼らは批判する。ただのフィクションを、より受け入れやすいフィクションと置き換えても何の益もないが、それがアンナ・O症例の最近の歴史に起こっているのである。こうしたフィクションの書き手は一人ではない。しかし過去二、三〇年にわたって神話が拡がるうちに、新しいアンナ・Oの話が生まれ、多くの人々――とりわけ精神分析学の論評家たち――が語り直したい、語り直しを聞きたいと願望した新しいアンナ・O物語になったのである。本書では、この新しいアンナ・O物語は厳密な吟味に耐えるものではないことを論じていく。

そのためにまず証拠を再評価して、アンナ・O症例が形を整え、一八八〇年代、一八九〇年代の精神分析学の発達に最大の役割を果たしたさまを、できるかぎり再現する。そして証拠を可能なかぎりもとの背景に置き、この症例が生まれる元となった歴史的状況と、症例を伝説へと発展させた文書の性質と目的に鋭い目を向けていく。適切な評価を下すためにはそれ以外にはないことを念頭におき、吟味を進める。したがって本書ではこの症例と資料、特に治療終了時の状況とその周辺のことについて、歴史的再考察をおこなう。なぜなら、ここが本症例について議論する者たちの注目する戦場であるからである。

本書が成功か失敗かの判断は、私たちの症例の読み方、歴史を再構成すること、そこから引き出した結論に説得力があるどうかによって下されるようにと願っている。

本書は企画を立てるのに数年を要した。多くの友人、同僚、知人の助力がなければこのような形で完成することはできなかったと思う。最初にこのテーマの概略を聞いてくれたのは哀惜する故テリー・タナーである。

彼の激励は本書の執筆にかけがえのない刺激となった。ソヌ・シャムダサーニ博士は本書の下書きに対し、切れのいいコメントと批評をくださり、議論を明確化し強化するのに計り知れない助言をくださった。アンソニー・スタッドレンとピーター・スウェイルズはいくつかの特異的な点で助力してくれたばかりでなく、常に議論の背景を提供し、この企画のみならずその他のフロイト研究の領域でも刺激と支援を与えてくれた。彼らの助けも計り知れない。ウィルヘルム・ヘメッカー博士からは翻訳上の難解な問題に大きな助力をいただいた。また、アーネスト・ファルゼダー博士、ヨハネス・レイクマイヤー教授、ジュリア・スウェイルズには、特定の問題点でお世話になった。ジョージ・マカリ教授、ジョージ・ラドニィツキー教授のお二方は本書全体の草稿に目を通してくださった。ジェラルド・クレフト博士は「エディンガー・コレクション」の解明上多大の援助をしてくださり、また、マイケル・ショーター博士は、マックス・アイティンゴンのアンナ・Oに関する論文を解明する上で、かけがえのない援助をしてくださった。ステファン・フロッシュ教授には初期の下書きにコメントをくださったこと、またエドワード・ティムズ教授には、この歴史を専門としない者を待ち構えている落とし穴に目を向けるよう、教えてくださったことに感謝したい。ジュリア・ブラウンの熟練した技術と専門家の気概は、この企画をいささかの遺漏もなく完成させてくれた。本書はここで名前をあげたすべての方々の支援のもとに刊行されたが、不備があるとすれば、それはすべて著者の責任である。

緒論　アンナ・O症例の来歴

> 道理をわきまえた人々でも、その人らしく正確に語っていないときがある。
> それを見究める方法を知らないと、とんでもないことになる。[1]
>
> ——ゲーテ『箴言と省察』（一八二九年）

ブロイアーが『ヒステリー研究』（一八九五年）で発表したアンナ・O症例こそ精神分析の嚆矢である、そう最初に口にしたのは、フロイトその人であった。彼は、早くも一九〇四年、この重要な役割を果たしたのはブロイアーの患者であったと、ある小規模な出版物で発表していた（Freud, 1904）。それから五年後の一九〇九年、フロイトはアメリカ合衆国、クラーク大学ではじめて講義をした際に、精神分析の発展について遡及的解説をおこない、その首座にアンナ・Oを置いて、次のように述べた。

> 精神分析を今日あらしめた功績を一つあげるとしたら、それは私の功績ではありません。私はこの黎明の曙光には参加していないのです。一人のウィーンの医師、ヨーゼフ・ブロイアー博士が一八八〇年から一八八二年までの間に、この手法をヒステリーに苦しむ女性に施したころ、私はまだ一学徒にすぎませんでした。（Freud, 1910）

フロイトは以前から精神分析を解説する際に、その最初の成功を証する症例として、アンナ・O症例をとりあげていた。この講義もそのころ何度かおこなわれた同様の機会の一つである。フロイトは、ブロイアーが治療していたこの症例に出会い、やがてブロイアーと二人で、最終的には自分一人で、新しいこころの科学を発展させた、と語ったのである。その後精神分析の発達について、多くの二次的解説書が書かれているが、著者が精神分析の信奉者にせよ批判者であるにせよ、その書き出しや最初のページには、このフロイトの言葉に従い、アンナ・Oの姿がどこかに現れるようになった。マーク・ミケイルが、彼女は「おそらくヒステリーの年代記中、もっとも有名な患者の一人である」と述べたように、これらは概してフロイトの説明を受け入れている（Micale, 1995）。

しかし一九五三年、フロイト伝の初版を出したアーネスト・ジョーンズは、アンナ・O症例の終結に関して、それまで一般に知られていたものとは根本的に異なる論評を加えた。ジョーンズは伝統的に語られていた内容に対し、二点の重要な変更をおこなったのである。その一つは、ブロイアーと患者の関係であった。ジョーンズは、ブロイアーがアンナ・Oにすっかり心を奪われてしまい、そのために妻が嫉妬して、抑うつ的になり、不機嫌になった、とフロイトから聞いたという。ジョーンズによれば、それは次のようになる。ブロイアーは妻の感情に気づいて、治療を中断することに決め、患者に終了を告げた。そのころ患者はかなりよくなっていたが、終了を告げたその夜、ブロイアーは、再び呼び戻された。アンナがひどく興奮して、以前と同じような悪い状態になっていたのである。彼女は、ブロイアーとの長い治療期間に発展させていた想像妊娠の頂点にあって、出産の強烈な陣痛に苦しんでいた。ブロイアーはこれを見てひどく動揺しながらも、患者をなんとかなだめようと努めたが果たせず、アンナの家を飛び出し、翌朝、妻を伴ってヴェニスへと旅立った。その旅先で、妻は懐胎し、やがて娘を産むことになった（Jones, 1953）。

ジョーンズは、この話を、治療終了の翌年にあたる一八八三年後半にフロイトとその婚約者、マルタ・ベルナイスの間で交わされた書簡で確認しているという。さらに彼は、ブロイアーとアンナの関係が、マルタに与えた影響について、以下のように言及している。

その当時、フロイトがマルタに宛てた手紙の中に、これと内容的に同じ話があるのは確かである。マルタは即座にブロイアーの妻と自分を同一視して、同じようなことが自分の身に決して起こって欲しくないと言った。それに対してフロイトは、君の夫と他の女性が恋に落ちるなど、つまらないことを考えたりしないように、とたしなめた。「あれはブロイアーのような男だから起こったことなのです」と。

ジョーンズが明らかにしたのは、治療の終結はブロイアーが公表したようにはいかなかった、というだけではない。彼は、実際には治療が劇的な、思わしくないやり方で中断したばかりでなく、その効果の面でも、どのような形であれ、患者の苦痛を終わらせることはなかった、と言う。ジョーンズは、フロイトの家族が交わした手紙を見るのを許された特権的立場から、次のように書いた。

可哀そうなことに、患者はブロイアーが公表した記述から想像されるような、よい状態には戻れなかった。再発が繰り返し起こり、グロス・エンツェルスドルフの施設に移された。治療中断の一年後、ブロイアーはフロイトに、彼女はすっかり錯乱している、彼女は死んだほうがよいのではないか、そうすれば苦しみから解放されるのにとさえ思う、と打ち明けた。それでも、やがて彼女は回復し、モルヒネを止めることができた。二、三年後、マルタは、たまたま古くからの友人であり、のちには結婚により縁戚となった〝アンナ・O〟が、一度ならず訪ねてきたときの様子を書いている。彼女はその当時、日中はかなりよい状態であったが、夕方になると幻覚状態に苦しんでいたという。(Jones, 1953)

アンナ・O症例に関するブロイアーの説明に、不十分な点がいくつかあるらしいことは、すでに公刊されていた文書でも仄めかされてはいた。ジョーンズの言及は、フロイトの言葉による直接の説明と、フロイトが家族間でやりとりした一八八〇年代の未公表の手紙という、申し分のない資料に基づいて、この症例に対し、重要な情報を正面から付け加えた最初のものであった。そしてそれは、ブロイアー自身が一八九五年に公表した事件の説明に、挑戦するものとも言えた。[2]

ジョーンズ版が必ずしも全面的に信頼できないことは、それほど詳しい調査をしないでも示すことができる。アンリ・エランベルジェはアンナ・O症例研究で、さほど調査の手間をかけるまでもなく、ジョーンズ版は〝ありえない事柄を満載している〟と指摘している (Ellenberger, 1970)。第一に、ブロイアーの娘は一八八二年三月一一日に生まれている。治療が終わったのが同年六月であり、したがって娘の誕生は治療後ではない。第二に、グロス・エンツェルスドルフにはサナトリウムはなかったので、インツェルスドルフのサナトリウムと取り違えているのではないか。しかし、エランベルジェは、当所の記録文書の中には、ベルタ・パッペンハイムの病歴の痕跡がまったく残されてないことを確かめることができた。その結果彼は「事件から七〇年を経て出版されたジョーンズ版は、伝聞に基づいており、注意して読まなければならない」と結論した。

その二年後、エランベルジェは、この症例を新たに再検討した論文を出版した。それは重要な新資料の発見に基づき、この症例の研究を劇的に変えるものになった。エランベルジェが自説に確信を持ったのは、一枚のベルタの写真——一八八二年にドイツのコンスタンツで撮影された写真——を発見し、そこからさまざまな推測が可能になったこと、そして、クロイツリンゲンの近くにあるベルビュー・サナトリウムには、ブロイアーの手になる彼女の病歴原本の写しがあることを、突き止めたからである。その病歴の写しには、ベルタがブロイアーの治療終了後まもなく、一八八二年七月一二日サナトリウムに入院し一〇月二九日までいたことの経過が書かれていた。エランベルジェはブロイアーの報告と、入院期間中にサナトリウムの医師たちが記録した補足的記録の両方を要約している。

この新しい証拠を基にしたエランベルジェの全体的結論は、以下の通りである。

このように、新しく発見した文書からは、フロイトがユングに語った（ユングの言葉によるが）「患者は治癒していなかった」、ということが確認される。事実、この有名な〝通痢療法《カタルシス》による治癒の原型〟には、治癒も浄化もなかった。アンナ・Oは重篤なモルヒネ依存者となっており、顕著な症状の一部（ベルビューでは頭を枕に載せるとすぐに、ドイツ語が話せなくなった）は続いていた。偽りの妊娠とヒステリー性の陣痛を語るジョーンズの話は、確認されていない上に、年代順にみても適合しない（Ellenberger, 1972）。

現在、精神分析の起源に精通する歴代の研究者たちが抱く、アンナ・O症例の標準的イメージは、その素材の大部分を、エランベルジェによるこの決定的な結論から来ている。それ以後に発掘されたあらゆる証拠は、概して、エランベルジェが構成した図柄の印象を強化するだけ、と見なしてよい。事実ミケイルは、ほぼその通りに以下のように述べている。「エランベルジェの発見によると、パッペンハイムは、ブロイアーとフロイトが主張したように、長期の親密な個人精神療法では快復せず、むしろ長期にわたって深刻なぶり返しに苦しんでいたという。それは今では精神分析の歴史的文献に組み入れられている」（Micale, Ellenberger, 1993 より引用）。ヒルシュミュラーはエランベルジェの足跡を辿り、その他の関連した記録——その中には一八八二年六月半ばからはじまるブロイアーの補足報告も含まれている——を発見して出版した。さらに、ベルタが一八八三年七月から一八八七年七月までの間に、ウィーンのインツェルスドルフ・サナトリウムに三回入院した記録も発見した。その結果ヒルシュミュラーは、エランベルジェよりもジョーンズの方が信頼できると考えて、この記録は、ベルタ・パッペンハイムの予後についてのジョーンズの意見を支持する証拠であり、同時にブロイアーの職業的誠実さを非難できる方向へ導くとして、次のように述べている。

これらのすべてが、ブロイアーの治療後数年間、ベルタが健康を取り戻す苦しい戦いの中にあったことを示している。[…] 彼の治療を終えた後の患者の状態が、思わしくない展開をしていたのは明らかである。それにもかかわらず、彼は『ヒステリー研究』の中で、患者は完全に治癒したかのように書いた。こう見てみると、ブロイアーが彼のいつものやり方とはまったく異なって、症例報告の発表をかくも遅くしたのも驚くにはあたらない（Hirschmüller, 1989）。

ジョーンズ版の記載の元となっていたのは、それまでは未公開であったフロイトと婚約者間の往復書簡である。そのうち何点かを探しあてることができたジョン・フォレスターは、ブロイアーの症例発表について、一層素っ気ない言い方で結論づけた。

これまで見てきたように、この症例を完全な成功と見なすことは決してできない。ベルタは治療の突然の終了後、サナトリウムに入らざるを得ず、そして彼女の病状は悪化の一途を辿ったのである。フロイトはその数カ月後、婚約者のマルタに宛てた手紙に以下のように書いている。

「ベルタは、またグロス・エンツェルスドルフのサナトリウムに入っている、と私は信じています。ブロイアーは、彼女のことをしきりに話しています。そして、死んだほうがいい、そうすれば、あの可哀そうな女性は苦しみから解放される、と言います。ブロイアーは、彼女はもう治らないだろう、彼女は完全に神経が損なわれている、と言っています」

これらの資料は、エランベルジェの重要な論文が与える印象——ブロイアーのアンナ・Oの治療は、概して医療の失敗であった、それでも、症状の多くは談話療法で除去された——を、あらゆる点で強く支持している。(Forrester, 1990)

マルコム・マクミランはこの症例について広範囲にわたって議論し、以下のように治療の成果について要約した。

ブロイアー自身は、アンナ・Oが治癒したと仄めかした点で誤っていた。彼にしてもフロイトにしても、刊行された症例報告には記述しておらず、公にも言及していないが、アンナ・Oは治療終了後五週間以内に、最初の再発を見、それは合計四回に及んだ。一八八二年七月一二日、彼女はスイスのクロイツリンゲンのベルビュー・サナトリウムに入院し、そこに一八八二年一〇月二九日までいた(Ellengerger, 1972 ; Hirschmüller, 1978)。残遺症状は数多く、ヒステリーの諸徴候、話すことの障害、意識の交代、そして顔面の神経痛、などがあった。彼女は〝自分の苦痛に科学の力が及ばないのを、不快な態度で〟批判した、と記載されているが、それも驚くにはあたらない(Hirschmüller, 1978)。彼女の症状はベルビューを退院するまで変わらなかった(Macmillan, 1997)。

ハン・イスラエルスはこれとほとんど大差ない結論に達し、フロイトには症例を誤って報告した直接的責任があると、次のように述べている。「したがってフロイトはアンナ・Oがブロイアーの治療の後、決して完全には治っていなかったことを知っていたが、彼は秘密を守れるほんのわずかの人にしか、それを明かさなかった」(Israëls, 1999)。さらに続けて、「フロイトはその当時、ブロイアーが発表を遅らせた理由をわからないふりをしていた。しかし彼にはその理由がよくわかっていた。それはアンナ・Oの治療は、決して治癒をもたらさなかったということである。それでもフロイトは公の場ではこの秘密を守り通した」。
ミッケル・ボルヒ－ヤコブセンは、それまで公に議論されていなかった補足的証拠を出し、議論を先に進めた。これは、一九五三年のジョーンズの説明に先立つものである。彼は、エランベルジェが最初に明らかにしたC・G・ユングの言葉を引いて、さらに多弁に語る。

早くも一九一六年、ポール・ビエールは、その著『精神分析の歴史と実際』の中で、「患者は症例報告で書かれている状態の他に、深刻な危機に見舞われていた、と言える。それでも、その後彼女は生きのびて、そして今、最高の健康状態で広い範囲に及ぶ活動をしている」と、さりげない書き方でアンナ・Oの予後に触れている。そしてカール・ユングは、一九二五年の私的な研究会で、この先を続けた。彼は、「フロイトがその初期の諸症例の中には〝信頼性に問題がある〟ものがあると、こっそり漏らしたことがあるが」と前置きし、「このようにまた、彼〔フロイト〕とブロイアーがおこなった有名な最初の症例、輝かしい治療の成功例として盛大に喧伝されている症例は、実際は決してそうではなかった」と述べたのである。実際、フロイトの身近なサークル内で秘密を守るのは、まず難しかった。マリー・ボナパルトは、ウィーンでフロイトから〝ブロイアー物語〟を聞き、帰国するとすぐ、一九二七年一二月一六日の日記に「その続きはよく知られている。アンナの再発、妊娠の空想、ブロイアーの逃亡」と書いていた（Borch-Jacobsen, 1996）。

この症例をボルヒ－ヤコブセンが長々と扱ったことから、近年、ブロイアーとフロイトへの批判が、雪だるま式に膨れてきている。彼はまず、エランベルジェとヒルシュミュラーが発見した証拠の要約から筆を起こし、彼自身の注釈を加え、真実とはとても信じがたいようなブロイアーの輝かしい驚異のおとぎ話は、実際は、まったく真実ではないのだ、と提示することに力を注いでいる（Borch-Jacobsen, 1996）。彼は「フロイトは全体状況を完全に把握していたに違いないのに、それでも彼はこの症例を発表するよう、ブロイアーに求めるのを思いとどまらなかった。そしてブロイアーの方法について、自分自身が虚偽の主張をすることもやめようとしなかった」と言う。要するにボルヒ－ヤコブセンは、ブロイアーの治療がアンナ・Oの症状を除去したというのは、真実ではない、とただそれだけを言っているのである。

この事実は、一九五三年、アーネスト・ジョーンズがフロイトの伝記の初版で公にしてから、よく知られるようになった。それ以来、アンリ・エランベルジェ、エレン・ジェンセン、ピーター・スウェイルズ、等々多くの手によって、労苦をいとわぬ調査が進められ、詳細に裏づけられていった。今日では、アンナ・Oの治療は［…］、ブロイアーとフロイトが語るものとは、非常に異なっていることに気づかずにいられる人はいない。事実それは非常に異なっているのである。精神分析の歴史家たちが、徹底的にその正体を暴露している。したがって現代の精神分析の起源神話に、これ以上残されているものがあるはずはない、と考えるのも当然であろう。（Borch-Jacobsen, 1996）。

これはたしかに、アンナ・O症例について、過去五〇年に掘り起こされた史実に基づく議論を辿り、行き着いたところでの、かなり正確な要約的意見である。しかし特定の細部や、これから生まれた精神分析の訓練に対してなど、この症例が持つより広い意味については、まだ議論がされていない。すなわち、ボルヒ－ヤコブセンが要約した総括的な話では、全体としての議論がまだ十分なされていないのである。実際、それはほとんど議論のないまま、多年にわたって蓄積されてきた証拠から、必然的に発生した結果のようにも見える。たとえばエドワード・ショーターは、ブロイアーが公表した症例研究と、エランベルジェが発見したブロイアーの記録原本とを、ただ比較して導いた自身の結論に基づき、そしてそれにせいぜい付随的な補足説明を加えて、ブロイアーの公表した症例は〝一部は想像であり〟〝大部分は創作である〟と決めつけている（1997）。

本書ではアンナ・Oの治療終了までの物語と、その後に何があったかを厳密に議論する。すなわち本書では、エランベルジェとヒルシュミュラーが掘り起こした、一八八〇年代からの記録原本を再吟味し、フロイトとブロイアーが出版したものと比較検討する。さらに、現段階で入手可能な周辺証拠をもって検討すれば、ブロイアーが一八九五年に発表した症例研究は、誤解されやすい点があるとみなさざるを得ないこと、ジョーンズは一九五三年に新しい証拠を示したが、そこから彼が引き出した見解は確証されないこと、最近の研究者たちの議論は仮定に基づいており、細部や文脈に対し厳格な注意が十分でないこと、ボルヒ－ヤコブセンが、神話の正体を暴露すると表明して、雄弁に述べている要約的物語は、ただ仮定の書き直しの話に過ぎず、その土台はおぼつかないことも議論する。このようにして、証拠を再吟味しながら、過去四、五〇年間に累加的に積み重なってきた誤解の筋道を辿り、神秘的な謎を作り上げてきた過去半世紀を、今後の五〇年に引き継がないよう心して、私たちはアンナ・O症例のよりバランスのとれた評価を求めていく。

本題に入る前に、この先を読んでいただく準備として、二、三、読者にご注意いただかなければならない。第一に、本書の議論全体は、当然否定的命題へと向かうことである。本書の主な目的は、アンナ・O症例について、まったく新しい観点を提示する新しい大発見を出すのではなく、最近の二次的文献で提起されている諸論題が、だいたいにおいて支持できないことを示す点にある。これらの研究にみられる証拠と議論は、いかに慎重に考えてあっても、またよく知られた事実と一致していたとしても、概して本書が目指す方向には、どうしても向かわないからである。そのことをお断りしておきたい。端的に言えば、ブロイアーの症例が失敗であり、彼とフロイトはそれを認めていたという前提は、まったく軽視はできないにしても――反証明をしようとするときによくあることであるが――、基本的に有効な証拠全体から見れば誤りで、ほぼ正しい、とか、正当かもしれないと言うことさえもできないのである。

本書の議論は全体的に、既存の資料を体系的に考察し（執筆中に実証可能な新しい証拠が二、三明らかになったが）、批判的再評価に基づいて進めていく。ただ残念なことに、証拠のすべてが、確実性と確信を求める人を満足させるのは難しいかもしれない。それは、証拠の部分部分がしばしば不明瞭であり、全体像に当てはめてみると、さまざまな解釈が可能になるからである。研究者の中には、確実性と確信を求める衝動から、個々の資料を自己流に解釈して、一見納得のいく結論に持ち込もうと奮闘する者がいるが、しかしその場合彼らの結論は——このことは後で議論をするが——、しばしば既存の説にとってかわっただけの、もっともらしい解釈になる。

もし本書の議論が首尾よく総体的に効果をあげ、ブロイアーが公表したアンナ・O症例研究の信頼性を取りもどし、中傷する人々（ある意味でフロイトも入る）から救い出せたとしても、ここで回復されるものにはかなり慎重な表現をしなければならないだろう。

本書の研究はアンナ・O症例の歴史を辿るが、それはこの症例に関するブロイアーの（また、したがってフロイトの）分析の、全体的正当性の立証のためにそうするのではない。また、後知恵を利用して、ブロイアーの治療そのものを探索することでもない。この症例についての精神分析初期の文献は、公表された症例研究自体を含め、その時期特有の診断や治療方法や風習に汚染されており、もし今日同様な症例があったとしても、それを説明する概念的語彙は、ブロイアーとフロイトが一八八〇年代、九〇年代に用いたものとは、非常に異なるものになろう。それは確信をもって言える。しかし、本書の探求する中心的テーマは、ベルタ・パッペンハイムの苦痛とその治療に対して、今日的な説明をするために当時の記録の妥当性を云々することではない。現代の遡及的な分析をすれば、ブロイアーの症例研究は書き直される点が数多くあるのは疑いもないが、しかしそうした杓子定規なことをしても、全体として、ブロイアーとフロイト自身が提供した説明や解釈以上の説明・解釈を出すことは不可能だろう。ただし、遡及診断は成功することもあるので、基本的に医学的遡及診断への反論を展開することもしない。もっともこの症例に限っていえば、きわめて妥当と支持されるブロイアーの診断に、取って代わる診断を下せるような明白な証拠は存在しないと思われる。

この症例には非常に広範囲に及ぶ二次的文献があるが、その中にはブロイアーがヒステリー性とみたアンナ・Oの痛苦を遡及診断して、異なる診断をしようとするものがある。たとえば、統合失調症（Goshen, 1952）、結核性髄脳膜炎（Thornton, 1986）、側頭葉てんかん（Orr-Andrawes）、抑うつ（Merskey）、薬物中毒と気分障害に関連する引きこもり（Pollock, 1984 ; Orr-Andrawes, 1987 ; de Paula Ramos, 2003）がある。また、想像力を駆使して構成した代案が、ローゼンバウムとムロフにある（1984）[3]。さらにスウェイルズ（1986）、シュヴァイクホーファー（1987）、ボルヒ－ヤコブセン（1996）、ショーター（1997b）らは、アンナ・Oは病を偽装していた、とさえと主張した。これもブロイアーの、アンナ・Oには必ず何らかの病因がある、と考えた見解に挑戦する遡及的な再診断である。

こうした再解釈をする上での困難の一つは、アンナ・O症例のように明らかに込み入った症例を、百年以上も経て、残存する文献的証拠だけをもとに、現代医学の枠組みの中での補正的診断を出すことである。過去一世紀間に医学はとてつもない進歩を達成したが、それは洗練を重ねてきた診断技術よるところが大きい。だが患者が目の前にいない場合や、病気のすべての徴候がただ二、三の文字記録でしか残されていない場合には、その技術もたいして使えない。もし確信を持って新しい診断を下す人がいるとすれば、それは実に大胆至極な現代的医者であろう。記録による再診断学が、ゆくゆくはアンナ・Oについて、広く支持を受けるに足る、十分に説得力のある新しい結論を出すかもしれないが、今のところは、これまで実に多様な代替診断が提供されてきた、ということ自体が、それはまだ成功してはいないことを示している。

このように不確実な状態が続くのも、ただ信頼に足る資料が十分にない結果だ、と見るべきではない。このような諸症例の遡及診断は、問題を残さざるを得ないが、それは現在の精神医学——より広く考えれば諸々の

〝人間〟科学――の特徴でもある。なぜならこうした分野では、今日の診断カテゴリーは、一九世紀と同様に、当然、社会的歴史的な偶然性による影響を免れえないからである。患者の行動と心的能力の観察に基づいて診断がおこなわれ、そしてその診断が特殊な行為と精神機能が相関する〝許容性〟によってなされる領域では、現代の精神医学が過去百年分に匹敵する進歩をこの二、三〇年で成し遂げたと認めるような、荒っぽい社会的相対主義に同調するべきではない。これに現代精神医学の理論と実践に見られる絶えざる不確実性と統一性の欠如が加わると、アンナ・Oの〝本当の〟誤りが何であったか断定しようとしても、どのみちそれは、少なくとも当分は、せいぜい娯楽的な室内ゲームにしかならないのである。

遡及診断から得られるかもしれないものを、過大評価しない理由が、もう一つある。ブロイアーのアンナ・O治療に対する私たちの理解を拡げる点で、それは大部分において、的を外れてしまうのである。なぜなら、現代医学の後知恵のおかげで、アンナ・Oは、ブロイアーにも周りの誰にも知られていない、独特の病に苦しんでいたと証明できたとしても、その当時は未知の（あるいは少なくとも診断不能の）病であったのは事実であり、となると当時の患者の行動の説明と分析に、私たちはほとんどなにも付け加えられないからである。重要なのは、ブロイアーとその時代の人々に利用可能であった、診断と治療のカテゴリーと選択が、特にこのケースにおいては、やがて精神分析になったものの発展にどのように織り込まれていったか、なのである。

他方、そうした後からの判断の入った知識が、本書の史実に基づく仕事の大部分を成している以上、あまりに潔癖になりすぎるわけにもいかない。アンナ・Oの病状の再診断が、単なる代案的な臨床的結論からの産物ではなく、もっと広く理解するためのものなら、それは今この症例にアプローチしようとする私たちの行く手に重要な影響を持ちうる。事実それは、最近の本症例関連の論文でも、もっとも主要な眼目になってもいる。もしそこで実際に演じられた劇が、特にブロイアーやフロイトといった主演人物の提示したものとは異なり、しかも、彼らは実際にはそれを知っていたことがわかれば、私たちは症例自体に対して、またこの症例史上の彼らの役割に関しても、根本的に違った立場をとらざるを得なくなるだろう。この緒論であげた文献の多くはこうした広い意味での批判的再診断の文献である。これらは当時より進んだと思しい知識の観点から、当時の出演者たちの証言に挑戦し、訂正している。そればかりでなく、その際、こうした知識は実はその演者たちによって利用されたり、あるいは意図的に隠されたりしたこともあったのではないかと（はっきりは述べていないにしても）仄めかしている。演者らの証言が、当時の状態とくい違っていることが示される箇所では、証言の正確さだけでなく、彼らの誠実さも疑問視し、そのため問題の焦点はアンナ・Oの病の本質から離れ、執筆者の方へと徹底的に動いている。この見方が最近の二次的文献のすべてに通じるわけでは決してないにしても、広くいきわたっているのは確かである。しかしアンナ・O症例の持つ主要な問題は、ただ単に文章化された病歴報告が正確であるか否かにあるのではなく、精神分析の基礎となる重要な時期において、それが正当に扱われていたか否かという点にある。それはやがて精神分析に育っていく事業の誠実さ自体を問う重大な問題であり、私たちが遡及的診断の挑戦を本書で取り上げ、考証の焦点とするのは、まさにこの格別に大きな意味を担ってのことなのである。

狭く考えれば、この本は主として一八九五年のアンナ・O症例出版に至るまでの出来事の再吟味と再構成とみられるかもしれない。つまりは、ヨーゼフ・ブロイアー、ジークムント・フロイト、ベルタ・パッペンハイムという三人のキーパースン、一九世紀のウィーンの医者二人と一人の患者を取り巻く物語の再吟味と見られるかもしれない。無論、これは正確な受け止め方であろう。そしてこれには単に医学的治療の経過を語りなおしているだけではない、という意味もある。

しかしそこに浮かび上がってくる大きな歴史地図をみれば、ベルタ・パッペンハイムもヨーゼフ・ブロイアーも、はるか過去に役割を演じた役者で、キーパーソンではないとも言える。パッペンハイムは無論、一八八〇年代にブロイアーと関わったこととは別に、自分自身で名声を確立したが、これは本書でふれるところではない。ヨーゼフ・ブロイアーは、フロイトと仕事を共にしていた当時、フロイトよりはるかに世間的に名が高かった。そして一八九五年にヨーゼフ・ブロイアーと一冊の本を出した、ウィーンの神経学者ジークムント・フロイトが、精神分析を創始したジークムント・フロイトとなって、彼の教養の土台はブロイアーの患者の治療である、と特記しなければ、事態はすっかり異なっていただろう。そしておそらく今日、ブロイアーについて知る人はほとんどなく、彼によるベルタ・パッペンハイムの治療を知る人もなく、事件は力動心理学の歴史にささやかな脚注として載る程度であっただろう。したがって、この症例に積み重なった歴史は、若いベルタ・パッペンハイムが一八八〇年代初頭にウィーンで一般医ヨーゼフ・ブロイアーに治療を受けた、その記録ではない。これは当時にはまだ表れていなかった「あるもの」の作用を通して、このエピソードを回顧した再評価が大部分であり、無論フロイトがよく理解していた観念、ドイツ語で Nachträglichkeit（事後性）という観念、で表現されるものの最高の一例なのである。

本書に書かれている歴史は、何よりもまず、アンナ・Oの歴史であって、ベルタ・パッペンハイムと彼女の家庭医の歴史ではない。そしてアンナ・Oと精神分析の創始者ジークムント・フロイトとの関わりであり、単に野心的な神経学者ジークムント・フロイトとではない。さらに言えば、このフロイトとアンナ・Oという、二人の神話的な人物の交錯の背景にある、精神分析の歴史であり、それは今日想像されているような歴史とは相いれないものである。ここ五〇年間のアンナ・O症例の来歴といえば、時の流れの中で新しい通説が生まれ堆積し、それらが症例を取り巻き次第にがんじがらめにし、やがて二次的文献に盛り込まれた数々の「症例は失敗」説に、幾重にも閉じ込められていく歴史であった。この現在優勢な失敗物語は、非常に堅固にできあがっており、まったく異議の申し立てようもないかにみえる。本書の主要な仕事は、おそらくそれでもまだ、この症例を再び開いて、その歴史を書き直せるかどうか、それを確認することである。

第1部
症例の展開

傑出した人々は，それゆえに他者よりも困難な立場にある——私たちはみずからを彼らと比較することはしない．ただ彼らの誤りを見破ろうとする．

——ゲーテ『箴言と省察』(1821)

Ausgezeichnete Personen sind daher übler dran als andere;
da man sich mit ihnen nicht vergleicht, paßt man ihen auf.
J. W. von Goethe, *Maximen und Reflexionen* (1821)

第一章　一八八二年の症例報告

現在とは一種の公衆である。あなたが何かをしていると人々が想像するように、人目を欺かなければならない。そうすれば、後の世の人々が驚愕するようなことをこっそりとするのを、人々は放っておいてくれる。[1]

――ゲーテ『箴言と省察』（遺稿）

アンナ・O症例の研究には二度の変化があったことは否定できない。一つはアンリ・エランベルジェ（1972）が、ブロイアー自身が書いたベルタ・パッペンハイムの症例報告原本の写しを探し出すのに成功したときである。原本はスイスのクロイツリンゲンにある、ベルビュー・サナトリウムの記録庫に残されていた。今一つはアルブレヒト・ヒルシュミュラー（1989）が、エランベルジェの業績に加えて、さらにその他の関連文書を発見し、刊行したときである。それらの文書の中には、ブロイアーによる新たな補足的記録も含まれていた。ブロイアーがアンナ・Oの治療を終えた後の一八八二年中ごろ、すなわち彼女がクロイツリンゲンに入院する以前に書かれた最初の症例報告は、一八九五年ブロイアーがついに公刊するに至った報告との比較を可能にし、そして、公刊版への信頼を一層強くするか、あるいは根底から揺り動かすかを左右する重要な報告である。このため最初の報告は研究者たちによく読まれているが、それは無論それ自体が文献として読まれるのではなく、公刊版との関連において読まれているのである。この読み方の差は些細であるとしても、重要である。もしある文献を別の文献との関連でしか読まないとすれば、第一の文献の中に第二の文献と強く一致している点や、かけ離れている点だけを見てしまう危険、文献自体の内的つながりや表面的には関係が薄そうな点を無視し、矛盾する要素の対立を見逃す危険がある。アンナ・O症例とそれが当時どのように受け止められたかを、最大限に理解するには、一〇年以上も後に書かれたものと比較するだけでなく、治療時に書かれた症例報告を、その当時の言葉で考えてみなければならない。

ブロイアーの症例報告原本の写しを公刊版とはなるべく距離を置くように心がけて読むと、たしかにベルタ・パッペンハイムの病の記述とその説明、またブロイアーが用いたカテゴリーと概念には、著しい複雑さとちぐはぐなところがあり、中には後の版には見当たらないものもある。ブロイアーが治療していた当時、彼の目には病状がどのように映っていたか、それをより明確に理解するには、ベルタの病について、彼自身の語りを聞くことから始め、その語りの構造、リズム、強勢、空白を吟味する必要があり、後に結果として出されることになった知識に汚染されてはならない。そうすれば、さもなければ見失っていたかもしれないかすかな徴《しるし》と抑揚を感知できるようになる。そしてやがて出てくる諸々の解説の起源と奇抜な主張に対し、光を当てられるだろう。また治療の終了も、よりよく理解することができる。そこで、この症例の再吟味は、現在残るもっとも古い説明、すなわち一八八二年にブロイアーが病の進展とその道筋について書いた、症例報告原本の考察から始めよう。

ベルタ・パッペンハイムの病は、後の公刊版では四段階に分けられているが、一八八二年の報告にもその区分が見られる。報告の説明では、各期の主要な特徴を簡潔にまとめて描写するのでなく、むしろただ時間を追って述べ、一八九五年で終わっている（Hirschmüller, 1989; Breuer & Freud, 1895）。当初の〝潜伏〟段階は、一八八〇年七月中ごろに始まり、一二月一〇日まで続いた。第二段階は、一八八一年四月のベルタの父の死亡まで、第三段階は一八八一年四月から一二月まで、最後の段階が一八八二年六月の治療終了までである。

ブロイアーの症例報告原本には、ベルタは一八八〇年七月一七日の夜、病床にある父の看護をしていたときに発症したとあり、報告はその説明から始まっている。彼は発症時の際立った特徴的な状態ばかりでなく、（公刊版からわかるように）約二年後の病状の最悪期に再び出現した特色ある状態を詳述する。ベルタは父のベッド脇の椅子にすわり、椅子の背後に腕をたらしていたとき、右腕が麻痺してきた。彼女は次第に気が遠くなるような状態になり、その状態で黒い蛇が壁から這い出すのを見、そして自分の指が何匹もの小さな蛇に変わる幻覚を見た。彼女は祈ろうとしたが、一言も発することができず、ようやく英語で言葉を出すことができた（Hirschmüller, 1989）。ブロイアーはベルタの発症段階での突飛な症状の数々を説明していくが、私たちはこれが彼の話の主眼でないことを見失わないよう、こころしなければならない。ブロイアーが注意を促す病の主な特徴は頻発する欠神《アブサンス》であって、ベルタはそれに苦しんでいた。ブロイアーは父の病床での出来事を述べた後、以下のように続ける。「また別の日にも、彼女はそうした欠神《アブサンス》状態に陥った……」「ある種の幻覚を引き起こすこの欠神《アブサンス》（時間がわからなくなる）が次第に増加した……」「あるときは深い欠神《アブサンス》状態の中で、彼女は自分の父親を認めることも、彼が自分に問いかけていることを理解することもできなかった……」。こうした欠神《アブサンス》は一つの前駆体で、その状態中に個々の症状（幻覚、失語症、聾、腕の硬直など）が現れたのである。

この点がなぜ重要か。それはさらに以下のように語られるからである。「そのようにして、異常に多数のヒステリー性の症状 *histerics* が出てきたが、それには常に、最初にある感情、もしくは欠神《アブサンス》があった。そしてそれは実に頻繁に繰り返された……」[2]。この文章から、欠神《アブサンス》状態はそれ自体がヒステリー症状の一つではなく、常にその状態から個々のヒステリー症状が現れてくる、という見方が明確になる[3]。さらにブロイアーは続けて、多くの症状、主として視覚に関する障害、聾や理解の欠如、聴覚の幻覚、四肢の収縮、咳、発話不能、などの症状を列挙した。

ブロイアーの症例報告の細部を解明する、最初の一歩を踏み出した今、彼のヒステリーという診断が何を意味したか、それを正確に把握する必要がある。これは非常に難しいが、ちょっと立ち止まり、その困難と向き合ってみよう。第一に、私たちはある状態を診断することの問題に直面する。ブロイアーの診断は彼の時代には通用したが、現代の医学の考え方ではもはや通用しない診断であり、したがって、そこは私たちには不案内である。そして第二の問題は、だからといってその状態の詳細がわからずに困るというのではなく、逆に、過剰なほど情報があるのに、必ずしもそれによって正確な理解ができるというわけではないことである。

過去ほぼ三〇年間、ヒステリーの研究はあらゆる側面で奔流のように進められ、次々に著作が出版された。研究の範囲と程度はマーク・ミケイルの貴重な一連の論文から得ることができる（Micale, 1995）。だがミケイルが指摘したように、ヒステリーの研究はその大部分において共通点がなく、ばらばらで、体系的でない。したがってヒステリーの歴史を明解に統合するものは今も現れていない。これは主として文献に欠陥があるのではなく、対象の捉えにくさを反映している。史実に基づいて今日新たに研究しようとすると、尽きようもない資源を提供するのがヒステリーの特徴の一つであり、その当時でさえ、ヒステリーとするには、ふるいにかけるような作業や不確実さがあったのである。診断カテゴリーの点では、それ以外に説明しようのない身体の病気を表すのに使われたばかりでなく、性格異常や常軌を逸した性格特性もまたしばしば範疇に入れられていた。それはいくつかの点で、精神と身体の病理の両方にまたがる持続的な二重性があったことによる。病因も不確かで議論があり、治療もまた同様であった。加えて、医学専門職の各部門内での不一致、個々の医師や研究者間の不一致、国や地域での差異があるときには、ヒステリーの診断について正確な基準を決めるのはどうにも困難である。

したがって、ベルタ・パッペンハイムの病を、ヒステリーから来る痛苦とするブロイアーの診断は、一八八〇年代初めの典型的なウィーンの一般医がヒステリーをどうみるかという文脈と、彼が当時の同業者たちに理解されるのを期待していたという文脈から、もっとも一般的な用語にはめ込まれた診断と考えなければならない。アルブレヒト・ヒルシュミュラー（1989）は、ブロイアーによるベルタの治療を研究する際、この見方をとったと、前置きに書いている。彼は広い意味でヒステリーは、神経組織の総体的な作用で明確な局在性はないと考えられていたとし、当時のウィーンでこの分野の研究者の中で卓越していたのは、モーリッツ・ベネディクトとモーリッツ・ローゼンタールであり、彼らの仕事はブロイアー自身の神経学の発展に重要な刺激を与えていたと思われる、という。たしかにその通りだろう。しかしさらにベネディクトとローゼンタールの理論的な相違や、またマキシミリアン・ライデスドルフやテオドール・マイネルト、そしてリヒャルト・フォン・クラフト＝エビングといった、それぞれ際立って個性ある人々の仕事の重要さがわかってみると、非専門家であるブロイアーが、その分野で独自の見解によって権威を認められるかどうかは非常にあいまいになる。

したがって本書では、彼の言葉と、私たちがベルタの病について知っていること、および一般用語でいうヒステリーとを無理に一致させるのでなく、見かけ上の特異な面を彼自身がどう表現したかに特に注意を払い、ベルタの病についてのブロイアーの理解を可能なかぎり把握していく。アンナ・O症例へのブロイアーのアプローチを正しく理解するのには、これが重要であることは、最初の地点、患者の欠神《アブサンス》とヒステリー症状自体の区別にふれたところで指摘した通りである。欠神《アブサンス》はヒステリー症状の準備状態であって、ヒステリー症状に属するものではない。このことをはじめに明確にしておかないと、のちにブロイアーとフロイトが、この症例で新しい治療方法の成功を主張するようになるのはどの点からなのか、それを正確に把握する上で道に迷ってしまうことになる。

ブロイアーがベルタの〝欠神《アブサンス》〟と記述した現象は、この症例にかぎった新奇な徴候ではなかった。ブロイアーの時代には、類似した状態が、人格の二重性、自動的な夢中遊行、トランス状態、などの症例として文献に多数出ていた。そうした欠神《アブサンス》や人格の崩壊の始まりは、より顕著な行動がうまれる温床と広く考えられており、ヒステリーの諸症状もその一つであった。欠神《アブサンス》や同様の現象は、決してヒステリー性疾患特有と見なされておらず、また本質的に病理の徴候としても見なされていなかった。どうやらブロイアーは〝欠神《アブサンス》

absence〟という特別の用語(もともとはフランス語)を小発作(pétit mal)、癲癇性欠神(epileptic absence)との類似から用い、ベルタに起こっていると思われることを簡潔に記述しようとしただけであって、特に重要な理論的意味を付与したのではないらしい。やがて数年の後、この欠神《アブサンス》は『ヒステリー研究』[4]にあるように(また、以下でも述べるが)〝類催眠状態 hypnoid states〟の語に変えられた。『ヒステリー研究』では、欠神《アブサンス》はヒステリー症状が展開する前提条件としての役割を持つと、より一層明確に定義されたが、それでもヒステリー症状自体と混同すべきでないとされている。

ベルタの欠神《アブサンス》を特徴とする精神状態とその他の症状との区別は、症例報告の、一一月末にブロイアーが咳の訴えを受けて、はじめて患者を訪れたときの様子を詳述するところで読むことができる。「それはたしかに咳ヒステリーの症例であった。しかしすぐに私は患者の奇妙な行動から、精神的に病んでいると考えた」。ここでも彼はベルタの状態の二つの様相を区別(はっきりと対比)して、彼女は単にヒステリー性の咳に苦しんでいたのではなく、〝奇妙な行動〟からみて精神的な病にも苦しんでいると診断していた。だが明確に区別はされているものの、その本質はあいまいであった。ブロイアーはただ咳という形の中に局所的ヒステリー症状と、それとは異なるが、ベルタの精神状態に作用しているヒステリー症状群——彼が後に〝軽微なヒステリー性精神錯乱〟とか〝ヒステリーの性質を持つ精神病〟と述べたもの——とを対比しているだけである。だがこの文脈からは、より根本的な区別が引き出されそうである。すなわちこのケースでは、ヒステリー性の咳として現れている神経組織の潜在的な疾患と考えられるヒステリーがあり、また一方で、まったく異なる診断カテゴリーに入ると考えられる精神の病がある。一九世紀ではヒステリーは一般に身体的な病気と考えられており、精神の病の類とは考えられていなかった。このことを念頭におくことが重要である。たとえば、ミケイルは、これについて以下のように主張する。

さらに――そしてこの点はどれほど強調してもしすぎることはないが――ヒステリーは、歴史的には概して、医学上の観察者たちに完全に身体障害（somatic derangement）と解釈されていた。今では、私たちはこの障害は心理状態と強く関連するとみているが、前世期末までは、特異的な現れ方をする病態生理学的メカニズムを伴う身体の疾病――さまよう子宮、月経の混乱、脊髄あるいは脳の損傷、などなど――と理解されていた。（Micale, 1995）

一九世紀が進み、一般にヒステリーが特に神経症と結びつけられるようになると、その身体症状は神経組織の作用をうけて起こっており、目に見える病害のない〝機能的〟異常であろうとも考えられた。たしかにヒステリー状態は心理的作用を引き起こすことが可能であり、〝精神病〟（今日とは異なり、単に心的機能の障害と定義されていた）は重篤なヒステリーの症状の一つでありえたが、しかしヒステリー状態自体は、本質的に〝神経の〟病で〝精神の〟疾患とはみなされなかった。一八八〇年代までは、精神医学的な状態を脳の病理の結果とみなすのが一般的ではあったものの、〝精神病 mental illness〟の意味は、神経症の意味とはまったく異なっていた。従来、精神の病は精神科病院に本拠をおく伝統的精神科医の領域で、悪いイメージに染められていたばかりでなく、精神異常とは遺伝性の状態で、必ずしも神経の病による状態であるとは限らないという一般概念があった。したがって、精神の病という診断の意味するところは、神経の病のそれとはまったく異なっていたのである。[5] ブロイアーはベルタのヒステリー性の咳と彼女の精神の病とをはっきり区別した。だが〝しかしながら〟という単純な語を使って仄めかされた区別の仕方は、私たちが彼の診断のやり方を感じ取って理解しようとする上で、きわめて重要である。[6] ブロイアーは、一八八二年の報告を書くまでには、ベルタの心的機能の障害は〝精神の病〟のようなものからは来ていない、ヒステリーの診断で説明できる、と結論していたように思われる。しかし、彼が当初からこう明確に捉えていたとは思われない。一八八一年に彼は神経の専門家でなく、リヒャルト・フォン・クラフト－エビング（当時グラーツ大学の精神医学教授）を訪れている。それは、彼がまだベルタはもしかすると精神病的症例かもしれない、と考えていた可能性を示している。精神の病は神経症よりも遺伝的な病気とみていた当時の観念に照らせば、一八八二年報告の冒頭、彼がベルタの〝中程度に重篤な遺伝的障害〟に特に注意を払っていることは興味深い（Hirschmüller, 1989）。この箇所は一八九五年の公刊版症例（Breuer & Freud, 1895）にも残り、しかもベルタは『ヒステリー研究』中そうした言明で始まる唯一の症例である。[7]

ベルタが寝つくようになった一二月一一日から始まる第二の病期の記述にも、この二つの症状群間の類似と対比が出ている。この間、頭痛、視覚の障害、筋肉の脆弱さ、痙縮、麻痺といった深刻な一連の障害が展開していった。しかしその後ブロイアーは書き方を変え、〝非常に重篤〟と考えるもとになった患者の精神状態と症状、すなわち、彼女の気分の変調、不安、父への思慕、頑固さ、幻覚、などなどに注意を集中するようになった。こうした状態の合間に穏やかな時期があり、そのときベルタは自分には二つの自己があると語った。ブロイアーはここで初めて達した結論を以下のように書いている。「すでに述べたように、ベルタには完全に分離した二つの意識状態があることが明らかになり、二者の相違は病が長引くほどますます際立ってきた」(ibid.)

ベルタの状態についてのブロイアーの記述をみると、ヒステリーと思われた現象は、この段階では、一つの非常に複雑な病像を示す病のさまざまな症状の中の、一症状群にすぎなかった。報告の中のこの時期、そしておそらくは病がそれ相応の段階にあったと思われる時期に、彼は明確な診断を下していない。ヒルシュミュラーが指摘するように、ブロイアーはベルタの咳はヒステリー性と診断していたものの、ヒステリーが彼女の状態全体の原因であることには、いささかの疑いを抱いていたのは明らかで、しばらくの間は結核性髄膜炎の可能性も考慮していた。だが彼女が寝ついた第二期は、いくつかの面で病全体がもっとも重くなった時期で、このときブロイアーは、もっともひどい欠神《アブサンス》の間には、失語症が軽減して精神活動が昂進していることに気づき、ヒステリーの診断を書くに至った。

症例報告をその言葉通りに注意深く読めば、ブロイアーがベルタの状態を完全に身体的なものと考えたとか、あるいは純粋に精神の病と考えていたと決めることは到底できない。彼はベルタの全体状態を説明するためにヒステリーの診断を用いてはいない。だいたい、それはグループにまとめるための単なるラベルであり、彼がいくつかの症状の意味を理解するのを助けるものであった。当時ブロイアーが利用できる診断カテゴリーは、まったく定まっていない状態にあったこと、そして彼がその適用に折衷的なやり方をとったことを、ここでは考慮しなければならない。ヒステリーは全身の神経病と考えられたが、全神経システムの一状態として、症状が痙攣、麻痺など特定の神経領域に限って現れることもあった。これには、仔細に辿っても対応するような局在性の神経損傷がみられない、局部的〝機能〟障害も含まれる。したがってヒステリーに精神症状もあるとすれば、ヒステリーは精神科医と神経学者の両方の領域に関わることになる（Hirschmüller, 1989参照）。ブロイアーのベルタ・パッペンハイムに関する報告には、診断に躊躇し、当初彼女の精神状態（特に欠神《アブサンス》）を局部的ヒステリー症状と区別したことなど、さまざまな概念化の試みをうかがうことができる。ブロイアーはただ特定の症状（たとえば咳）が明らかにヒステリー性であると言うだけであって、彼女の全体状態を総括する診断をヒステリーとしてよい、と考えたのでは決してない。一般的な精神病（精神的機能の総体的な障害と考えられていた）も、精神症状を伴う重い身体状態も除外できなかったし、それらは実際に輪郭の明瞭なヒステリー症状を生む基盤となるものであった。

結果的にブロイアーはヒステリーという総括的診断に落ち着いたようだが、そう診断しながらも、行動と局部的な症状を引き起こしている身体的病理を、確定的に診断できるものがそれ以外にはない、との結論を述べるに止まっている。さらに、彼の報告には、この診断による明確な治療計画が立てられたとは書かれていない。実際、報告の一八八〇年一二月からベルタの父親が死亡した一八八一年四月までの間の箇所には、治療的介入は二つしか記述されていない。一つは、患者が父を見舞おうとして拒まれ、ひどく気分を害し、以後二週間完全な失語症に苦しんだときである。ブロイアーはベルタに父の話をするよう強く求め、その結果部分的ながら失語症が緩和された。二つ目の介入は、ベルタが昼間に口にした鍵となる語を、夕方に繰り返すと、それが引き金になってさまざまなストーリーを語ることができ、気持ちが安らぐのに気づいたときである。「欠神《アブサンス》している間、彼女の心的活動は昂進し、一時的に失語症が解消した。このことが、全体的状況もあいまって、私をヒステリーの診断へと導いた」。ヒルシュミュラーもコメントしているが、これらの二点から、ブロイアーは特異な治療的介入の効果に基づき、この病に関する病因論的結論を導いたのである。

しかしこの病期の間、ベルタにこれと言って確実な治療体制がとられていた証拠がほとんど見つからないことも、忘れてはならない。一八八一年の春、彼女はもっとも激しい症状が和らぎ、四月一日には初めて床を離れることができた。しかし報告ではこれは自然な回復となっているだけである。夕方の語りで得られる心理的解放を考慮に入れたとしても、これは失語症が部分的ながら解消されたことの説明にはならない。また、痙縮が消失したわけではなかった。

ゆっくりと回復していた病状は、四月五日の父親の死によって突然その回復が止まり、新たな段階に入った。ベルタは一日の大半を欠神《アブサンス》の状態にあり、夕方になってから、日中彼女を悩ませていたものについて説明し、そしてやっと落ち着くのだった。しかし夕方に多幸感があったにもかかわらず、彼女の状態は悪化し、不安興奮が進んで自殺企図まで見せるようになったため、一八八一年七月七日、ウィーン郊外のインツェルスドルフのサナトリウムに入院を余儀なくされた。

ブロイアーの報告中、ベルタがインツェルスドルフへ移ることについて語る箇所では、当然病状は最悪と想像される段階のはずである。だが、突然調子が変わり、以下のように続く。

パッペンハイム嬢の一八八〇年六月から一八八一年六月までの病は、ともあれ、冬にはその峠を越した。すなわち、四肢の拘縮、ほぼ完全な失語症、多数の視覚障害がすべて峠を越えたのである。知覚麻痺と拘縮は右半身に限定されるようになり、言語機能が回復し（母国語であるドイツ語の喪失も含め）、斜視と眼球の共同偏位は消失し、視力の回復（数多のさまざまな障害で曇ることはあったがだいたいにおいて正常）がみられた。これらはすべて、彼女の病が身体の——純粋に機能的なものではあるが——障害に関するかぎり、その頂点を過ぎたことを意味していた。結局未知の疾患は、脳の左半分へと撤退したと思われた。精神の病の頂点は六月であり、それはインツェルスドルフへの入院後数日で峠を越えた。

この部分には特別に注意すべき点がいくつもある。第一に、ベルタがサナトリウムに強制的に移されたとしても、冬の数カ月来、身体面の病状は徐々にではあるが顕著に改善していたことである。第二に、これらの特定の症状の改善は、何らかの計画的な治療プログラムの成果だったという証拠がない。〝まだはっきりしない疾患〟がただ頂点を越えただけなのである。第三に、ベルタの精神の病の最悪の状態が、インツェルスドルフ到着後の二、三日で終わっているにもかかわらず、ここでもブロイアーは身体状態とベルタの精神の病とを分けている。したがって、彼女は病状の全体的悪化のために急遽インツェルスドルフに入院したのではなく、——まったく反対に——、ブロイアーの報告から考えるかぎり、父の死によって引き起こされた〝精神的〟症状が危急の状態になったための入院、と思われるのである。[8]

報告の残り部分は、主として、ベルタのインツェルスドルフへの入院から、その年の終わりまでの間の出来事を取り上げている。ここでブロイアーは、ベルタの夕方の語りを導くための工夫と、症状の軽減を示すと思われる一連の出来事を詳しく述べている。八月末ベルタはウィーンを訪れた後、一一月初め、ついに母のもとに戻ったが、その後病状、とくに精神状態が悪化した。これがベルタの第三病期の終わりで、ここでブロイアーは報告を突然打ち切っている。そのため、私たちは当然、彼の報告に第四期の説明がないのに失望することになる。

それでは、症状とその除去について、時を同じくして説明するブロイアーの症例報告原本から何が学べるだろうか。まず、これは説明のために念入りに組み立てられた理論的資料ではまったくないということがわかる。それには〝カタルシス〟への言及もなければ、ブロイアーが駆り立てられたと思われるこの症例の珍しさを説明する新しい構想の暗示もない。ともあれ、クルト・R・アイスラーが指摘するように（2001）、これは研究論文ではなく、もともと専門家同僚に向けた説明、臨床の参考の覚書であり、そうしたことは期待できないのである。また、これは整然とした観察報告ではない。ブロイアーは症状の始まりとその消退についてであるパターンを見つけた、と言っているにすぎない。ブロイアーは、一八八一年八月から、夕方の話が次第にベルタの幻覚や彼女を悩ませる症状の報告になっていったと漏らしている（Hirschmüller, 1989）。これは以下のように繰り返し念入りに語られている。

> 同様に、もし現在困惑しているものを言わずに我慢していると、急激に眼輪筋が痙攣してしまうが、自分で出来事を説明すると（最初は困難であったが、私が少し手伝ってやると）消えた。種々のテストで本物と思われた黒内障は、同様に感情（affection）[9]に反応して起こり、事件を語ると消失した。このような方法によって最初に消すべき古い症状は、右足の拘縮だったが、それはすでに自然に消え去っていた。

さらに以下の記述にも、同様の考えが繰り返されている。「感情から発生する制止や、意志による行為（飲むことや、涙を抑えるために眼を閉じること）は、語り流すまで、まるで動かず固まっているようであった」したがって、一八八〇年にブロイアーが、ベルタの症状の発現には、少なくとも抑圧された感情が関係しており、そうした感情を引き起こした当の事件を語ることが、それを除去するのに何らかの役割を担う、と考えたのはきわめてはっきりしている。ただその機制について推測したりはしていない。[10] もっとも秩序だった治療計画が感じ取れるのは、「一八八二年一一月初め、ベルタが母と暮らすために戻ってから、毎日〝談話療法〟で刺激すれば、それによって徐々に回復させられるだろうと考えた」とブロイアーが書いているところである。この報告には、ブロイアーが催眠誘導したことはまったく触れられていない。催眠についての唯一の記述は、ベルタ自身が夕方の催眠状態について述べた箇所である（ibid.）。そのころブロイアーがロベルト・ビンスワンガーに、ベルタの全体状態が改善しているので、家族から離し、クロイツリンゲンにあるビンスワンガーのサナトリウムで病後の健康回復期を過ごさせられないか、という手紙を送っているのをみると、このとき少なくともブロイアーは最悪の状態は過ぎたと考えていたと思われる。実際にはそれは当たっていなかったのだが。

この他注意すべきことが二点ある。ブロイアーと（インツェルスドルフの）ブラスラウアー医師は、入眠剤としてときにクロラールを処方していたが、一八八二年夏、ベルタがベルビュー・サナトリウムに入った後のロウパス医師によるケースノートから、彼女はモルヒネも使用していたことが明らかになっている。入院の時点では、ベルタはクロラールを止めていたが、それ以前の半年間は、三叉神経痛の痛みが非常に強くなっており、それを凌ぐためにモルヒネを増量して服用しなければならなくなっていた。ブロイアーの報告は一八八一年一二月以後が書かれていないため、無論、これに関する記載はない。しかし、もしロウパス医師が神経痛のためにモルヒネを使ったとすれば、ここには何らかのあいまいさが残る。ブロイアーはビンスワンガーに宛てて長い報告を書く前、一八八二年六月に短い予備報告を書いているが、その中で最近数カ月間、患者は神経痛のためでなく、ひどい痙攣に対してモルヒネの注射を受けていると書いているからである。おそらくブロイアーにかぎっては、モルヒネ使用の最初の理由は顔面神経痛であって、それが痙攣にも使われるようになったのだろう。ベルタの母がビンスワンガーに宛てた手紙で裏づけられるように、一八八二年一〇月までには、神経痛が再びモルヒネを使う最大の理由になっていた。こうした文献ではこの点は確かではなく、ベルタのヒステリーの治療のためにモルヒネが処方されたという証拠もない。このことの意味は後に議論しよう。

第二の問題は、ヒステリーの診断にベルタの症状のどこまでが含まれたか、その範囲である。つまり彼女が〝本当に〟ヒステリーになっていたかどうか、という問題ではなく——そうした遡及診断はここではまったく無意味であるから——、その当時にあったすべての症状が、彼女を治療した人々によってヒステリーのカテゴリーで説明されたのか、が問題である。これについては明確ではない。ブロイアーは、一八八二年六月にビンスワンガーに宛てた紹介状で、彼女の病を〝非常に重い神経症とヒステリー性の精神病〟とすっきりまとめており、またより長文の報告にも、ヒステリーの診断が含まれていることがわかっている。しかしこれが彼女のあらゆる病苦を包含すると一貫して考えていたかどうか、それは疑わしい。すでに述べたように、春にヒステリー性の苦痛が現れるのに先立って、三叉神経痛が（顔面の痙攣とともに）始まった。医師の間では、それが眼窩下からきているのか頬骨からきているのか、何らかの議論があったのは明らかで[11]、そして、ベルタの母がそれを〝心理的なもの〟に関係していると考えていたにもかかわらず、ヒステリーの疑いはまったく持たれていなかった。母の考えは、ビンスワンガーが神経痛を外科手術で治療しようと提案した際に、それに応じて述べられたもので、したがってこの時点では、彼はヒステリーとは診断していなかったことになる。ベルタのその他の身体症状、筋肉の弱さと拘縮の問題など、これらの諸側面についてははっきりしていない。ブロイアーはこうした身体症状の中には純粋に機能的なものがあり、それらはベルタの症状が最初に起こったときの出来事を語れば、その語りで消えてしまう可能性を疑っていなかった。事実ブロイアーはこの文脈で右足の拘縮を消去できたことを報告している。それより問題なのは、左下肢の拘縮と首の前側の筋肉の脆弱さである。こうした症状が最初に出たのは、一八八〇年一二月に床に就いてからであり、翌年四月父親の死の直前にまったく自然に消えた。それでも、ブロイアーは公刊版の症例報告でこうした症状について論じた際に、これらが他の症状と同一の原因から来ているのかどうか疑わしい、と述べている。

私はこれらを他の現象とは区別している。それは一旦消退すると決して再び現れることはなかったからである。あらゆる他の症状は治療終了と回復の段階でしばらく一時的に停止したのち、またぶりかえしていたが、それらは短い軽微な形でさえも、まったく現れることはなくなった。また、それらは催眠分析中も出てくることはなく、情緒的空想的な源に遡っていくこともなかった。したがって私はその出現はその他の症状と同じ心的プロセスによるのではなく、ヒステリー現象の身体的基盤を作っている未知の病が二次的に広がったものであろう、と考えるようになった。(Breuer & Freud, 1895)

こうした症状はヒステリー現象の身体的基盤から生まれてくるとする仮説は、一つの疑問を未解決のまま残す。その基盤とは、一般的なヒステリーの素質とかヒステリー性の病とかなのだろうか、それともブロイアーはその他の潜在的な状態を仮定し、そこからヒステリー症状の心的機制が表れてくるとしているのだろうか。この記述は、ブロイアーの一八八二年の報告にある同様の記述、すなわち、「ベルタの症状の重要な部分は、彼女の自己催眠を通して対話的に探索することができ、しかも、彼女の情緒あるいは想像の産物と見ることも可能であるが、その一方で、これだけが病の現象のすべてではなく、また〝ヒステリー症状〟という言葉も、彼女の状態全体を包含する唯一の診断カテゴリーとして用いられたのでもない」という部分を反映している。ブロイアーは一八八二年に、症状の一部を説明するためにヒステリーの診断を出したが、身体症状が幾分か減じると、彼は「未知の病は彼女の脳の左半分へと撤退したに違いない」と推測した(Hirschmüller, 1989)。

ベルタ・パッペンハイムについての一八八二年の諸文書から得られる知見を集めて要約すれば、彼女の病は一八八〇年七月から一八八二年六月まで一連の経過を辿り、そのうち身体症状が最悪の状態になったのが一八八〇年末、精神症状がもっとも重篤だったのは一八八一年六月ごろ、ということになる。ブロイアーには症状の大半はヒステリー性に見えたが、この診断ではすべての症状を確実に説明することはできなかった。特に三叉神経痛と下肢の拘縮と筋肉の弱まりは、ブロイアーにとってヒステリーによるものとは考えられなかった。後者の一部は、ヒステリー症状の温床であった潜在性の身体疾患からくる二次的産物に思われ、そしてその潜在性の未知の病は、自然の経過を辿って消滅したと思われたのである。

治療方法に関して言えば、その範囲は比較的狭い。ベルタが受けた薬物治療は単に緩和的なものに過ぎなかった。つまり、睡眠導入のためのクロラール、神経痛の痛みをとるモルヒネであり、のちにモルヒネは痙攣を抑えるためにも使われた。しかし薬物はヒステリー自体を治療する主な手段ではなかった。ブロイアーのもっとも有効な治療的介入は、無論、〝物語〟を語れるように患者を援助することであった。最初はこの物語は空想を念入りに組み立てたものであったが、やがて強い感情を引き起こした出来事、症状の根底に眠っていると思われる出来事の説明へと発展していった。この実践と技法がどの程度であったかをよく知るには、ただ刊行された症例報告を見るほかない。症例報告原本ではこれについてほとんど触れていない。[12] ブロイアーは時間を節約するために、日中の往診時に患者に催眠をかけ、特に頻発する症状の多様な様相と関連する多くの出来事を聞き出していた。そして夕方の診察のとき、ベルタは昼の話に磨きをかけた。この症例でブロイアーがたった一つの症状に関して数多くの例証をあげているのは、彼がベルタの語りにどこまでもつき従っていこうとした心構えを表している（Breuer & Freud, 1985）。しかし今、これ以上この点を議論すると、当時の文書から学ぶ目的から離れてしまうだろう。

私たちが焦点を当てたい最後の問題は、こうした記録の中にあるベルタ・パッペンハイムの治療の終了についてである。しかし不幸なことに、これについてはこの報告からはほとんどわからない。それは主として、ブロイアーの症例報告ではその部分が欠落しており、短い報告の類や手紙から情報をできるかぎり拾い集めなければならないからである。したがって、私たちは初期の文書の中に残された乏しい手がかりを補うために、治療の結末について、どうしても後からの遡及的説明に頼らなければならなくなる。

当時と時間的にもっとも近い参考資料は、ブロイアーが一八八二年六月、ベルタをクロイツリンゲンのベルビュー・サナトリウムに紹介するために書いた、短い報告の最初の部分である。彼は次のように書く。「ベルタ・パッペンハイム嬢、二三歳、は非常に重い神経症とヒステリー性の精神病（全病期を通じて性的な要素は皆無）から回復しつつあります」（Hirschmüller, 1989）。この文のキーワードは無論〝回復しつつあります〟である。アイスラーが指摘したように（2001）、明らかにブロイアーは、患者は病気の最悪期を乗り越え、回復過程に入ったと考えていた。そして随所に、彼が自分の役割は完全に終わったと考えていた様子が読みとれる。以前に書かれた二通の手紙は、ベルタはまずカールスルーエにいる親戚を訪ねようと考えており（そして彼の目には彼女はそうできるほど十分によくなっていた）、そのためクロイツリンゲンに行く時期ははっきりしていなかったことを裏づけている。ブロイアーは、ベルタがクロイツリンゲンでまだ残っている精神病[13]を一掃し、モルヒネから離脱できるだろうと予想してさえいた（Hirschmüller, 1989）。彼女は六月一九日カールスルーエに向けてウィーンを発ち（ibid.）、七月一二日から入院生活を始めた（Ellenberger, 1972）ので、カールスルーエには約三週間滞在したことになる。

また、六月七日に治療が終わった直後、ブロイアーが、おそらく治療をより完全に終結させるために、麻酔薬のうちのいくつかの使用を中止するよう勧めたか、少なくとも消極的に黙認しただけと思われることも重要である。ブロイアーは一八八二年六月中旬にビンスワンガーに宛てた手紙とその数日後に書いた報告の中で、ベルタは四晩連続してクロラールを使っていないが、しかし重い反作用の恐れが生じたために、また服用することになったと述べている。それでもブロイアーは、ベルタ自身が強い意志をもちさえすれば、麻薬をやめるのは難しくはない、と希望的な見方も書いている（Hirschmüller, 1989）。可能性の点からみれば、これはたしかにベルビュー・サナトリウムへの入院に期待できる大きな利得の一つであっただろう。シュヴァイクホーファーはこれに疑いを抱かない。「ブロイアーの手紙から、クロラールとモルヒネの使用中止がクロイツリンゲンでの治療の第一目標であったのは明らかと思われる」(Schweighofer 1987)。ゲルハルト・フィヒトナーも(Freud & Binswanger, 2003 の中で)同様の結論を出しているようにみえるし、アイスラーも同様である(2000)。もしそうであれば、ベルビュー・サナトリウムへの入院は、二次的文献でひろく提示されているのとは非常に異なる様相を呈することになる。それでも全体を望見すれば、クロイツリンゲン入院以前に書かれたあらゆる文書は、クロラールとモルヒネからの離脱を入院の唯一の目的とは言っていない。全体的に回復し健康を取り戻すことも、等しく重要であったのである。

麻薬からの離脱の問題は、私たちの手元にあるベルタのベルビュー・サナトリウム入院についての情報のうち、もっとも意味のある医療情報書の中に記載がある。それはロウパス医師がブロイアーからの紹介状の写しの最後に、直接付記したものである。これはほぼ二ページ半におよび(ブロイアーの紹介状は二一ページ半)、冒頭の一文には、一八八二年七月一二日から一〇月二九日までのベルビュー入院中、ベルタの病の経過を要約する目的で書かれたもの、とある(Hirschmüller, 1989)。彼の報告のほぼ二ページは、ベルタの身体症状の記述にあてられ、顔面神経痛への懸命な治療と、モルヒネを使ってコントロールしようとする努力が述べられている。そしてここから、顔面神経痛は毎晩同じ時刻に生じたこと、当初二、三週間は耐えられるギリギリの状態にあったが、さらに一層悪化し、痙攣が瞼を塞ぐまでになり、その結果視力が失われたこと、しかしそれはモルヒネの使用で救うことができたことがわかる。ヒステリーやヒステリー症状は、記述の初めでは一切ふれられていない。出ているのは最後のほんの半ページ、二つの節の中だけである。彼女の精神状態を議論する文脈では、ロウパスは、ベルタが精神の不安定さを疑わざるを得ない徴候を示すのに気づいており、患者は「紛れもなくヒステリーの徴候を示していた」と書き、次いで、これは他人への敵意ある苛立ちと抑うつ状態を含む「動機のない気分の変調のためである」とした。ロウパスはまた、彼女が死んだ父親への過度の悲嘆を示し、非現実的な計画を立てることを例にあげて、彼女は神経の状態が深刻であるのに、その病識が欠けている、と報告している。だが、欠けているのはむしろ、ブロイアーが記述した一連の華麗な症状の記載で、つまりはそれが継続していなかったということであろう。ロウパスの報告でそれに触れているのは、ブロイアーの記述で馴染み深いベルタの行動の側面、すなわち、一人きりの劇場で自由に空想の羽を広げ、そして最後には、毎夜、母国語を失うことを記述した箇所だけである。

こうした現象は毎夕方、患者が頭を枕に載せるとすぐに始まった。患者はドイツ語を理解することも話すこともできなくなった。もしそのときドイツ語で話していたとすると、そのセンテンスは英語で終わるのだった。そうした折には、フランス語は理解でき、話すこともできたが、時にはそれでトラブルが起こることもあった。(ibid.)[14]

私たちがブロイアーの報告と、後の症例研究でよく知ることになった残遺ヒステリー症状についての記載は、これだけである。そして、患者がベルビューに入院していた三カ月間を通して、病の経過中ずっと残存していた症状として、ロウパスが記述しなければならなかった症状は、これにつきていた。冷静かつ客観的に評価される医療情報書の中でのベルタは、従来のベルタの姿、ブロイアーの失敗の後遺症のために数カ月に亘って執拗なヒステリー症状に苦しむ姿とは一致しない。むしろ顔面神経痛と闘い、その結果麻薬依存になった、というシュヴァイクホーファーの観察の方に、はるかによく一致している(Schweighofer, 1987)。エランベルジェの要約は核心にふれる。「ブロイアーの『ヒステリー研究』でしかアンナ・Oを知らない人には、それがブロイアーの〝浄化法《カタルシス》〟を経験したのと同じ患者の後の姿だったとは、まず想像できないだろう」(Ellenberger, 1972)

ブロイアーの治療が終わった後のベルタの経過については、その他の出所からも情報が得られるが、それらは断片的で、きわめて広い多様な解釈を許すうえ、互いに一致しない点がある。ありのままの事実は、多分以下のようであったと思われる。彼女自らが自身の状態について語っているのは、おそらく一八八二年一〇月初め以後で[15]、それは毎夜床に就くとすぐ、必ずドイツ語が話せなくなる、ということであった。これは通常、数時間に及んだという。彼女はまた、入院当初二カ月はまだ欠神《アブサンス》のため苦しんでいたが、しかしそれも何週間かの間起こっていない、とも言っている。また、詳細にではないが、あいかわらず〝激しい神経痛〟に悩まされていることも、述べている（Hirschmüller, 1989）。一八八二年一〇月末のベルビュー退院は、主として彼女自身が強く望んでいたことであった。モルヒネから離脱させる企図が失敗したことは明らかで、神経痛による激しい痛みになおも彼女は苦しんでいた。ヒルシュミュラーが公刊した現存する書簡には、ベルタの神経痛とモルヒネ治療のことが繰り返し出ている。ベルタはベルビューを出た後、再びカールスルーエに住む親戚のもとで過ごし、クリスマスのころ三日ほどフランクフルトにいて、一二月末、マインツに行った。一八八二年一一月、彼女がカールスルーエからロバート・ビンスワンガーに出した手紙には、自身、モルヒネ依存が続いていることを嘆いて、次のように書いている。「私の健康については、何も新しいことも好ましいこともありません。注射器をいつも用意して暮らすのが、決して羨まれる状況ではないことはおわかりでしょう」。一八八三年一月、ベルタのいとこ、フリッツ・ホンブルガーがビンスワンガーに宛てた手紙からも、彼女はまだまったくよくなっていないことがわかる。「神経の痛みは依然続いています。私が見るかぎりでは、最近は少しよくなっている気がします。ベルタ自身はそれを否定していますが」ベルタの残遺性のヒステリー症状については、ほとんど情報がない。すでに述べたように、ロウパスによるベルビュー入院の終わりごろの記録では、ロウパスは主に薬物から離脱させることと神経の治療に集中していた。そして最後に、彼女はヒステリーの純正徴候を呈したとコメントしているが、これは夥しい症状があることよりも、気分変動との関連で述べているものであった。彼の報告は、彼女がいまだに毎夜決まって母国語を失い、英語かフランス語に頼ることを指摘している。

同じ症状はフリッツ・ホンブルガーの前述した一八八三年一月の書簡でもふれられており、それは前年の秋にベルタ自身が記述してから次第によくなっているようで、毎夜一時間ほどになっている、とある。

一八八二年と一八八三年の文書にある証拠だけをみれば、すでにこの段階で、ベルタの病の最終期についての一連の結論が、無理なく引き出せるように思われる。私たちはベルタの治療が一八八二年六月に終了したこと、カールスルーエの親戚のもとで三週間過ごした後、病後の回復をはかるためにクロイツリンゲンに行ったことを知っている。ブロイアーが何らかの理由で治療を尚早に打ち切った、という直接的指摘はまったくない。また、インツェルスドルフ入院一年後の六月七日までに治療を終えることを決めたのは、ブロイアーでなくベルタ自身であった、という一八九五年のブロイアーの言葉との矛盾もない（Breuer & Freud, 1895）。彼女がブロイアーから離れる際の、残遺性のヒステリー症状は、〝軽いヒステリー性の精神異常〟で、それはさまざまな奇妙な振る舞いとして表れていた。しかしブロイアーは、彼女がカールスルーエの親戚と新しい環境で過ごすうちに、こうした症状が消失し、予後が好ましいものになるだろうと期待していた。ブロイアーから離れて、ベルビュー・サナトリウムに到着するまでの間は、以前鎮静剤として使用していたクロラールが不要になっていたと思われる。しかし、親戚を訪問してクロイツリンゲンに到着したときには、彼女はまだ三叉神経痛にひどく悩まされており、そしてこのためにモルヒネに依存していたという証拠がある（Hirschmüller, 1989）。

一〇月末のロウパスの記録によれば、ベルタは動機のない気分の動揺に苦しみ、彼はそれをヒステリーの徴候とみていた。また、彼女は何度か抑うつの発作も起こしていた。その他のヒステリー症状は、毎夜――ベルタ自身の報告では数時間――ドイツ語を話す能力を失うことだけだったが、三カ月後にはこれも毎夜短時間でおさまるようになっていた。ヒステリーとは考えられない神経痛と、それによる麻薬依存を除けば、客観的な観察者なら、医師や近親者の証言や彼女自身の説明から、ほんの数カ月前まで彼女をひどく苦しめていた病苦に比較したら、ベルタはようやくほぼ完全に回復したと言える、と結論するだろう。ベルビュー入院が終わるまで、彼女は痛みとそのための薬物依存から解放されていなかったし、精神的に平穏な状態になってもいなかったが、それでも、患者が回復期に入る以前のブロイアーの治療について、どの文書にも根本的な失敗をにおわせるものは見当たらず、彼女の一般状態は今後も回復を続けると期待してよいものであった。これらをつなぎ合わせてできる図像は、まったくブロイアーの一八九五年の要約「この後、彼女はウィーンを離れしばらく旅行する。しかし彼女が精神的なバランスを完全に取り戻すには、まだしばらく時間がかかると思われる」と一致している（Breuer & Freud, 1895）。

第二章　その後の証言

抵抗し争うものは、必ずしも言葉が誰にも通ずるものではないことを銘記するべきである。誰しも自分に理解できることしか聞こうとしないのだ。[1]

——ゲーテ『箴言と省察』（遺稿）

これまで、私たちはベルタ・パッペンハイムと同時代の文書と、それに直接関連する資料を中心に述べて来た。しかし、一八八二年以降の資料からは、何が見てとれるだろうか。彼女の運命の詳細は、アルブレヒト・ヒルシュミュラーが一八八〇年代中ごろのインツェルスドルフ・サナトリウムの記録を発見したときに、覆いが除かれた。それらの記録は、一八八一年の入院とは別に、ベルタが一八八三年七月三〇日から一八八四年一月一七日、一八八五年三月四日から一八八五年七月二日、一八八七年六月三〇日から一八八七年七月一八日の三回、同サナトリウムに入院したことを示している。三回とも診断は、「ヒステリー」と付けられており、精神状態の検査の結果は、「身体疾患」と記録されている。第一回と第二回の退院時は「治癒」、第二回の退院時は「改善」とだけ記録されている。初めの二回の退院は、医師の勧めというより彼女自身と母親の要請によるものだったようだが、三回目の退院は、カール・ベッテルハイム博士の決定によるものだった。(Hirschmüller, 1989)[2]

マルタ・フロイトが妹ミンナ・ベルナイス宛に書いた一八八三年一月二二日付の手紙によれば、ベルタは一八八三年の初めごろに、マインツからウィーンに戻っていたらしい。マルタの手紙には、「ベルタも戻って来ましたが、彼女は完全に治ったという話です。まだ彼女を訪ねてはおりませんが」(Freud & Bernays, 2005)。しかし、そのちょうど六カ月後、ベルタはインツェルスドルフ・サナトリウムに戻った。その後少し経った八月五日の手紙で、フロイトはブロイアーと一日過ごして、次のことを知ったと、フィアンセに書き送った。

ベルタはまた、グロス・エンツェルスドルフのサナトリウム[3]に入院しています。ブロイアーは、絶えず彼女の話をして、もし死んでくれたら、この哀れな女性は苦しみから解放されるだろうに、と言っています。彼によれば、ベルタは完全に弱りきっていて、二度と回復しないだろうと言うことです。(Forrester, 1990)

この手紙はジョーンズが彼のアンナ・O物語に引用したものと同じであり、ベルタの健康がかなり絶望的であるかのような内容になっている。しかし、この情報は、彼女の病気の本当の性質を伝えるものではまったくない。サナトリウムの診断が「ヒステリー」だったのは事実だが、この診断には本来あまり意味がない。この診断名は、現在の問題についての新たな診断というより、以前の入院時の優勢な診断カテゴリーを、そのまま用いたものに過ぎないと言ってよい。彼女の精神状態に対して、「身体疾患」と記載してあるのは、同様によくわからない点だが、彼女の入院の原因が主要なヒステリーの症状の再発ではなく、顔面神経痛の悪化とそのためのモルヒネ中毒の再発にあった可能性は大きい。もしこれが新たな抑うつ状態を生んでいたのなら、それは確かにブロイアーがフロイトに話した内容と一致することになる。フロイトが間接的に聞いたベルタの悲惨な病状を、前年彼女がベルビューに入院していたときの医師ロウパスの記録と比較してみよう。「神経痛がひどかったために、モルヒネで痛みが和らいでいたにもかかわらず、彼女は将来に対して絶望的になっていた……」(Hirschmüller, 1989)。ベルタの惨めな状態を生んでいたのは、ヒステリー性の失語症が続いたというより、神経痛によるまったくの肉体的苦痛のためだったようで、彼女はその失語症が出ても、それにはほとんど不快や苦痛を感じなくなっていた。彼女が一年前に書いた自分の言語障害についてのレポートを見てみよう。「私の病状には、身体感覚から来るものはまったく伴っておりません。痛みも、圧迫感も、めまいも感じません。これらの症状からみると、私の病気全体は私がまったく気づかないうちにとてもよくなっているようです……」(Hirschmüller, 1989)。この文章からは、彼女のヒステリーが直接病気の原因となっている徴候は認められない。いずれにせよ、一八八三年八月のベルタの惨めな状態が、一年前にブロイアーが彼女のヒステリー治療に関して犯した失敗により惹き起こされた、と考える証拠はないのである。

ほぼ三カ月後の一八八三年一〇月三一日、フロイトは私たちが今述べたことと完全に一致するような手紙を、フィアンセに送っている。「あなたの友人ベルタ・Pは、エンツェルスドルフの病院できちんと治療を受けて、痛みは軽くなり、モルヒネ中毒も治って、急速に体重が増しています」(Borch-Jacobsen, 1989)。ここにはベルタの現在の問題がヒステリー症状の持続ないし再現であることは、まったく示唆されていない。一八八四年一月一三日、彼女がインツェルスドルフを離れた後に、ブロイアーはビンスワンガーに宛てて、次のように書いている。「今日、パッペンハイム嬢に会いました。健康状態はとてもよく、痛みやその他の悩みは何も訴えておりません」(Hirschmüller, 1989)

この入院の後、ベルタは一八八五年三月から七月初めまでのさらに四カ月間、インツェルスドルフに入院することになったが、翌年の終わりごろには、マルタ・フロイトが母と妹に次のように書き送るほど回復していた。「今週、ベルタを見舞いましたが、彼女のお母さんにしか会えませんでした。彼女はとても優しくしてくれ、ベルタは今までになく元気だと言っていました。ベルタは暇な時間を裁縫の勉強にあてているそうです」[4]

一八八七年一月三〇日の日曜日、ジークムントとマルタは、ベルタのいとこのエマ・パッペンハイムに晩餐会に招待された。その晩餐会は、エマの夫のいとこ、ベティ・ベルガーと音楽学者グイド・アドラーとの婚約を祝うためのものだった。一八八七年二月の母宛ての手紙の中で、マルタはこのときのことを記している。それによると、ベルタと兄のヴィルヘルムも出席していたが、マルタが彼女に会ったのは、彼女の病気以来初めてのことだったようである。マルタは続けて、次のように書いている。「ベルタは別の日、午後のお茶の時間にも出席しましたし、昨日はいとこのアンナと一緒に来てくれました。二人ともとても社交的で、太っちょのウィリィが付き添っていました。ベルタは基本的な性格の点では、まったく以前のままですが、外見ではひどく年をとった感じです。髪はほぼ完全に灰色になり、目の輝きは完全に消えています」[5]。このマルタの観察の核心は、病気がベルタに大きな影響を残したということである。その四ヵ月後の一八八七年五月三一日、マルタは母に宛てて再び書いている。「昨日の昼、ベルタがちょっと立ち寄ってくれましたが、彼女はまた、とてもひどい様子でした。夕方五時を過ぎると、彼女はいつもの異常状態に落ち込み、その後はまったく役立たずになってしまうとのこと。日中はなんとか元気にやっていますが、見たところ、また何も食べていないようです。——とても悲しいことですね」[6]

マルタの手紙によると、ベルタの惨めな状態は一貫しているというより、波があったようである。マルタは〝また〟という語を二度使って、その間に〝寛解期〟があったことを示している。もちろん、もっとも興味深いのは、ベルタの〝昂奮状態〟に触れている点である。ジョーンズは、この手紙を根拠にしてベルタの病気の経過を説明しているが、彼の報告は決定的な点で手紙の内容と違っている。ジョーンズは、ベルタはあいかわらず〝幻覚状態で〟苦しんでいた、と書いている（Jones, 1953）が、これにはまったく触れていないマルタの手紙と矛盾している。実際マルタの言うベルタの〝異常状態〟が、私たちが病歴を詳しく知った上でこの用語を理解する場合と、正確に同じ内容を示しているかどうか、必ずしも明瞭でない。マルタの言葉は、うつ病とか不安といった感情状態について、たまたま触れただけだったかもしれない。しかし少々無理をして、マルタと母親が共に、ベルタの過去の病状を詳しく理解していたと仮定しても、マルタの省略した記述から合理的に推論できるのは、せいぜい〝異常状態〟がベルタの欠神《アブサンス》状態を指しているというくらいであり、それ以上どんな状態であったかについては、何の指摘もない。たとえば、ドイツ語が話せなくなる症状の持続や再発があったか、あるいはブロイアーの記載した奇妙な症状があったか、なども憶測できない。ただ、ブロイアーの最初の報告を見るかぎり、欠神状態《アブサンス》が彼女のヒステリー症状の苗床であったことは、忘れてはならないことである。もっとも、後にブロイアーは、この欠神状態《アブサンス》はヒステリー症状を生み出す類催眠状態《ヒプノイド》であると考えるようになったが。しかし欠神状態《アブサンス》は、ブロイアーが考えるかぎりでは、ヒステリー症状自体ではなかった。この意味については、後でまた検討するが、ここでは、ベルタが一八八七年五月の病気から明らかに完全かつ永続的に回復してはいなかったこと、この再発の性質や持続期間や程度については、現在ほとんど知られていないことだけ心に留めておこう。彼女の病の本性が何であれ、これが一八八七年七月末に、ベッテルハイムの薦めでインツェルスドルフに三回目の入院をする要因になったと思われる。しかし病の程度は、二週間半以上の入院を必要とするほどのものではなかった。

現在入手可能なあらゆる文書から見て、ベルタは一八八七年当時、ブロイアーの治療を受けていた一八八〇年夏から一八八二年六月までの間彼女を苦しめた病から、まだ完全には治癒していなかったのは明らかである。しかし、フリッツ・ホンブルガーが、ベルタは毎晩約一時間ドイツ語を話せなくなったと述べる一八八三年一月の後は、現存するどの文献をみても、ブロイアーがベルタの主要な病期に認められたと報告するきわめて特殊なヒステリー症状は特に触れられてはいない。ブロイアーの治療が終わった後、彼女がなお顔面神経痛や、モルヒネ中毒の後遺症や、おそらく〝異常状態〟ないし、欠神状態《アブサンス》に苦しんでいた証拠はあるものの、ブロイアーが治療的介入の標的とし、除去に成功したと考えた、ヒステリー症状がなおも存続し続けていた証拠はない。

ベルタ・パッペンハイムがブロイアーの治療を受けて、ヒステリー症状からほぼ完全に立ち直ったという結論は、もちろん現在の暫定的なものに過ぎない。なぜなら、一八八三年初め以降も、ヒステリー症状が残り続けていたことを示す証拠が、今後見つかるかもしれないからである。このような証拠が将来発見されたら、この結論は訂正されなければならないだろう。しかし現時点ではその証拠がない以上、ベルタ・パッペンハイムがクロイツリンゲンを離れて後の短い間も、ヒステリー症状から決して解放されていなかったのだ、と主張するのは、現在入手可能な証拠が支持する範囲を逸脱しているのである。

第三章　症例研究の出版

二人が互いに満足し合っていたとしても、概して、彼らは思い違いをしているとみることもできる。[1]

――ゲーテ『箴言と省察』（遺稿）

懐疑的な読者でなくても、このあたりでさまざまな面から異議を出したくなるだろう。臨床観察に基づく事実に関するかぎりでは、これまでの議論を妥当と認めるにしても、ベルタ・パッペンハイムは、ブロイアーの治療終了後もヒステリー症状に苦しんでいたではないか。たしかに、ブロイアーの治療後半年間も、そしてブロイアーが治療は成功したと言った後も、彼女は母国語の喪失に苦しんでいたのだ。ブロイアーが症例報告の中で、彼女のその後の入院や神経痛、そしてクロラールとモルヒネへの依存があったことに触れなかったのは、誠実な態度と言えるだろうか。こうしたことをどう考えれば、ブロイアーの治療が効果的であり、公表された症例報告や、またその後フロイトが公に述べていたことと相違しない、と言えるだろうか。

本章では、これらの疑問に焦点をあてる。そして、ベルタの生存中には公開されなかった、ベルタ・パッペンハイム症例に関する文献証拠からの推論は一旦置き、まず彼女の神秘的な分身、アンナ・Oに関して公になっている見解の吟味をしてみたい。これまでの証拠は、発表が意図されていなかった一八八二年から八七年の資料からひろく収集されたものであった。この症例の文書記録が非常に少なくなった後に、この症例が公表され始めた。そこでここでは、原本資料が絶えた一八八七年から、『ヒステリー研究』で症例全体が公表される一八九五年のまでの間の事例史を辿っていく。

さて、資料の吟味は、一八八八年にフロイトがアルベール・ヴィラレの『総合医学事典』に書いたヒステリーに関する小論文からはじめよう。というのは、これはブロイアーの新しいヒステリー治療について、フロイトが公に論評した最初の論文だからである。フロイトは催眠暗示法によるヒステリー症状の治療を論じた後で、以下のように述べている。

もしわれわれがウィーンのヨーゼフ・ブロイアーによって初めて実践された方法を採用し、催眠下で患者を病気の精神的前史へと導き、問題になっている障害が生じた心理的機会について、患者に認識させるようにすれば、さらに効果を上げることができる。この治療方法は新しいが、その他の方法では得られない目覚ましい治療成果［Heilerfolge］をもたらすのである。(Freud, 1888)

この小論文には、上記ブロイアーへの直接の言及のほか、フロイトが早くも一八八二年にこの事例を論じたときの、その内容とつながる点がはっきりと読みとれる。ブロイアーの治療技法に関するフロイトの示唆は短く、この小論文の最後の〝神経症の治療〟と題する項の終わり近くに出ているにすぎないが、この項全体が注目に値する。

初めにフロイトは、治療の立場からはヒステリー気質、ヒステリー発作（急性ヒステリー）、個別のヒステリー症状（局所ヒステリー）の三つの状態に対して、別々の対応があると区別し、次いでそれぞれについて順次説明していく。まず気質については、ヒステリー気質を除去することはできないと率直に認めつつも、ヒステリー発作を起こさないように予防することは可能という。急性ヒステリーの場合は、これより状況は好ましくなく「医師は大変苦労する。誤りを犯しやすいし、めったに成功しない」。事実、ここでフロイトが言っているのは、よく知られている通常の治療、つまり患者を現在の状況から引き離すことや（特に近親集団から離す）、マッサージ・電気療法・水治療・体操・ウイアー・ミッチェルの安静療法などの一連の治療についてである。そして第三の側面に至って、フロイトは突然、一八八二年のベルタ・パッペンハイムの治療報告を読む上での、きわめて印象的なことを言う。

個々のヒステリー症状の治療は、急性ヒステリーが残存するかぎり、成功の望みはない。症状はぶり返したり、新しい形をとって現れてきたりし、ついには医者も患者も疲れ果ててしまう。しかしヒステリー症状が一定の道筋をたどる急性ヒステリーの残遺である場合、あるいは何らかの特に刺激的な原因によって、神経症の局在化として慢性ヒステリーの中に現れてくる場合には、事態は異なる。(ibid.)

個々のヒステリー症状と、独自の経過を辿る急性ヒステリー症状との区別の仕方は、ブロイアーがベルタのヒステリー症状で区別したやり方と同じである。ブロイアーは、ベルタの談話療法になじみやすいヒステリー症状と、これらの症状の基盤にあって、特有の流れにそって悪化したり衰退したりして、しかもどのような治療的介入にも反応しない、明らかに独立した〝未知の病〟を区別した。フロイトは治療の効能をきわめて限定し、治療は、現実的には急性発作の残遺症状に対してのみ有効であって、ヒステリー状態それ自体を対象にはできないと主張する。催眠と暗示の用法と、ブロイアーの新技法への間接的言及も含めたこの部分を読む際には、これは患者の本源である潜在ヒステリー的疾患が独自に進行しているところでの、個々のヒステリー症状に対して可能な治療の概略であることに、十分注意しなければならない。これは本源のヒステリーの根治を提示しているのではないのである。

このことは、四年後の『予報』の終わりの部分にも出ている。

ヒステリーを気質の問題とするかぎりにおいては、私たちにはヒステリーを治せないのは真実である。類催眠状態の再発に対してできることは何もない。[2] それどころか急性ヒステリーの症状が激しいときには、私たちの技法は、次から次へと起こってくる新しい徴候を防ぐことはできない。しかしこの急性期が過ぎると、私たちの方法は慢性的症状や発作の形で残った残滓をすべて、そして永久的に除去する。なぜならこれは根治的方法だからである。この点、その有効性においては、今日の心理療法家がやっている直接指示によるよりも、はるかに優れていると思われる（Breuer & Freud, 1895）。[3]

同様の内容は、フロイトが一八九三年一月におこなった講演と、それと同時期に出た『予報』の終わり部分でも、明瞭に述べられている。

これによって、ヒステリーの治療に、非常に多大なものがもたらされたと考えてはならない。ヒステリーには、神経症とおなじく、より深い原因がある。そして治療の成功の限界を作るのはその深い原因であるが、それらはしばしばはっきりと認識することが可能である。（Freud, 1893）

このようにブロイアーの新しい治療技法は、きわめて効果的な現状整理作業に過ぎないと前触れしてから、アンナ・O症例では、このようにしてヒステリー全体を終息に至らすことができたのだ、と述べている。この考えは、『ヒステリー研究』の最終章で繰り返され、多弁に論じられており、彼はこの治療法のさまざまな効力とともに、本質的な限界についても、整然と提示する。そしてそれは病の経過の最後の段階でもっとも強く働くとして、以下のように述べる。

ヒステリーの症状が出て、急性のヒステリー発作が起こり、克服され、残っているのは残滓現象の形でのヒステリー症状であるときは、浄化法《カタルシス》はどのような徴候に対しても有効であり、完全で永続的成功をもたらすのである。(Breuer & Freud, 1895)

しかしフロイトは、特に急性ヒステリーにはこの方法は効果がないことも強調する。

急性ヒステリーでもっとも活発な症状産出の時期が続き、自我が病(たとえばヒステリー性精神病)から産み出される症状に圧倒され続けている事例に遭遇した場合には、浄化法《カタルシス》は障害の出現と流れを止める上でほとんど効力をもたない。(ibid.)

ここでフロイトとブロイアーの当時の著作から長々と引用しているのは、それがアンナ・Oの治療に関して、一般に作り上げられたフィクションへの反論に必要だからである。ここに示したのは、ブロイアーの治療によって患者が「回復 cure」状態になったと主張する、フロイトとブロイアーの見解である。無論、この cure という言葉は、一つの症状に対して用いることは可能で、その意味であればここでのこの言葉に異論はない。しかしもしここで意味する cure が治療の経過の果実であり、潜在する病的状態を効果的に除くことによって、患者が完全に健康になることを意味するなら、この文脈では cure の言葉の使い方がまったく誤っていることになる。このような見方がもっとも明確に表れているのが、アンリ・エランベルジェが証拠を分析して出した率直な結論、「有名な〝カタルシスによる治癒の原型 prototype of cathartic cure〟は治癒でもなくカタルシスでもない」という結論である。(Ellenberger, 1972)

浄化法はレシピエントの病気（affliction）を〝治す〟のを目的としたという意見は、主としてエランベルジェ自身が考えたことであり、以後それが他の者たちによって果てしなく繰り返されていった。[4] そして患者がその後サナトリウムに入院したことが判明するや、ブロイアーとフロイトの症例とはまったく異なる症例が創造されたように思われる。だが原文は、そうした空想的に誇張した主張とはまったく相いれない。ブロイアーの新しい技法は、インシュリンが糖尿病の治療を目的とし、また、アスピリンが鼻風邪を治そうとするのと同じに過ぎない。一八八八年から一八九五年にかけて公表されたブロイアーの技法の効力と弱点の評価は、すべてアンナ・O症例についての私たちの知識と完全に一致している。したがって、フロイトとブロイアーのどちらかが、証拠が支持する以上の成果を主張した、といって責めることはできない。[5]

それでも、まだ懐疑的な人々は、ブロイアーによるアンナ・O治療の説明や彼女が健康を取り戻したというのは、とにかく根本的に間違っている、新しい技法のまわりに注意深く弁護の柵を張り巡らせ、どのようにも言いぬけられる余地を残していようとも、患者が長く険しい道を辿って全快したことを示す当時の記録は何一つないではないか、と言い続けるだろう。

そのような見方にどの程度同意するかは、公表された報告をいかに注意深く緻密に読むかばかりでなく、それを『ヒステリー研究』の中の他の研究課題の文脈の、どこにどのように位置づけるか、にもよるだろう。またそれは、現代の非医学的評論ではなく、フロイトやブロイアーやその他の同時代の医学者が共有する諸前提に信頼を置くかどうか、にもよる。症例研究のカギとなる箇所は、ブロイアーが一八八二年六月七日の治療の最終段階を記述した箇所である。ベルタが強制的にインツェルスドルフへ入院させられたのがその前年の同日であった。個々の症状は、患者がその症状の始まった最初の状況を詳しく語ると消失した経緯を示してから、ブロイアーは治療の終結を述べる。

このようにしてヒステリー全体が収束した。[6]患者自身が、その国に移ってからちょうど一年後のその日に、すべての治療を終わらせようと、強く決意していたのであった。……最後の日、……彼女はすでに述べたような恐ろしい幻覚、疾患全体の根底をなしていた幻覚の再現をみた。それが最初に生じたときには、患者は英語でしか考えることも祈ることもできなかったが、しかし幻覚が再現した直後からドイツ語が話せるようになった。さらに以前にあった夥しい障害もなくなった。その後、彼女はウィーンを発ち、しばらく旅行したが、精神の安定を完全に取り戻すにはもう少し時間が必要であった。以後、彼女は完全な健康を謳歌している。（Breuer & Freud, 1895）

ブロイアーが記述する治療の終結のさまは、出版された症例報告とは無関係の外的証拠は別として、奇妙さが感じられるのは疑いもない。そこでは、最終段階において、アンナは父の病床での場面を再現し、死んだ頭部を持つ無数の蛇の幻覚とその当時彼女を捉えていた失語症を再体験した、そしてそれは病全体の根源にあったものである、となっている。しかもその直後に、彼女はドイツ語が話せたばかりでなく、彼女が展開していたその他のあらゆる障害もなくなったという。[7]ブロイアーはまた、症例報告の最後の部分で、患者の少なからぬ障害が最終場面で現れ、精神状態は悪化したとも述べている。結局彼は、重篤なレベルに達した病はほぼ二年後に頂点に達し、そこから患者はあたかも病ではなかったかのように症状から離脱した、しかもその後、それらの症状はいかなるときにもいかなる形でも再発しなかった、と述べているのだが、それを現代の読者に信じろと求めるにはあまりに無理がある。今日の標準的な医学的感覚には、アンナ・Oが見せた症状の奇妙さをわきに置くとしても、この結末は重篤な精神障害――それがいかなる種類の障害であろうとも――の収束の仕方として、私たちの考えと相いれない。この問題は後に述べる。

報告の中にはっきりと目に見える矛盾点は、さらに多々ある。たとえば、個々の症状が起こったときに、それを逆にたどってその症状の最初の出現時を説明した後には、その症状が完全に除去された（für immer behoben）という主張があり、さらにこの永久的な除去は、意識の第二状態から生じた刺激が催眠の中で言語表現されたときに可能になる、という主張がある。このような主張を、あらゆる症状がしばらく停止した後（nach längerem Schlummer）、回復期の最後に再び活性化した、という記述と折り合わせるにはどうすればよいだろうか。症状のはじめの除去は永久的であったのか、そうでなかったのか。あるいは、アンナ・Oはまったく暗示にかかりにくかったという記述もある。このことはブロイアーが患者に対して、毎夜、「一旦眠りにつくと翌朝私の手で目を開いてあげるまでは、目が開かないでしょう」と暗示を与えていたことと、どう整合するのだろうか。あるいは、症状の消失は暗示によって十分説明可能、という彼の記述とは、どうだろうか。そしてそれらは、ブロイアーの自信に満ちた主張と、どのように一致するだろうか。催眠下、口頭で言語表現した後に病的刺激が除去されたというのは、彼が暗示によって、患者に植え込んだ作りごとだと言えないだろうか。

百年を超える時の隔たりがある以上、歴史家にこうした矛盾をすっきりと解決する方法があるとは思えない。たとえば、暗示にしても、彼が言っているのが通常の会話の流れの中での直接の暗示であったり、自己暗示、催眠下の暗示、あるいはふとした偶然の折の暗示であったりなど、ブロイアーの心中で、この言葉がさまざまに用いられていたことは考えられる。しかしそうだとしても、彼が意図的にそれぞれの文脈で特定の使い方をしていた、と判断できる確かな道はなく、また私たちが望むように、ブロイアーはその使い方に注意を払い、あいまいを避け、一貫していたと確認することもできない。

おそらくもっとも目につく矛盾は、先ほど長々と引用した箇所、ブロイアーが治療終了について述べた、まさにその箇所にある。ブロイアーは、アンナはそれまで彼女が示していたありとあらゆる障害からすっかり解放された、と言明したが、そのすぐ後のセンテンスで、アンナが完全に精神のバランスを回復するのにはかなり時間がかかったと言っている。もし彼女が完全に症状から解放されたのであれば、当然、すでに精神の安定を回復していたのではないだろうか。一方もし彼女が依然として苦しんでいたとしたら、障害から解放されたとは言えない。この矛盾の両極は互いにきわめて近接した場所に書かれている。それは、ブロイアーが執筆の際、ここで指摘したような矛盾に注意がいかなかった、ということかもしれず、したがって、ブロイアーにとってそこには矛盾はなく、彼は精神の安定の欠如は、ヒステリーから生じた〝無数の障害〟のカテゴリーに含まれない、と考えていたと言える。本書で私は、ブロイアーが症例報告原本でベルタの精神の問題とヒステリー症状とを区別し、両者はまじりあうことはないとしていた点を指摘しておいた（Hirschmüller, 1899）。もっとも、ロウパス医師のクロイツリンゲン報告は、異なる立場をとっており、彼がヒステリーと診断する根拠は、患者の気分が揺れ動く点にあったが。こうしたはっきりしない、ふるい分け式カテゴリーの中では、どんな入念な言及にも不確かさが入ってしまう。たとえば、ブロイアーが、個々のヒステリー症状と、それらが発生する温床である〝欠神《アブサンス》〟とを区別している点も、同様である。また決まって日中に、一定の構造をもって生じていた症状が、治療の最終回でついに崩れ、そのパターンは以後二度と現れることはなかった、ということについても言える。また一八八二年秋、ずっと続いていたドイツ語が話せない症状は四カ月前までで、今では夕方に起こるだけ、とベルタ自身が言っているのもそうである。同様の不確かさは多々あるが、現在では、絶対の確信をもってこの問題を解決するのは難しいのを認めなければならない。

　解釈の問題の建設的な解決は不可能と思われるのと同様、まったく否定的な判断をはっきりと下すことにも、控えめでなければならない。上述の明らかに不合理な点は矛盾と考えてよいとしても、それらが不注意のゆえか、不正直な議論をしているのか、証拠の提示の誤りなのか、誇張した主張か、あるいは何であれ私たちがブロイアーに向けたくなる不承認の糾弾のタネなのか、それを見極めることはできない。まったく同じ文書の中に、こうも明白な矛盾にみえるものがあるにしても、それらがブロイアーやその身近な人々にとって、疑義をもたせる問題であっただろう、と決めてかかるのも落ち着かない。私たちはブロイアーの論文を後世になって読む者として、こうした謎を解くのを助けてくれる原文の注釈や、私たちが持っていないにせよ、ブロイアーやその時代の読者にとっては、謎でもなんでもなかった知識を手にしたいものである。私たちの気にする一貫性や、細部のレベルでの精密さなどに、ブロイアーとその時代の人々は、ただ単に、今日歴史をひもとく私たちが気にするほどの関心を持たなかっただけかもしれない。そのような論文は、後世になってからの準法律的証言のために書かれたものではなく、厳密に医学的理由から書かれており、したがって法律のような正確さを求めても無理がある。

このように考えてくると、この特別なケースで、成功という結果を無理なく主張できるのは何か、ということになり、そこではさまざまな解釈を可能にする広い許容範囲を認める必要がある。私たちはすでに、全体的病理状態の根絶という意味での〝治癒〟によって、治療が終了したのではないことを確かめたが、さらに進んで、治療は過度の害なく終えられ、そのプログラムは十分に奏効したという、一連のもっともらしい想定は、今日ではどうだろうか。疾病の諸症状が突然終息したという主張の信じ難さは、すでに述べた通りだが、それでも私たちは幾分懐疑的ながら、ブロイアーの同時代人には、類似のさまざまな仮説が共有されていたとか、もしこの考えが直接的に提示されたら彼らも躊躇しただろう、などと性急に推定することはしない。

当時の文献証拠では、これは稀なことではなかったようである。同様の突然の治癒は当時の文献によく見られ、特にヒステリーの診断ではそうであった。たとえば、ジャン＝マルタン・シャルコーは、一八八〇年代の一連の講義で、痙攣後に麻痺が突然緩和したケースに言及し（Charcot, 1991）、宗教儀式の中や、強烈にイマジネーションに働きかける事件に出会い、強い情緒体験をした患者が、その後、類似の急速な回復をしたのを報告している。イポリト・ベルネームも一八八〇年代に多くの類似ケースを『治療的暗示作用』に発表している。彼は治療に暗示を使用することについて論じる中で、突然の回復に関する広範な文献を示し、彼自身の事例も三例引用している（Bernheim, 1890）。オットー・ヴェッターストランドは彼の患者の治療で、目を見張るような突然の回復が生じたばかりでなく、ブロイアーのケースと同様に、ただ文字通りに読めば矛盾を感じるような特徴も備えている例をあげている。たとえば、ヴェッターストランドは神経痛の九歳の女児のケースを報告する。この子どもは虫歯で、ひどく痛がっていた。

催眠をかけると、彼女は夢遊状態になった。目覚めたときには神経の痛みも歯の痛みも魔法のようになくなっていた。痛みはまったくぶり返さなかった。その後、さらに二度催眠をかけた。(Wetterstrand, 1902)

また、顔面神経痛の五六歳の女性のケースがある。

一八八九年五月五日に最初の催眠をかけたが、すぐに成功した。私はまだ暗示を続ける必要があると判断したので、さらに全部で一〇回かけた。(ibid.)

これら二つのケースで患者の痛みは急速に消失しているが、施術が即座に成功したにもかかわらず、治療を継続した、ともヴェッターストランドは報告している。ただし、それについての理由は述べていない。あらかじめ決めた日にアンナ・Oが病を解消するという、一見ありそうもないことでさえも、ヴェッターストランドの中には対応する話がある。彼は慢性のヒステリー性疼痛に悩む二〇代の既婚女性の事例で次のように述べている。

私が催眠下にある彼女にこの発作はいつ終わりますか、と尋ねると、彼女は「二月二七日」と答えた。その通りになった。その(一八九〇年二月)後、彼女はまったく発作を起こしていない。無論彼女の正確な時を言う答えを透視と考えるべきでなく、むしろ無意識の自己暗示と考えるべきだろう。（ibid.）

こうした症例から、ブロイアーが記述した急速な回復は、決して珍しいものではないばかりでなく、類似ケースから、劇的な回復があっても、治療を継続するのが普通だったことがわかる。また、重篤な病に対し、直接的な医療的介入が終わった後に、症状がまったくぶり返さず、残遺症状もまったくないことなど、無論、必ずしも期待されてはいなかった。今日同様、当時の医学界でもそうした期待は無理な要求であったろう。したがって、そうした期待を意味するような、患者は健康を回復したというブロイアーの主張を、私たちはそのまま認めるわけにはいかない。ともあれ、治癒が実に唐突であったことに対して、その当時、懐疑的な批評をしたり、〝精神的不安定〟がまだ続いていることとどう折り合いをつけるのか、と問いかけたりした者はいない。そうするとしたら、それはこの症例研究を本来理解しにくい医学的文脈から切り離し、単に不合理さをむき出しにしてみせる法廷の厳密な審理方法をもって、歴史的文献批評をしようとすることになるだろう。ブロイアーの文章は書かれた目的に従って判断されるべきであり、相いれない基準で判断されるべきではない。

ブロイアーによる一八八二年六月当時のベルタ・パッペンハイムに関する補足的報告からわかるように、彼はベルタが回復期にあると考えていた（Hirschmüller, 1989）。これは彼が症例報告の中で、精神の安定をまだ回復していない、とした点と一致している。当時の回復期の観念は、今日と同様、病の当面の過程は過ぎたが、完全な回復は今一歩、ということを意味していた[8]。逆説的に言えば、回復期とは病気でもなく、完全な健康でもない状態を意味し、通常、回復は時折のぶり返しを経験しながら、ゆっくりと時間をかけてすすむものと考えられていた。改善は常に同じようにというわけではなく、消退していく症状が、それでも、何らかの状態で再燃することはあった。急速な回復についての文献には、そうした例が満載されており、きわめて劇的な回復さえみられる。したがってこの文脈で理解されるのは、突然の回復、持続する精神の不安定、回復期と治療の全体的成功プログラムとの間には、なんら際立った矛盾はない、ということである。

ベルタという特殊なケースでは、当時の資料からその他の問題、すなわち、激しい顔面神経痛に苦しめられていたことや、抱水クロラールとモルヒネの依存症になっていたことがわかっているが、他にも無視できないことがある。患者が一個以上の症状に苦しんでいるときには、どの症状がどの病理からきているか、という重要な問題が存在するが、特にこの事例においては、さらに困難な問題がある。ブロイアーは、ヒステリー症状は治療を終えられるところまで十分に扱った、と判断したが、残っている問題が、ヒステリーの残遺症状やそれを生み出している基底状態を悪化させた可能性がある。実際には、ヒステリーが良好な筋道を辿って、患者がかなり早い完全回復をしたとしても、他の形の病理が持続している状況では、どの残遺症状がどの状態から来ているかはわからないと言えるだろう。ヒステリーと見える持続性の症状についての証拠はほとんど残されていないし、事例の覚書や書簡類からも、これについての直接的な証拠は得られない。

ベルタ・パッペンハイムが依存していた薬物は、まさしくこの問題を生み出しており、ここに間接的な証拠を見出すことができる。フロイトがヴィラレのために執筆したヒステリーについての文章に戻って検討してみよう。彼はブロイアーの新しい方法について述べ、さらに内科的な薬物によるヒステリー治療を論じている。彼はこれには望ましい治療法はないと強調し、麻酔薬について特に書き加えている。「第一に、内科的な薬物は、ここでは推奨できないし、麻酔薬も警戒すべきである。急性ヒステリーで麻酔薬を処方するのは、技術的失敗以外の何物でもない」（Freud, 1888）。しかしこれこそまさしくベルタ・パッペンハイムの場合におきたことだった。

悪性ヒステリーの間と、病後の回復期にも、彼女は抱水クロラールとモルヒネを多量に服用していた。たしかにこれらはヒステリーに対して処方されたのではなかったが、今ならフロイトと（おそらく）ブロイアーは、この麻酔薬の服用がベルタの回復に有害な影響を与えたのは間違いない、と考えたことだろう。以前の論文でフロイトは、内服薬でヒステリーを治療するのは勧められないと、はっきり言っていた。また彼は、さまざまな外からの影響に応じて症状が変わることについて、「ヒステリーの神経システムが、内服薬による科学的影響に通常強く抵抗し、抱水クロラールとモルヒネのような麻酔薬には、奇妙なかたちで反応するという事実」は注目すべきことである、と書いている。

アンナを治療している当時、ブロイアーがヒステリーには抱水クロラールやモルヒネのような麻酔薬は禁忌である、と考えていたかどうかは明らかでない。しかし、もしフロイトが、ベルタ・パッペンハイムの麻酔薬の服用が、ヒステリー症状に悪影響を及ぼすのを知らなかったとしたら、どのようにして一八八八年の見解を持ち得たのかわからなくなる。彼とブロイアーは、回復期に持続する症状や、治療の終結段階に一時的にぶり返す個々の症状に対し、麻酔薬が影響しているか、少なくとも部分的にせよ何らかの作用をしているのではないかと疑うだけの合理的な根拠を持っていたはずである。したがって一八九五年の浄化法《カタルシス》の有効性に関する結論を引き出す際、二人は患者がそうした薬物を服用していなければ、ブロイアーの治療プログラムはもっとうまくいったはずだと考える根拠も持っていたかもしれない。

しかし振り返って、もしベルタのヒステリーが薬物依存と顔面神経痛のために複雑化していたとみると、『ヒステリー研究』の適当な箇所で、そこに注意を向けて扱わなければならなくなる。だが症例報告原本でみたように、顔面神経痛は、ベルタのヒステリー症状としてはまったく言及されておらず、純粋に身体症状として治療されたという以上の記録はない。そしてこの点は、出版された症例報告にも記載がないことと一致する。ではそれはブロイアーとフロイトが、神経痛について共著の中の他の場所で書いていることとも一致するだろうか。『予報』の中では、神経痛は彼らの発見領域についての中心的主張の核心の一つになっている。

私たちの経験では、しかしながら、ヒステリーの偶発的で、いうなれば特発性の産物である非常に多彩な症状は、私たちがすでに述べたような明確に関連をしめす現象と同じく、誘発性の外傷体験と直接の結びつきがあることを示している。私たちがこの種の誘発性の要因にまで跡を辿ることができた症状は、きわめて多種にわたる神経痛や無痛症を含んでいる……。(Breuer & Freud, 1895)

この本の後の方で、フロイトは彼の患者、ツェツィーリエ・フォン・Mが繰り返し起こる顔面神経痛に何年も苦しんでいた例を書いているが、それはベルタ・パッペンハイムの病気とよく似ていた。このケースでは、歯に原因があると考えられ、数本の抜歯をしたが、苦痛はまったく軽くならなかった。しかし疼痛がフロイトの催眠治療に反応するように思われたので、彼は真正の神経痛かどうか疑いはじめた。そして一年後に再発したとき、フロイトは、患者が数年前に経験した、侮辱と思われる一連の外傷的場面を、九日間かけて復元したのである。フロイトは、ツェツィーリエ夫人が侮辱されたときに「顔をぴしゃりと打」たれたように感じ、そうしたことの象徴的転換として神経痛が生じたのではないかと考えた。フロイトは、彼の用いた方法による治療の成果については何も述べていない。しかし彼には、ブロイアーがアンナ・Oのケースで議論していない方法で、神経痛をヒステリー治療に統合する用意があったのが読みとれる。

アンナ・O事例では、神経痛についての短い言及があり、これはおそらくブロイアーが神経痛にも新しい治療方法を用いていたことを示唆するが、一方で、治療の終了後のベルタの、むしろより印象的で重篤な慢性の顔面神経痛の記述は省略し、以下のように書いている。「このようにして、彼女の麻痺性拘縮、無痛症、視覚と聴覚等の障害、神経痛、咳、震え、等々、そして最後に彼女の言語の障害が〝話すことによって消し去られた〟」

表面上の矛盾点を理解するには、〝神経痛〟という言葉の使い方は、一九世紀末と今日とでは、まったく同じではない点を知らなければならない。今日では、この言葉は通常、特定の神経の通り道に随伴して起こる痛みに対して用いられ、三叉神経痛はおそらくそのもっともよく知られた例である。一九世紀初頭では、〝神経痛〟は、この種の明確に局在する病に対して用いられたばかりでなく、今では一般の内科領域で通用しなくなった、より包括的な意味でも用いられていた。特定の原因と結びつけられない身体の痛みは、すべて、実用的に神経痛と呼ばれ、したがって非常に多くの状態が〝神経痛〟と診断された（Alam & Merskey, 1994）。この用語はまた、ヒステリー、心気症、脊椎過敏症など、近接する身体領域に原因が見つからない、慢性的な疼痛を説明するために選ばれた諸概念の一つでもある（Hodgkiss, 1991）。そうした痛みの経験から、身体に及ぼす精神の影響を説明しようとして、さまざまに工夫されたモデルが引き出され（ibid.）、やがて、これが特に神経痛にも及んで、神経痛の情緒的、心理的な要因の可能性が考えられるようになった（Alam & Merskey, 1994）。こうした考えは、二〇世紀にも残っているが、神経組織の知識が増すにつれて、〝神経痛〟の広汎な適用は減少し、周知の解剖学的パターンと一致しない状態に対してこの用語を使うことも、躊躇されるようになっている。一九世紀には、こうした疼痛に対して、身体を基盤とする神経痛の疾病カテゴリーを用い、より器質性を匂わす方が馴染みやすかったが、二〇世紀では謎めいた痛みを〝心理的〟と記述する傾向が現れ、この用語の適用が狭められるようになった。

身体のいたるところで実際に起こり、その原因が特定できないさまざまな痛みを、神経痛と記述する一般的な傾向は、フロイトとブロイアーの用語の使用でも随所に見られる。たとえば『予報』に、彼らの技法は「そうした〝非常に多種の神経痛と麻痺〟の症状を起こす、誘発的外傷に辿りつくことができる」とあるのは、明らかに痛みの総括的意味をさしているのである。そしてこれは、すべての神経痛がヒステリー性であるとも言わず、彼らの技法があらゆる神経痛に適用可能と言うのでもなく、ただ、彼らの技法が、ある種の神経痛（ただ痛みの感覚とだけ理解された）と無痛症（感覚の欠如と理解された）に対し、さかんに用いられていたことを意味するだけである。

フロイトはツェツィーリエ・フォン・Mの症例で、当初普通の三叉神経痛と見えたものが強いヒステリー的要素を持ち、他のヒステリー症状と同じく、治療に敏感に反応することを記述している。彼が〝真正の〟神経痛かどうか疑わしいという場合、それは痛みが本物ではないとか、神経痛でもないと言うのではなく、特定の病に起因しないヒステリー性神経痛のケースを意味しているのである。アンナ・Oの〝神経痛〟について言えば、ブロイアーは症例研究の中で、これに関して明確な指摘をしておらず、〝左後頭の痛み〟に大まかな言及(Breuer & Freud, 1895)をしただけで、痛みが一連のヒステリー症状の主な特徴であったような言い方はほとんどしていない。さらに症例報告にも、発病前の春に起こったという顔面神経痛について非常に短い記載があるだけで、それ以上の追加的な手がかりもなく、そこでも、それは〝一過性〟と記述されているだけである(Hirschmüller, 1989)。また、多発性の痛みについては漠然と触れられているが、そこに顔面神経痛が入っていないのは明らかである。

顔面神経痛はベルタ・パッペンハイムを長年苦しめていたが、ブロイアーも彼女が受診したその他のすべての医師たちも、それがヒステリー性の病気であるとは考えようともしなかったらしい。ブロイアーには、それは彼女の病の残りの部分から出てきた、別の問題と思われていた。この病苦を彼の新しい方法を使って、また従来の方法を使って治療しようとした証拠は、どの記録にも見当たらない。当時流布していた〝神経痛〟の概念はさまざまで一貫性に欠けていた。フロイトとブロイアーの論文中でも多様な書かれ方をしているが、それは神経痛概念の適用範囲が広かったことを示している。ベルタ・パッペンハイムの顔面神経痛は、きわめて鮮明かつ詳細に記述されているが、別のカテゴリーに入れられ、精神的治療が可能な特定不能のあいまいな痛みと不快の群には、簡単に投げ込まれなかった、ということである。

要約する。一八九五年に出版された事例史は、ブロイアーのアンナ・O治療は成功であったという印象を明確に伝える。これについて疑いはない。鍵となる問題は、その成功を合理的に構成し、彼らの主張を正当化しうるものは何か、である。フロイトとブロイアーは、根底にある病的状態を根こそぎにするという意味では、ブロイアーの技法が患者を治したと確信しているわけではない。実際、彼らは、この技法は治癒をもたらす上で無力であったときわめて率直である。ヒステリー性の病気自体がその経過を辿り、次第に衰退していく間に、持続していた症状を除去する力が発揮されて、その治療は成功と判断されたのである。一つ一つの症状を消し、患者の病気の通常のパターンに添って、それが日々ぶり返さない状態を作っていったという点での成功は、十分に瞠目するべきことであり、用いた技法には価値があるという彼の主張を支持するものである。特にそれはフロイトに、他の患者への適用を考えさせた。

ベルタ・パッペンハイムの症例では、特有の二つの要因が重なって実際的な条件を複雑にしていたが、しかしそれらは技法の有効性についての理論的確信を傷つけるほどではなかった。二つの要因とは、第一に彼女はヒステリー性ではない症状、特に顔面神経痛に苦しんでいたこと、第二に、彼女は少なくとも一八八八年まで、ヒステリー発作には有害と考えられていた多量の麻酔薬に依存していたことである。ブロイアーとフロイトが、ベルタの事例でこの二点を重視していたとすれば、それへの配慮から彼女の回復がそうでなかった場合よりも緩やかで、起伏あるものになったのも十分うなずける。それらはヒステリーとは無関係であり、したがって、ブロイアーが患者とともに発見したヒステリー症状の新しい治療技法は、本質的に成功であったとする二人の見解はいささかも傷つけられることはなかった。

実際には、第三の要因が動いていた。後になってから、フロイトには治療の終結に破壊的影響を持っていたもの、だが技法の基本的有効性には影響しないものが見えてきた。この要因は、次第に表面化してくるブロイアーとの論争の中核となり、やがて二人の関係を破綻させるものとなった。それはベルタ・パッペンハイムが抱いた、主治医への錯綜した情緒の問題である。『ヒステリー研究』の最後のところで、フロイトは患者が医師との関係で自立性を失う恐怖（実は彼に性的に依存するようになる恐怖）を抱く状況、患者が分析の内容から生じる諸観念を医師へと転移し始める状況を、浄化法《カタルシス》の障害として提起している（Breuer & Freud, 1895）。後に転移の問題として知られるようになるこの問題を、私たちはこれから細部にわたって探索しなければならない。それはこれこそが、ブロイアーの治療を遡行的に見直す、フロイト自身の見解の中核だからである。

第四章　フロイトの説明
――再構成

口で話すことは、現在のこの瞬間に向けられているが、
書くことは、来るべき未来に捧げられている。[1]
――ゲーテ『箴言と省察』（遺稿）

アンナ・O症例に関する二次的文献について、これまで重ねられてきた一般的議論をいまだ信じかねている読者は、フロイト自身がブロイアーの治療の成功を疑っていた主要な人々の一人だったことを知ると、これこそ反対する正当な根拠だ、と考えるだろう。ベルタ・パッペンハイムのヒステリー性出産の話を広げ、患者が公表された症例で示唆するようには実際には治っていないと主張したのは、フロイトではなかったか。実態がどうだったかが問題なのは明らかだが、何がどのような状況下で、だれに向かって言われたのか、正確かつ詳細に彼の所見を検討してみる必要がある。ここで私たちは、公表された症例史自体のほかに、フロイトがその後発表した論文と、フロイトの親しい同僚たちの間に非公式に広まり出した所説に注目してみたい。

アンナ・Oこそ精神分析の基礎を作った患者だと最初に述べたのがフロイトだったとすれば、ブロイアーが彼女の治療において何を残したか、活字の形で正確に疑問を呈したのも、フロイトが最初だった。

彼女の治療において、患者とのきわめて強い暗示的関係《ラポール》を利用することができた。この暗示的関係《ラポール》は、今日われわれのいう〝転移〟の完璧な原型をなすものと言えよう。現在私は、彼女の症状がすべて消えた後で、ブ

ロイアーはその他の徴候から、この転移には性的動機が隠されていることを見出していたに違いないが、この予期しない現象の持つ普遍的性質を見逃してしまい、その結果あたかも〝厄介な出来事[2]〟に直面したように、それ以上の探索を止めてしまった、と疑うだけの強い理由を持っている。彼はこれについて、私に多くを語ったことはないが、起こった出来事についてのこのような構成（組み合わせ）を正当化するに足る話を、さまざまな機会に私にしてくれた。（Freud, 1914）

一九二五年、彼は再びやや秘密めかした調子で書いている。

しかし、この催眠治療の最終段階は、漠としたヴェールで覆われており、ブロイアーはそのヴェールを私のために決して取り除いてくれなかった。私には、彼がなぜ私にとっては無価値な発見としか思われないものを、かくも長く秘密にし続けて、科学を豊かにしようとしないのか、まったく理解できなかった。（Freud, 1925）

同じ論文の後の方で、フロイトはこのミステリーを神経症の性的病因説と転移の問題に対するブロイアーの抵抗と結びつけて、もう少し詳しく述べている。

ブロイアーの最初の患者は、表面的に見れば性的因子は何の役割も演じていないのだが、その患者についてブロイアーがきちんと話してくれていたら、私は驚愕したか、少なくとも動揺していたことだろう。しかし、彼はそうはしなかったし、私にもその理由がわからなかった。だがやがて私は、彼が折々に洩らす言葉から、この症例を正しく理解して、彼の治療の成り行きを再構成するに至った。感情発散《カタルシス》がなされた後、少女は突然〝転移性恋愛〟の状態に陥ったのだ。しかしブロイアーはこれを彼女の病気と結びつけて考えることをせずに、狼狽して治療をやめてしまったのだ。

これらのまわりくどいヒントは、フロイトが一九三二年に、シュテファン・ツヴァイクに宛てて書いた治療の終末についての説明の前触れになっているが、そこでフロイトが触れたヒステリー性出産に関しては、ジョーンズが後にフロイトの伝記の中で報告している。ツヴァイクへの手紙では、フロイトは次のように書いている。

> ブロイアーの患者に一体何が起こったのか。後になって私は推測することができました。私たちの関係が壊れたずっと後で、私はブロイアーが別の話の中でふと洩らしたことを思い出したのですが、それは私たちが一緒に研究を始める以前のことで、彼はその話を二度と繰り返しませんでした。患者の症状がすべて消え去った日の夜、彼は再び彼女に往診を求められ、行ってみると、彼女は意識が混乱し、腹部の痙攣で身もだえしていたそうです。どうしたのか尋ねると、彼女は「B先生の赤ちゃんが生まれるのよ!」と答えました。
>
> この瞬間彼は〝症状の産みの源泉への扉を開く〟かもしれなかった鍵を手にしていたのですが、彼はその鍵を手放してしまったのです。彼は偉大な知的天分に恵まれていましたが、彼の本性にはファウスト的なものが欠けていました。因習的な恐怖にかられ、彼は逃げ出し、治療を諦めて患者を同僚に委ねてしまいました。患者は健康を取り戻すためにその後何カ月間も、サナトリウムに入ることになったのです。
>
> 私は自分が再構成した考えに自信があったので、それをどこかの論文の中で発表しました。ブロイアーの末娘(上に述べた治療のすぐ後で生まれた娘で、事件と深いつながりがないとも言い切れない)がそれを読んで、(ブロイアーの死の直前に)父親に訊ねたところでは、彼は私の考えを肯定していたということです。(Freud, 1961)

一九一四年と一九二九年に発表された文章と、ジョーンズの述べた物語とを最初に結びつけたのは、フロイト全集の標準版の編集者であるジェームズ・ストレイチィであった。彼はブロイアーについても触れているが、アンナ・Oの治療が終わった箇所の脚注で、フロイトが「本文に脱落があり」「明らかに性的な性質の、強い陽性転移が解釈されないままである」と自分に語ったと述べている（Strachey, Breuer & Freud, 1895より引用）。しかし一方で彼はアーネスト・ジョーンズ宛ての手紙の中で、これはブロイアーがフロイトに話したことなのか、フロイトが議論したこと、つまり、〝構成〟したことなのか、ずっと疑問に思っていた、と書いている（Strachey, Borch-Jacobsen, 1996より引用）。

この引用から明らかなように、〝構成〟、ないしフロイト自身の言葉を使えば、〝再構成〟は、正しく事実そのままであり、フロイトの文章自体から得られるあらゆる証拠から見ても、フロイトが事実に変更を加えた跡はない。[3] したがって、アーネスト・ジョーンズが伝記中でフロイトの再構成の持つ思弁的性質を強調せず、むしろいきなりその真偽のほどは疑わしいという話に切り替えているのは、残念である。その理由は明らかではないが、ことによると、フロイトが事態の一部をジョーンズに話さなかったのかもしれないし、ジョーンズの側の単純な不注意だったのかもしれない。いずれにせよ、エランベルジェが最初に示唆したように（1979）、ジョーンズの述べていることは、少なくとも補足的な細部においてきわめて不正確であり、私たちが直接反論する証拠を特に持たない箇所についても、信頼してよいとは思えない。それについてせいぜい言えることは、主要な点では、それはフロイトがツヴァイク宛の手紙に書いた説明と矛盾していない、ということである。

フロイトがアンナの治療の終わりについて推測したと思われることを、直接知る手掛かりとなるフロイトの書いた原典は、上に述べた三つしかない。しかし、他の人々の証言や文章の中には、このヴェールに閉ざされた結末に言及しているものが散見される。もっともその著者たちは、明らかにフロイトから直接または間接に聞いたことに基づいて執筆している。最初に挙げる文献は、結末についてはきわめてあいまいだが、しかし、一、二の注目すべき点がある。

一九九八年、アルブレヒト・ヒルシュミュラーは、フロイトのもっとも忠実な弟子の一人、マックス・アイティンゴンの書いたアンナ・Oに関する新たに発見された論文を出版した（Hirschmüller, 1998; Eitingon, 1998）。タイプ印刷されたこの論文は、エレサレムの公文書館で発見され、〝ウィーン、一九〇九年一〇月〟と記されていた。出版のための原稿というより、講義用に書かれたものであった。ヒルシュミュラーは、この原稿が、ウィーン精神分析協会の水曜会で発表された可能性を否定して、総合病院の精神科で、一九〇九年から一〇年にかけての冬学期に、フロイトの土曜夜の勉強会で発表された可能性が大きい、と推測している。それはフロイトが、カール・アブラハム宛の一一月の手紙の中で、現在ゼミナールの形で講義を続けています、と書いているからである（Hirschmüller, 1989）。ヒルシュミュラーの述べていることは、たしかに正しい。このアブラハム宛の手紙の二日前、一一月二一日のC・G・ユング宛の手紙で、フロイトは大学での講義の内容に関連して、次のように述べている。「今日までのところ、私は自分の症例研究の中から、聴衆の知識に会わせて、二症例をとりあげて話しました」（Freud & Jung, 1974）

この症例研究についての講義で述べていることとは、アイティンゴンの論文の内容と完全に一致している。それは、一九〇九年における精神分析の理論の実際に照らして、アンナ・O症例を遡って解釈したものであった。同様の観点から、アイティンゴンはブロイアーの眼には見えなかったが、最近の精神分析の知識に照らして見ると明白な事柄を、すべて見て取ることができた。予想通り、それらの最先端に位置するのがこの症例の持つ性的要素であるが、その存在についてはブロイアーがはっきり否定していた。アイティンゴンは、性的因子が働いていたのを認めただけでなく、特に幼児性欲の表現や、父親と関連した一連の近親姦的志向性が現れているのに気づいていた。この論文の大部分は、現在の私たちの目的と関係していないが、一、二箇所注目に値する点がある。

アイティンゴンは、アンナが発病する最初の決定的瞬間に、彼女が父親の病床に付き添っていて、蛇の幻覚を見たことを挙げている。アイティンゴンによると、彼女の白昼夢の持つ無意識的な近親姦的内容は、父親の看病をしている間にますます強烈になり、類似した状況についての幼児期の記憶が甦ったことによって、さらに強められたが、衝動の全体は抑圧され、幻覚の形に偽装されて復活してきた、という。この危機的瞬間は、まさしく近親姦的な性交空想を生むことになった（Eitingon, 1998）。

このような解釈は、アイティンゴンにとって、当然のことに思われた。それは病気の始まりが性交空想の表現であったとすれば、身体が衰弱して、続いて、絶食して寝込んでしまったのは、妊娠空想にたまたま似ている、ということ以上の意味を持っていると思われたからである。これはフロイトがツヴァイク宛の手紙で述べているような、単なる出産空想の行動化と同じものでは決してない。それについてアイティンゴンは触れていないが、特殊な遡及的枠組の中で検討してみると、このような空想が生まれる前後関係が納得できる。アイティンゴンはアンナの父親の死後、ブロイアーが彼女にとって父親代理の役割を持つようになったことを指摘して、分析をさらに一段階前進させている。ブロイアーは彼女に食べ物を供給する唯一の人物であっただけでなく、彼女と一緒になって、彼女の〝私的劇場〟で役を演じた。事実アイティンゴンは、父親の死は彼女に比較的軽い印象しか与えなかったこと、それは彼女の無意識の中では父親は死んでおらず、父親はブロイアーによって他のもっとよい父親に取って代わられて生き続けていたからである、と指摘した。父親との近親姦的な性交空想の構成の中で、アイティンゴンは、父親の代理となっているブロイアーとの妊娠空想に続いて、アンナとブロイアーの空想上の赤ん坊の出産の場面を想定している。フロイトはこれを後に彼の遡及的構成に取り入れて発表した。

しかしフロイトは、どの程度実際にアイティンゴンの構成の細部に同意していたのだろうか。一九一四年に書かれたこの症例についての文章を読むと、フロイトがこの種の遡及的解釈の利点について、彼自身がどう考えていたか、若干疑問を持たざるを得ない。彼はアンナが父の寝台脇で抱いた空想に近親姦的内容があることに、珍しく遠慮がちに言及している。

現在、ブロイアーの症例史をこの二〇年間に得られた知識に照らして読む者は、誰しもそこに象徴――蛇、身体のこわばり、腕の麻痺――があるのに気づくだろう。そして、病気の父親の寝台の脇に若い女性が座っているという状況を勘案して、容易に彼女の症状の現実的な解釈に思い至るだろう。彼女の精神生活の中で性が果たした役割についての彼の意見は、それゆえ彼女の主治医（ブロイアー）の意見とは、まったく違ったものになると思われる。（Freud, 1914）

このようなブロイアーの症例の修正について、その真の作者は誰であったと考えたらよいだろうか。私たちは、アイティンゴンが結局この改訂に責任があったと推測すべきなのか、それとも一九〇九年のセミナーのために、フロイトの密接な指導のもとに彼が論文に仕上げたと推測すべきなのだろうか。

アイティンゴンは、フロイトに会うために二度ウィーンを訪れ、その際に、彼の論文を仕上げたが、最初の訪問は一九〇七年のことであった（Jones, 1955）。ウィーン精神分析協会の議事録からは、アイティンゴンが一〇月一二日と二〇日の集会と、一一月三日と一〇日の集会に出席したことがわかる（Nunberg & Federn, 1967）。また、一〇月二二日付けのサンドール・フェレンチィ宛の手紙には、フロイトは次のように書いている。「アイティンゴンが当地に滞在していて、週に二回夕食前に一緒に散歩していますが、その時間に同時に彼の分析をしてやっています」（Freud & Ferenczi, 1992）。一一月一〇日付けのその後の手紙の中では、フロイトは「アイティンゴンは一週間に二度、私を夕方の散歩に連れ出して、その間に私の分析を受けていましたが、それも金曜日には終わります。その後は一年間の予定でベルリンへ行くそうです」と書いている。つまり、アイティンゴンは少なくとも一ヵ月間のウィーン滞在中、フロイトと頻回に接触していたし、彼がフロイトの大学でのセミナーでアンナ・Oについての論文を発表していたとすれば、二人がセミナーの場以外でもこの症例について相当な細部まで話し合っていなかったとは、到底信じがたい。アイティンゴンはフロイトの弟子となって、分析を受けるまでになっていた。したがって、アンナ・O症例についてフロイトの見解と重要な点で相反する解釈を、フロイトの面前で提唱するとは、とても考えられない。だがそうだからと言って、アイティンゴンの論文の主要点がすべてフロイトの示唆によるというわけではないだろう。つまりは単純に、二人が互いに影響し合っていた可能性が事実上除外できないということである。残念ながら、論文からはフロイトが直接的、間接的に序言や影響を与えたことを示す明白な証拠は、他に見つかっていない。[4]

アイティンゴンの論文が発表された後、多年にわたって、アンナの治療の結果については、症例史に述べられているよりも自分たちの方が詳しい事情を知っていると称する人々によって、さらにコメントが積み重なっていった。中には他より比較的明晰なものがあるが、そのまま信頼していいだけの情報はただの一つもない。まず、プール・ブジェールが、次のような謎めいたことを書いた。「私は、この患者が症例の中で記載されていることの他に、ある重大な危機を耐え忍ばなければならなかったことを、付け加えることができる」(Bjerre, 1920, 英訳の改訂版からの引用)。

一九二五年の私的セミナーでは、ユングがこの症例について次のように言及した。

したがって、フロイトがブロイアーと一緒に治療したこの最初の有名な患者は、素晴らしい成果を挙げた一例としてしばしば言及されてきたが、実際はそう言ったものではなかった。フロイトが私に語ったところでは、彼はブロイアーがアンナを診た最後の夜に彼女の往診を依頼され、転移が中断したために彼女がひどいヒステリー発作に襲われているのを見た、ということだった。これは、最初に発表されたような治癒では決してない。しかし、これは異論を差し挟みたくなるほどきわめて興味深い症例である。だが当時は、私はこういったことを何一つ知っていなかった。(Jung, 1989)

一九二七年、マリー・ボナパルトは、フロイトから受けた分析の日誌の中に、次のように記している。

フロイトがブロイアーの話を聞かせてくれた。アンナ（ベルタ・パッペンハイム）の治療の終わりごろに、ブロイアーの妻が自殺を試みたという。その後の経過は周知である——アンナの病気の再発、妊娠空想、ブロイアーの逃走。

ブロイアーの娘がこのことについて父に訊ねたところ、彼は、フロイトが『自らを語る』で書いていることを、すべて告白したという。

フロイトに向かってのブロイアーの言葉、「君はなんてことに僕を巻き込んでくれたんだ！」。(Bonaparte, Borch-Jacobsen, 1996 より引用)

ユングは、一九五三年八月二九日のクルト・R・アイスラーのインタビューに答えて、この症例に言及している。

J〔ユング〕［…］で……たとえばその……ブロイアーとフロイトだが、……『ヒステリー研究』の終わりに彼女は治癒したとあるが……彼女はその、煙突掃除による治癒の一種ではなかったかね？

E 〔アイスラー〕 そうですね。

J 彼女は治癒したと言われているが、とんでもない、治っていなかったんですよ。彼女は現れると、彼女は……彼女はすぐさま……ブロイアーが治ったと言って治療をやめると言ったとき、彼女は激しいヒステリー発作を起こして……叫んだのです。「ああ、ブロイアー先生の子どもが生まれそうよ」その子どもを見たいものですね。そう、でもそれは症例史に属することです（笑）。

E そうですね。

J そうではありませんか!?

E そうですね。

J フロイトは、「そうだね、だがそれでは印象が悪くなるよ」と言っていましたよ。[5]

アイティンゴンの後に現れたこれらの証言を見て、私たちは一つの重要な点に気づく。それらはすべて、ブロイアーが詳しく語らなかった治療の結末を明かしていると思われるし、特にあとに引用した三つの証言は、患者が健康になっていないのに、ブロイアーが治療をやめてしまったことをはっきり示している。だが、誰一人、ブロイアーから離れたあとのベルタ・パッペンハイムの運命や、彼女の最終的な回復の本性については触れていない。ブジェールは、治療が終わったときの〝危機〟について言及しているが、その後何が起こったかについては何も言っていない。ユングは、輝かしい治療的成果はなかった、患者は〝激しいヒステリー発作〟を起こしていて、治ってはいなかったのだ、という自分の考えを正当化している。この症例は論文で最初に述べられたような意味での治癒には決してなっていない、というユングの一九二五年の主張は、この治療が最高潮を迎えた最終段階を短絡的に推論してのことである。ここでのユングの陳述は、その後のベルタの入院や、彼女の回復ないし悪化についての前提的な知識にはまったく依拠していない。マリー・ボナパルトの日誌の記載も、同様な意味を持っている。彼女が事件を記載している順序——再発、妊娠空想、逃走——は、〃再発〃がブロイアーの逃走前に起こっていることを示している。となると〃再発〃は、妊娠空想のことであって、ベルタの病態の悪化を示すものではない。これらの証言のすべてが基本的な焦点として注目しているのは、転移の問題とそれに対するブロイアーの反応である。そしてフロイトの説明だけが（ジョーンズは別として）、ブロイアーがおこなわなかった治療について、何かを洩らしているように思われる。

たとえば、オットー・ランクは、アンナ・Oについて次のように書いている。「この患者は、ブロイアーを愛するようになり、彼の子どもを宿したと空想したようだが——ブロイアーはこの空想を、病的な幻覚として扱った」（Rank, 1958）

ボルヒー－ヤコブセンは、著書のドイツ語版（1997）の中に、ランクの他の文章を引用している。

> ある日ブロイアーが、ほとんど回復した患者を往診してみると、彼女はベッドに横たわっていて、激しい痙攣を伴う興奮状態にあった。ブロイアーはそれを見ても、その意味を探りたいとは思わなかった。患者は彼に向かって、「あなたの子どもが生まれるのよ」と叫んだ。これは、体面を重んじる医師を恐怖に陥れるに十分だった。彼はとっさに自分の役目を忘れて、いわば事態を個人的に捉えて、この患者は狂ったと判断し、精神病院に入院させる手配をした。入院してしばらく経つと、この急性状態はひとりでに消えてしまった。（Rank, 1996）

A・A・ブリルは、さらに歪曲された記録を残している。

ブロイアーが治療をやめてしまったことについては、おそらく他にもっと決定的な理由があった。彼の有名な患者アンナ・Oは、問題を抱えていて、それについて助言と援助を求めて受診しており、ブロイアーは自分のいつものやり方に従って、催眠治療をおこなっていた。ある日この若い娘がヒステリー状態で受診し、彼が催眠の手順を進めていると、突然彼に抱きついてキスし、「あなたの赤ちゃんができたのよ」と告げた。当然年長のブロイアーはショックを受け、この娘は狂っていると決めつけ、とにかく治療を続けるのは危険だ、と考えた。彼には上品ぶった世間に立ち向かうだけの勇気がなかったのだ。このような経験は彼にとって重すぎた。そのため、この最後の事件が決定的となり、そのとき以来、彼はフロイトと訣別する決心をしたのだった。(Brill, 1948)

ブリルの文章は明らかに混乱しているが、それは他の二次的資料に基づいた文章に見られる同様の歪曲を、さらに極端にしたものである。ユングの一九二五年の文章は、劇的な最後の夜、フロイト自身をその場に立ち会わせている点で単純に誤っているし、一九五三年の文章でも、彼はヒステリーの場面をフロイトが見た、と事実に反することを述べている。ランクは、ブロイアーがこの患者は狂っていると判断したと主張している点で、明らかに間違っている。

ジョーンズの事件についての表現には、いくつかの難点があり、それについてはすでに触れてあるが、以下でさらに検討してみたい。正確な細部では、これらの文章はいずれも本質的に信頼に値しないものだが、しかしそれらの核心には、いずれもフロイトがシュテファン・ツヴァイク宛の手紙で述べたり、著作のどこかで示唆したりしているこの治療の終末の物語があるのは、明らかである。不正確な記述があるということは、ここではあまり重要なことではない。フロイト自身の口から語られるのを聞いたり、証人たちの記憶違い(フロイトも含めて)があったりして、いろいろな話の組み合わせが生じてしまったのだろう。唯一疑う余地のない事実は、各文章が何らかの点で、フロイトに端を発していることである。しかし、私たちは再び、それらに共通する他の問題があることを強調しなければならない。いずれの文書を見ても、アンナ・Oのその後の入院生活に多少なりとも言及したものはない。ランクだけが、ブロイアーから離れた後のアンナの運命に触れて、ブロイアーが彼女を精神科病院に入院させ、急性状態はしばらくするとおのずから鎮静していった、と述べている。ジョーンズの文章は唯一の例外であるが、彼は自分の論点を練るために、まったく異なった資料、フロイトの私的な手紙を用いている。

フロイト自身は、アンナ・Oがブロイアーの治療の後に入院した事実について、二度ほど触れている。最初はツヴァイク宛の手紙の中で、彼女が数カ月にわたってサナトリウムで健康を取り戻そうと頑張っている、と述べている。もう一つは、アーサー・タンズレー宛の手紙にある。この手紙の中でフロイトは、患者が精神の均衡を完全に取り戻すまでの、かなりの期間について述べたブロイアーの文章に言及している。

この背後には、ブロイアーの逃走の後、彼女がまたもや精神病となり、かなりの期間——私は九カ月だったと思いますが——ウィーンから離れた精神科病院に入らなければならなくなった、という事実が隠されています。その後病気は自然の経過を辿りましたが、それは欠陥を伴う治癒でした。(Forrester & Cameron, 1999)

フロイトから聞いた話を報告している人たち同様に、ここでも細部の正確さに問題がある。ウィーンから離れた精神科病院というと、クロイツリンゲンだけとなって、インツェルスドルフは考えられないが、ベルタ・パッペンハイムはここに三カ月半入院していただけで、九カ月いたわけではない。フロイトがためらいがちに示唆した入院期間は、(フォレスターとキャメロンがしたように)、彼女が一八八三年にインツェルスドルフに最初に戻った際に過ごした五カ月半を加えて考えれば、九カ月になるが、ここはウィーンから離れているとは見なし難い。

また私たちがこの症例についての当時の文書を考察する中で、すでに留意していた一つの事実も忘れてはならない。ベルタ・パッペンハイムは、一八八二年六月七日に治療をやめることにして、約二週間後にウィーンを離れた。近親者と約三週間カールスルーエに滞在して、クロイツリンゲンに到着したのは、七月一二日以後のことだった。フロイトの報告の響きが暗示するような、ただちに入院しなければならないような差し迫った精神病的危機があった証拠は、そこにはまったく認められない。もちろん、この特別な細部がなぜフロイトによって歪曲されたのか、それにはいろいろな理由が考えられる。彼はベルタがベルビュー・サナトリウムを退院してしまった後の一八八二年一一月まで、ブロイアーからこの症例について聞かされたことはまったくなかったし、タンズレーへの手紙に書いたのはこの後五〇年もたってからのことだった。そのことを私たちは知っているが、このような些事に完全な正確さを期待するつもりはない。どの説明を検討する際も、ブロイアーの治療の終わりに、患者の身に何が起こったのか、正確に伝える信頼に足る証言は入手できないのである。こうした不正確さの点は別にして、フロイトはこの症例で、入院は一般的な治療の失敗によるものではなく、ブロイアーの〝逃走〟と直接つながりがある、換言すれば、医師と患者間の転移関係の処理の不手際の結果生じたものだ、と考えている。フロイトの説明では、この症例の失敗は、ブロイアーが転移を扱う際に誤ったと推測される点にあり、ブロイアーの現在の症状を直接取り除こうとする治療法の持つ問題とは何の関係もない。

これらの遡及的説明のすべてを考え合わせ、それらが共通してフロイト自身の文章に基づいていることを考慮した場合、この患者の治療の結末について、特にヒステリー性の出産の問題について、どのような結論が下せるだろうか。ブロイアーによるベルタ・パッペンハイムの治療の終了時期からは、妊娠空想の物語を実証する証拠は何一つ得られないし、この時期に起こったことが直接原因となってベルタがただちに入院させられた、という考えを支持する証拠もない。治療の末期に何らかの危機的状況が生じていたことを示す直接的証拠も（フロイト自身の証言以外）存在しない。しかし、フロイトから入手できるすべての例証（これには一九一四年と一九二五年の刊行書と、ツヴァイクとタンズレーへの手紙が含まれる）において、フロイトは自分の結論が推測[6]以上のものではない事実に言及している。この推測は、ブロイアーが他の話をしている折にふと洩らした言葉に基づいており、ツヴァイクへの手紙によれば、ふたりの仲が破綻した後になってなされたものであった。ジョーンズはアンナ・Oの物語の終末に、次のような逸話を付け加えている。それによると、一〇年ほど経ったころ、ブロイアーはフロイトに患者の一人が示したヒステリー症状について話した。するとフロイトは、それは妊娠空想の典型的産物だ、と指摘したという。ブロイアーにとってこれは重大過ぎることだったので、彼は一語も発せずに大急ぎでその家から出て行ってしまった（Jones, 1953）。このありそうもない話がどこから出たか、その源は不明である。ジョーンズは、これがベルタ・パッペンハイムの治療のクライマックス、終末についてのフロイトの憶測の源であったとは言っていないが、密接な関係があるのはかなり明瞭である。この補足的な話にある程度の根拠があるとしても、それがフロイトの誤った妊娠仮説の唯一の源泉であるとは考え難い。私たちは、この時点では彼が何に基づいてそう考えたのか、まったくわからないということを受け入れなければならない。

いずれにせよ、当時の証拠がフロイトのツヴァイク宛の手紙に書かれている事実経過、つまり、フロイトが精緻に練りあげた説明を支持しないとすれば、私たちには二つの可能性が残されていると思われる。その第一は、この物語全体がフロイトによるまったくの作りごと、つまり〝純粋な捏造〟であるという可能性である。ボルヒ－ヤコブセンはジョーンズの文章からそのように考えて、フロイトの私的な精神分析サークルの中でブロイアーの信用を傷つける手段として使われた、という（1996）。しかし、それが単に手っ取り早くやれることをするためにだけ考え出されたとすれば、あまりに空想的で手のこみすぎた話で、まことしやかな話と言わなければならない。フロイトは、なぜこのような特別な空想話を作らなければならなかったのだろうか。単にベルタがブロイアーに恋するようになった事件として、なぜ精神分析的な冷静な態度で適切に対応できなかったのだろうか。このことは、むしろ転移についての伝統的概念と、直接結びつくことだと思われる。（後に検討するように、これはジョーンズが伝記の第一巻で最初に世に提唱したいと考えたことでもあった。）ほんのわずかの誇張でも、イデオロギーの勝利を損なうことがある。しかし、フロイトが単に作り話をしただけと仮定するなら、私たちの手には一つの気まぐれな作り話が残されるだけになる。そしてここにはもっと大きな疑問がある。フロイトは、ブロイアーの患者の治療がどのような成果を挙げたか、文章で発表可能なギリギリのところまで述べたが、ヒステリー性の危機については何も触れていない。[7] しかし、彼の意図が単にブロイアーの信用を傷つけようとする悪意を含んでいたのだとしたら、わずかな精神分析の仲間たちだけのために、彼は事件の推移に手を加えて事実を偽るどんな必要があったのだろうか。これらの仲間たちは、ブロイアーの治療の終末が操作上欠陥をもつことを、他の誰より説得する必要のない人たちだった。

考えられる可能性の第二は、フロイトが仲間たちに伝えた説明はすべて、確実な証拠が何もないところでなされる思弁的推論や、圧縮され歪曲された記憶の断片のモザイクであった可能性である。この種のアプローチは、エランベルジェがアンナ・Oに関する新しい資料を発見したすぐ後に、クリストファー・リーヴスが試みている。彼はフロイトないし彼の伝記作者が故意にフィクションを作り出したという考えを、単純に受け入れずにこの問題を解釈しようと試みた（Reeves, 1982）。リーヴスはフロイトとジョーンズの言っていることは、既知の事実と基本的に矛盾しているが、それらに意味を見出そうとするなら、二人の説明に真剣に耳を傾ける必要があるという認識に立って、この問題に取り組んだ。彼がまず注目したのは、ジョーンズの挙げた病院名「グロス・エンツェルスドルフ」が、ベルタが一八八一年に入院していた「インツェルスドルフ」ときわめて似ているということである。そこからリーヴスは次のように考えた。フロイトないしジョーンズは、アンナが治療終了後に行った場所の名を一年前にいた場所の名と取り違えただけでなく、彼らは実際にはもっと早い段階で起こっていた一連の出来事を、治療の終わりに起こったものと考えてしまったのだ、と（ibid.）。[8] ここでリーヴスのいう一連の出来事とは、ブロイアーによるベルタの治療が迎えた危機的事態を指している。だがこの特殊な探索の方向は、実際には誤っている。なぜなら、リーヴスは知らなかったが、「グロス・エンツェルスドルフ」と「インツェルスドルフ」の取り違えは、一八八三年にフロイトがフィアンセ宛に書いた手紙に起源があり、したがってそのころから、ベルタ・パッペンハイムは実際にインツェルスドルフ・サナトリウムに入院していたことは明らかだからである。重要な場所に誤りがあったというより、単に場所の呼称を誤ったにすぎない。しかし、この誤った前提とは別に、リーヴスは別の根拠を挙げて、一八八一年から一八八二年への誤った置き換えがおこなわれていたかもしれない、なぜならブロイアーの娘は一八八二年三月一一日に生まれたのだから、彼女はベルタが一八八一年六月七日にインツェルスドルフに入院した時期とほぼ前後して母の胎に宿ったと思われる、と言う。そしてリーヴスは、ベルタをインツェルスドルフに送った主な理由は、ブロイアーが彼女の自殺衝動を考慮して、また彼女が父親の死後ブロイアーの手からしか食べないのを見て不安になったためだ、と書く。ブロイアーは自分の患者を生かしておくことに大きな責任を感じていただろうし、もし彼の妻が患者にだけ気を配っている夫を見て物言わぬ嫉妬に駆られていたとしたら、この時期はブロイアー一家にとって強い緊張をはらんだ時期だったであろう。したがって、リーヴスが次のように述べているのは、たしかに正しい。「ジョーンズとは違って、この時期が一年後の同時期、つまりアンナ・Oがもう誰が見ても自殺しそうにもなく、少なくとも部分的に回復しつつあった時期よりも、もっとも緊張の高まっていた時期だったと考える方が、はるかに理に適っている」

リーヴスは、ヒステリー性の出産の物語を説明しようと試みて、一八八二年に起きたと思われている日付（ベルタのインツェルスドルフの入院の記念日）が、ブロイアーの娘の受胎の記念日（またはその近辺）でもあったと推測する。治療の終期にベルタが一年前に経験した人生の重要なエピソードを再び体験しつつあったとすれば、彼女は自分が自分の私的生活とともに、主治医の私的生活の出来事にも注意を払っていることを、主治医に知ってもらいたかったのかもしれない。そうだとすると、ベルタ・パッペンハイムが一八八二年六月に「ブロイアー先生の子どもが生まれるわ」と叫んだのは、そのときに湧いてきた出産空想の直接的な表現というより、一年前に聞いた赤ちゃんができたという言葉を繰り返しただけのことだったかもしれない。リーヴスは、置き換えという自分の考えに従えば、出産空想とヒステリー性出産徴候の存在を信じる根拠はなくなり、むしろ「起こった事柄についてのこのような再構成は、ブロイアーが実際にフロイトに報告したことを、フロイトが間違って記憶してしまったことに基づいていた、と考える方が理に適っている」という。

ヒステリー性の出産の背後に何が隠されているか、これについてのリーヴスの解釈は、推奨すべき試みである。表面から見て単純な誤りがあるからといって、無雑作にしりぞけてしまったら、断片的なデータを知的に評価した場合に達成できる理解の進歩は犠牲にされてしまう。リーヴスは、事柄の意味を読みとったのである。同じデータについて別の解釈をすることは、もちろん可能なので、ここではリーヴスのアプローチが切り拓いた分野を概観してこの議論を終わりにしたい。

もし私たちが、フロイトのツヴァイク宛の手紙は、アンナの治療終結についての現存するすべての説明の中でもっとも入念なもので、いろいろな断片を圧縮したり、歪曲したり、置き換えしたりして、作られた集塊である、という仮定に立ったら、次のように言っても空想的過ぎることにはならないだろう。一八八二年六月、ベルタ・パッペンハイムの治療の終わりに、重大な危機が生じたことを示す証拠は何一つない。しかし、私たちが知るところでは、リーヴスが指摘しているように、父親の死後二カ月ほど経った一年前に、危機的な事態となって自宅で安全に過ごせなくなり、彼女はインツェルスドルフのサナトリウムに強制入院させられた。この時点でブロイアーが患者を完全に見棄てた徴候は何もない。しかし、にもかかわらず、彼は明らかに自分だけで彼女の治療をするのは不可能だと感じていた。ここで私たちは、ブロイアーの末娘の誕生に関するフロイトのツヴァイク宛のコメントと、ブロイアーと妻がヴェニスへ二度目のハネムーンに行き、そこで末娘を受胎したというジョーンズの手の込んだ話とを思い出す必要がある。一八八一年六月のベルタの危機は、休暇旅行の翌月に起きた可能性はないだろうか。[9] ドラ・ブロイアーは一八八二年三月一一日の生まれなので、母親の受胎は休暇旅行と正確に一致していないが、しかしそのころ、ベルタ・パッペンハイムがブロイアーとその妻に向けた感情の嵐に直面して、二人が家族の絆を強めようとしたと考えてもそう遠くない想像であろう。[10] ベルタの生活を一年前に置き換えて、リーヴスの提案に従って考えて見ると、種々の可能性が見えてくる。ベルタはマチルデ・ブロイアーが一八八一年の夏に妊娠したことを、かなり後になるまで知らないでいたのかもしれない。しかし、治療がさらに一年続けられていたとすれば、その間に起きたことについて、患者は医師にあれこれ伝えているはずである。その間にベルタに奇妙な行動が生じて、それをブロイアーがフロイトに話した可能性も除外できない。これがリーヴスの示唆するように六月の受胎記念日だったか、出産前後の一八八二年三月だったか、あるいは一カ月後のベルタが床を離れた、父親の命日のころだったか。[11] 可能性は無限ではないにしても、数多挙げられるので、フロイトがこれらの断片を繋ぎ合わせたやり方を、いくつか考えてみることができる。留意しなければならないのは、フロイトはブロイアーの治療が完全に終わるまで、この症例について詳しい話は聞いていなかった、ということである。種々の出来事が、現実の中で年々、あるいは数カ月のうちに、バラバラになり、フロイトの想像による再構成の中で圧縮されたとしても、驚くには当たらないだろう。私たちの知るところでは、フロイトがこの再構成をおこなったのは、どう早く考えてもせいぜい次の一〇年間の後半期だったのである。

これらの推測は、それなりに妥当なものであるが、ブロイアーの治療の終わり方についてのフロイトの物語を考察する際に、ヒステリー性出産の問題を重く考えすぎないようにすることが大切である。ヒステリー性出産は、フロイトが述べているような形では、事態は起こらなかったと考える十分な理由がある。たしかにそうであるが、しかし、結局はフロイトに端を発した現存するすべての報告を検討してみると、この問題はこの症例は不満足な結末を迎えたという彼の強固な先入観の中心をなすものではないのを認めざるを得ない。この点については、さまざまな報告の中でいろいろな形で触れられているベルタのその後の施設収容と同等である。だがブロイアーの治療が終わった後のベルタの入院の意味は、これらとは異なっていることを私たちは知っている。ともあれ、こうした事柄のうち一つは実際に起こり、他は実際にはどうやら起こらなかったらしいといっても、それは、フロイトがこの症例の結末について繰り返し述べていることを決して貶めるものではない。私たちはそのことに目を塞ぐべきではない。次に検討すべきは、まさにこの点である。

第五章　防衛と性愛

探し求めるものの所在がわかれば、探し求めたりはしなくなる。[1]
――ゲーテ『箴言と省察』（遺稿）

私たちはアンナ・O症例について種々の解釈を検討してきたが、その中でもっとも重要なのは、転移の問題である。このことはフロイトがその立場を公表した一九一四年と一九二五年の文章から明らかであり、また、彼が個人的に語った補足的な話の中でも述べられている。フロイトはこの症例では転移が適切に扱われなかったと考えたが、転移は単なる付随的な細部の問題ではない。それはフロイトとブロイアーの論争の中核をなすものであった。そしてそれはブロイアー以後、精神分析が発展していく道程の鍵をなす重要な問題であり、フロイトにとって精神分析が存在し続ける基本原則であった。

ここまで、『ヒステリー研究』の出版からはじめ、この症例に関するフロイト生存中の資料を概観してきたが、本章ではこの概観に照らしつつ、一八九五年に出版された病歴の内容そのものを再考するため、さらに一歩しりぞいて検討してみたい。私たちはより詳細に、なぜ転移の問題がブロイアーとフロイトの協働作業を破綻させる上で重要な役割を果たしたのか、そしてなぜ転移が彼らを決裂させた当の問題と切り離せないかを検証しなければならない。

ベルタ・パッペンハイムと主治医の強烈な関係は、早くも一八八三年にフロイトと彼の婚約者との間で話題になっていた。このことは後に述べる。だが患者とブロイアーと彼の家族を巻き込む情緒的錯綜という厄介な事態を招きかねない問題は、この段階でもその後の数年間でも、治療過程を理解する上での理論的に重要な問題にはなっていなかった。実際、この縺れの意味合いは、ブロイアーと協働作業を続けていた最中のフロイトには、明確になっていなかったのである。その意味がはっきりしたのは『ヒステリー研究』の出版の前であり、それが二人を決裂させる決定的な要因となった。

フロイトは一九一四年、ブロイアーと患者の間のきわめて強い暗示的な関係《ラポール》について述べた。これは現在では転移として知られるものの原型となっている。彼は早くも一八八三年、ブロイアーから治療とそれが妻へ与える影響を聞いたとき、転移のいくつかの側面（この用語に含まれる範囲を越えて）を理解していたが、その当時はブロイアーと同様、性愛的動機が関与しているとはまったく考えなかった。それが患者の治療の結果に重要な役を演じていることも、無論思いつけなかった。だが彼は一八八四年までには、ブロイアーがはからずもこの性愛的動機に気づいていたこと、しかしこの昔のパートナーはそれを単に困った出来事としか見ず、それを一般化して考えることはできなかった、と考えるようになっていた。

フロイトは一八八四年までにこの現象について理論的展望を発展させたため、彼のアンナ・O症例に関する論評には、後知恵による判断が大きく入り込んでいる。治療当時のブロイアーには、そのような展望は持ちえなかったが、一八八三年、ブロイアーとの協働的な企画に乗り出したときのフロイトにも、不可能なことであった。協働関係が破綻するまでは、フロイトはアンナ・O症例の完全な意味を概念化していない。特異な理論的発展の結果として、後になってようやく症例の概念化がおこなわれたのである。フロイトがブロイアーから聞いたさまざまな断片を繋ぎ合わせ、治療の終結のシナリオを描くとき、その最後のシーンが転移の概念なしで現れることはありえなかった。そしてついに、フロイトが転移の概念を彼の新しい説明システムに統合したとき、彼はブロイアーから聞いた断片的な話――それはブロイアーと妻の間で演じられた感情的ドラマの記憶によって誇張されていたかもしれないが――を繋ぎ合わせて一つの物語を作ることができたのであった。その場合に彼が土台としたのは、彼の理論の内実に従えば、自分が考え構成したことは、実際に起こっていたに違いないという信念であった。

ブロイアーとともに『ヒステリー研究』を執筆していた当時でも、こうした点が、なぜフロイトにとって重要であったのか、その理由を理解するには、一八九三年の『予報』から一八九五年の『ヒステリー研究』出版までの、フロイト理論の展開を考える必要がある。理論の発達は、フロイトとブロイアーの理論的相違に関する膨大な二次資料の中でよく扱われているが、その相違とアンナ・Oとの関連は十分に提示されているとは言えない。[2] 私たちの当面の目的にとって、理論の発達は二つの重要な概念に要約される。すなわち防衛と性愛である。

やがて防衛理論に育っていくものは、『予報』のための覚書（Freud, 1892）、『予報』（Breuer & Freud, 1895）、そして同時期のフロイトの論文（Freud, 1893）にその兆しが現れているものの、初めて明確な形になるのは、一八九四年中ごろの論文『防衛‐神経精神病』においてである。ここでフロイトは、防衛ヒステリーをこの病気の特別の形として、『予報』の類催眠ヒステリーに加えて提示している。そしてこれはフロイトとブロイアーの間の最初の目に見える見解の相違となった。最初の類催眠ヒステリーの記述で、フロイトは以下のように書く。

ジャネの意見だが、私にはそれに対して非常に多様な異議があると思える。私たちの共作である『予報』（Breuer & Freud, 1893）には、彼の意見と対照的な見解がブロイアーによって提示されている。ブロイアーによれば、ヒステリーの〝基礎と必須条件 sin quâ non〟は連想能力の制限を伴う意識の特異な夢様状態が起こることで、彼はそれを〝類催眠状態 hyponoid state〟と名づけている。（Freud, 1894）[3]

『予報』それ自体には、この見解がブロイアー一人によって提唱されたものとする徴候はなく、この初期の段階で、防衛の問題についてどこまで二人の間で論争が交わされたかはわからない。さらに、防衛の概念が一八九四年の論文以前に出ている（あるいは仄めかされている）ところでは、それは受け入れ難い観念の排除自体が意識の分裂を引き起こす外傷の機縁になるという意味で、類催眠状態についての外傷説の下位におかれている。しかし、一八九四年論文の趣旨は、この下位説をある程度変えることになる。フロイトが〝外傷の機縁traumatic moment〟と言うとき、彼はこの言葉を〝　〟で挟み、アンダーソン（Andersson, 1962）が指摘するように、もっと象徴的な意味があることを示唆した。それはまた、個人を外傷経験の受動的な受け手として見るのをやめて、主体は心的葛藤の外傷に捉えられつつも、それを能動的に防いで振り払おうとしているという考えであり、外傷の観念に異なった意味内容を与えてもいる。

しかし分析を恐怖症、強迫観念、幻覚を特徴とする精神病へと広げてみると、どのケースでも防衛の機制は似通っていることがわかり、また神経症的な結果は患者の気質によって異なるのがわかると、ヒステリーと診断する特徴は、もはやこれまでの意識の分裂ではなくなり、身体への転換能力が特に重視されることになる（Freud, 1894）。こうした流れから、フロイトは単に分析の範囲を広げていっただけでなく、重心をブロイアーが焦点とした類催眠状態とヒステリーから、一連の神経症状態を説明する総体的カテゴリーとしての防衛という、はるかに広い概念へと動かしていった。

防衛ヒステリーにおける意識の分裂は、苦痛な情動を引き起こす考えや感情を寄せつけまいとする患者の意思から生じる意図されない結果である。女性の場合、そうした考えは〝主として性愛的経験と性愛的感覚の土壌〟から生じる。フロイトは、強迫症の事例も、同様に性愛の問題が中心を占めていると、はっきり言う。「私が分析したすべての症例では、不快な情動を引き起こしていたのは、その人の性生活であり、それは強迫に付随している情動とまったく同じ性質であった。理論的には、この情動が他の領域で時として生じても、それはありえないことではない。ただ、これまでのところ、私はこれ以外の発生源には行き着いたことがないとしか報告できない」。このように、フロイトにとって性愛はきわめて重要な意味をもっていたが、それでもこの論文では、性愛の役割を防衛神経症の葛藤の唯一の決定因であると言うにとどめ、それ以上には拡大していない。

しかしこの時期までにフロイトが性愛的要因はすべての防衛神経症に見られ、その気になって見つけようとすれば確実に見出せると信じていたことはまず確かである。それは彼の論文へのフリースの論評に対する一八九四年二月七日付け返信で明白である。「その通りです。強迫神経症と性愛の関連は必ずしも常に顕著というわけではありません。はっきり申し上げて、私の症例二（尿意切迫感）でも、それを見つけるのは容易ではありませんでした。私のように専心して探索しなければ、見過ごしていたことでしょう」（Freud, 1985）。五月にはフロイトはその立場をさらに進めていた。一八九四年五月二一日付けの手紙では、フロイトは再び強迫について議論し、彼の神経症の分類の基礎を示している。そしてカテゴリーの一つである葛藤について、以下のように注釈する。「葛藤は私の防衛の観点と一致します。それは遺伝的に異常でない人の神経症を構成します。そこで防がれ払い退けられているものは、常に性愛なのです」

フロイトの思索の中でのこれら二つの変更は、ブロイアーとの協働に緊張をもたらさざるを得なかった。ブロイアーは、フロイトが共に進もうと望んだ道に向から準備ができていなかった。一八九四年半ばまでには、彼らの実際の相互協力は終わっており、彼らが翌年『ヒステリー研究』の中で結局は公表することになった本文の細部から、二人にはいくつかの点で異論があること、だがその他では妥協することに合意していたことが明らかである。類催眠状態と防衛の問題について、フロイトは彼自身の立場とブロイアーの立場との違いを明確にしている。

> 最初に私たちの研究領域に入ってきたのは、類催眠ヒステリーであった。私にはブロイアーの最初の症例以

上によい例を見つけることはできない。それは私たちの症例の頂点にある。ブロイアーはそうした類催眠ヒステリーの症例には、転換による防衛に基づくヒステリーとは著しく異なる心理的機制があると提唱した。この見解では、類催眠ヒステリーで起こっているのは、ある観念が特別の心理状態の中で受けとめられ、最初から自我の外に留まっているために、病原性を発揮するということである。したがって、それを自我から離しておくための心理的な力は必要とされていない。そのため、もし私たちが夢中遊行の間の精神活動の助けを借りてそれを自我の中に取り込もうとしても、抵抗が喚起される必要もない。事実アンナ・Oの病歴には、そうした抵抗のしるしは見られない。

私はこの区別は非常に重要と考え、それに基づいて、そこには類催眠ヒステリーがあったという前提に同意する。ただ奇妙なことに、私自身は真正の類催眠ヒステリーに出会った経験はない。私の手にあるのはどれも防衛ヒステリーと判明したものばかりである。［…］簡潔に言えば、類催眠ヒステリーと防衛ヒステリーの根はどこかで一体となっており、そこでは防衛が第一要因であろうという疑念を私は抑えることができない。(Breuer & Freud, 1895)

ここには何か奇妙な論理がある。病原となっている観念が夢中遊行の間に起こってきても抵抗に遭わない、というのが類催眠ヒステリー状態の概念であるなら、これは類催眠ヒステリーを防衛ヒステリーと区別する方法にならなければならない。しかしフロイトは類催眠ヒステリーの理論的可能性を認める一方で、自分はそれには出会ったことがない、それは類催眠ヒステリーに見えたものが結局は防衛ヒステリーに変じたからだ、と主張している。この論では、当初病原性の観念に対して抵抗がないように（つまり類催眠ヒステリーのように）見えても、最終的に抵抗は現れる（防衛ヒステリーの特徴が明らかになる）ということでなければならない。したがってこれは、最初抵抗に遭わない観念は、ヒステリーの根元において真の病原性観念ではありえなかったということを意味し、真の病原性観念は、今後の作業で発見されるまで残っているということである。無論、これは完全に理論的なもので、経験的議論ではない。なぜなら、もしフロイトがその存在を認めた類催眠ヒステリーと思われる事例に遭遇したとして、病原性の回想の鎖を根気よく十分に追いかけて行けば、結果的に防衛の要素を引き起こすことになるかどうか、それはまだわからないからである。フロイトが類催眠ヒステリーは存在すると容認したことには、いささか率直でないものが見てとれるが、それはブロイアーとの妥協の必要から強いられたもののように思われる。

フロイトは、類催眠ヒステリーの議論を事実上早々に切り上げ、同様に抵抗はないと考えられている貯溜ヒステリーを扱う方へと進む。

私は典型的な貯溜ヒステリーとみられる事例に出会い、そしてたやすく確実な成功を予測して有頂天になった。だが作業は容易であったにもかかわらず、成功は起こらなかった。そこで私は、もう一度、無視してもよいと考えたあらゆる面を検討してみた。そしてやはり貯溜ヒステリーの根底にも、全過程をヒステリーの方向に向かわせる一つの要素があるのではないか、と疑うようになった。このように防衛の概念を全ヒステリーに拡大し当てはめようとするのは、一方的で誤りに陥る危険を冒すことになるのかどうか、新しい観察によって早く決定してほしいものである。

こうした穏健でためらいがちな言い方をしているが、フロイトが自分の見解は正しいという強い信念のもとで書いている、という印象は少しも和らげられない。その一方でブロイアーも同じく、類催眠状態は多くのヒステリーの核心的な決定要因であるとする、堅い防衛的な立場を手放す様子はいささかも見せない。ブロイアーは、今ここで私たちが議論しているフロイトの考えに対し、ほぼ直接的に反論した箇所で、相手への譲歩を自身の理論を堅固に防衛するマスクに使うという、類似の戦術を取り始める。

転換――観念に起因する身体現象の産出――は類催眠状態からでなくとも生じる。フロイトは、防衛による作為的な健忘の中に、連想の接触から切り離された、観念の複合体を構成する（類催眠状態とは別の）第二の源を発見している。しかしこの修正を受け入れるとしても、類催眠状態が多くの、実際にはほとんどの重大で複雑なヒステリーの原因であり、必須の条件であるとする私の意見は変わらない。

不快な観念に対する防衛が、心の分裂を引き起こしうるとしたフロイトの考えを認めながらも、ブロイアーは、それは何らかの精神的表現性を伴う症例に限って起こりうることだ、という。

私は、もし防衛が転換された観念を無意識の中へと追いやる結果を生むばかりでなく、こころの真正の分裂をもたらすのだとしたら、それには類催眠状態の援助が必要であると、あえて指摘しているのである。自己催眠はいわば、無意識の心的活動の空間または領域を創造するのであって、そこに防衛された観念が追いやられるのである。

ケネス・レビンは、フロイトが類催眠状態の理論を認めたのと似たようなスタンスで、ブロイアーは防衛の概念を認めている、と指摘している。『ヒステリー研究』で両者は、相手の定式にある程度の正当性を認めながら、自分自身のモデルの方がより基本的であり、ヒステリーの病因の鍵である、と固執している」（Levin, 1978）

もし防衛の問題で二人の著者の間を有効に引き分けるとすれば、性愛のもつ病因としての重要性についても同様にすることになる。よく言われてきたように、ブロイアーは、性愛的要因がヒステリーの起源に重要な役割を果たすという考えに対して、また大多数の症例に対してそれが同様の役割を果たしている可能性に対して、決して反感を抱いているわけではなかった。レビンが再度指摘するように、ブロイアーはヒステリーの病因として性愛的要因が重要であるとの説明は提示しているが、それはフロイトと異なり、性愛への防衛とはまったく無関係であるとする。たとえば、彼は、病人を看護するという愛情にみちた状態では、長く続く情緒的な空想が生じうるが、それは自己催眠状態へと発展しがちで、そこでは意識の分裂が起こりうるのだ、と言う。また同様に、性本能は神経の興奮を高める重要な源であるため、もし愛情がうまく処理されない場合、この神経エネルギーがヒステリー性転換を生む上で最有力となるという。したがってブロイアーはヒステリーの病因に対し、性愛的要因を認める用意はあったものの、それをフロイトが提唱した防衛理論とはまったく異なる説明メカニズムのために使用したのであった。

メカニズムの相違と同様に重要なのは、ブロイアーは、ヒステリーに性愛的要因が優勢であることを認める準備はあったが、フロイトほどには進んでおらず、それだけを決定因としていないことであった。『ヒステリー研究』の理論の章の終わりの部分で、ブロイアーは実際にはフロイトの性愛と防衛の立場に非常に近づいているが、常に条件付きで述べている。たとえば彼は「女性の重篤な神経症の大多数は結婚の寝床に起源があると自分が主張しても、それが誇張であるとは考えない」(Breuer & Freud, 1895) と書いた後、以下の数行を続けている。「恐怖や不安や怒りなど性愛的でない情動が、ヒステリー現象の発展を導くことは自明であり、私たちの観察からも十分証明されている」(ibid.)。さらに同じパラグラフの終わりの辺りで、彼は「ヒステリー患者の性愛的欲求は、健康な人と同様、その程度において一人ひとりさまざまであるのは疑いなく、彼らが特に強いということはない。しかし前者は性愛的欲求から発症する。そしてそれは多くの場合、性的欲求との葛藤から、つまり性愛への防衛から生じるのである」（ibid.）と述べ、それからすぐに「性愛的ヒステリーと並んで、ここで私たちは、もっともよく知られ認められたヒステリーの一つである恐怖に基づくヒステリー——本来の外傷性ヒステリー——を思い出さなければならない」と続ける（ibid.）。

このようにフロイトとブロイアーの根本的な相違は、フロイトが、ヒステリーとその他の神経症の鍵となる病因として防衛を特に強調し、性愛を病的防衛の唯一の要因としたのに対し、ブロイアーはそのようには考えなかったという事実の中にある。ブロイアーはこの二側面の重要性を認めてはいたものの、それらがその他の要因を必然的に排除することには、同意しようとしなかった。数年後の一九〇七年、彼は自分自身の立場を、アウグスト・フォレルへの書簡で要約して述べた。

〝情動興奮の転換〟、〝防衛の神経症〟の理論、心の分裂（二重の意識）が生じる〝意識への侵入を許されない〟観念複合体の形成に〝防衛〟がきわめて大きな重要性をもつことについては、フロイトに全面的に責任があります。これに比べれば、〝類催眠状態〟の病因的効果は、彼には、無視していいことのようです。つまり、私には類催眠状態は彼の理論に貢献していないように思われます。

フロイトとともに、私もまた性愛によると想定される卓越した領域を観察することができました。そして私は、これはこの主題への傾倒から生じているのではなく、私たちの医学的経験に基づく発見——ほとんど予想もしなかった発見——から生じたものであると保証できます。

フロイトは絶対的で排他的な定式化をする傾向のある人です。私の見るところ、これは心的欲求が過剰な一般化へ導いているためです。加うるに中産階級の願望（*dépater le bourgeois*）があるのかもしれません。（Breuer,

Cranefield, 1958 より引用）

フロイトとブロイアーの相違が性愛それ自体にではなく、それが神経症の病因に果たす役割にあったことは、このように実ははるか昔に確実になっていた。だが一般的な二次文献に馴染んだ人たちにとっては、言うまでもなく、これは実に斬新な結論にみえるであろう。ジョーンズ（1953）はその顕著な例だが、その他にも名をあげることはできる。時代がさがってからの数多の著述では、フロイトとブロイアーの不和における、性愛の正確な役割が誤解されているので、この点は新たに強調する必要がある。その誤解は、ブロイアーが原則的に、ある特殊な症例では性愛が重要な病因的な意義を持つとの意見をはっきりと肯定したために、ブロイアーとフロイトが、この問題で本質的には一致していたかのように見えるところからきている。この点は以下においてさらに検討するつもりであるが、この重要な点での混乱は、フロイト自身が折々ブロイアーとの別離を公に述べていたところから、ある程度は理解可能である。たとえば一八八四年、フロイトはブロイアーがアンナ・Oの転移の性愛的性質は普遍的事象であるのを認知できず、その結果その後の探究をやめた経緯を記述した後で、以下のように続ける。

私はその後神経症の病因における性愛の重要性をより一層推し進めていったが、彼はそれに対して、嫌悪感と拒否反応を示した最初の人物であった。のちには、それらの反応は私に馴染み深いものになった。しかしその当時は、私はそれが、私の避けられない運命だとは、まだ認識していなかった。（Freud, 1884）

たしかにこの陳述は、ブロイアーがビクトリア朝に特徴的な性愛への反感を持っていた、という考えと一致する。しかしフロイトは絶対的で排他的な定式化をする傾向があるというブロイアーの判断が、必ずしも公正を欠いているわけではないとすれば、フロイトが他のすべてを排除して性愛を唯一の病因と断定したことに対して、ブロイアーが好意的ではない反応をしたという、一層微妙な話も理解できるのである。こうした文章を、ビクトリア朝の性愛への反感に一人で立ち向かうフロイト、というイメージをもって読めば、その解釈は容易に偏った一つの方向に導かれることになる。たとえばランクに以下の一節がある。

フロイトがたまたま友人との間で、精神分析とブロイアーの関わりを話題にしたとき、彼は非常に深い理解を漏らした。それは彼のもっとも個人的な仕事である『精神分析運動の歴史について』(1884) にある通りである。彼は、ブロイアーは最終的にはまるで都合の悪いことから逃げるように、この発見の結果から逃げてしまった、なぜなら、彼は性愛的要因を認めたくなかったからである、と述べている。そしてフロイト自身も、性愛的要因を認めることに勇気が必要であったことから、彼の教師の反応を、ずっと後になってようやく理解することができた、と述べている。(Rank, 1973)

厳密に言えば、これは無論読み間違いである。なぜなら、フロイトはブロイアーが認めなかったのは性愛的要因ではなく、むしろ性愛的動機が転移の一般的な性質である、と述べているからである。それでも彼とブロイアーの一八九〇年代の立場が微妙に違うのを思えば、フロイトについてのそうした記述が、どのようにして生まれたかは理解可能である。実際、ランクの文から、フロイトは友人たちに、ブロイアーと精神分析との関わりをごく普通に話していたように思われることを考えれば、フロイト自身がどの程度そうした誤解の原因となっていたかは、首をひねらざるを得ない。一八九〇年代に遡れば、問題はより一層複雑であっただろう。

一八九五年までにブロイアーとフロイトの関係を危機的状況に進めた理論的な相違点は、一八九三年初めに出た『予報』の時点ではそれほど際立ってはいなかった。相違が生まれたのは、あらゆる面から見て、フロイトが立場を変えた結果である。彼の観点からすると、『ヒステリー研究』はそれが出版に至った時点で、全体的にすでに時代遅れのものであった。早くも出版の一年前には、彼はブロイアーの書いている理論に関する章とは別に、彼の考えを進めており、自制して性愛的要因を示さないでいることに不満を感じていた。フロイトは症例を遡及的に再検討して、どの時点に性愛的要因があったかを推測できていたが、出版のときにはまだ、自身の症例についても、防衛と性愛の理論を全面的には発展させていなかった（Breuer & Freud, 1895）。彼は自身の症例には実際に性愛的要因があったが、ただそれを見出す準備がなかったのだと確信していたが、アンナ・Oにはやや異なる問題があった。フロイトの〝公式な〟立場は以下のようである。

> ブロイアーの患者、アンナ・Oは私の意見〈ヒステリーは独立した臨床概念ではない〉とは矛盾し、純粋なヒステリー性障害の一例のように思われる。私たちのヒステリーの知識に大いなる実りを与えたこの症例は、しかしながら、その観察者によって性愛的神経症の観点からはまったく考慮されなかったし、今その目的のためにはまったく役に立っていない。

だが当時のフロイトのすべての理論と、彼がベルタ・パッペンハイムの病について知っていたことのすべてを知るかぎり、フロイトがこの症例を性愛に病因を持つ防衛神経症の症例と考えていなかった、とは思われない。すでに見た通り、フロイトは公式にはアンナ・O症例について真正の類催眠ヒステリーのようなものだろうと認めているが、実際には彼がこの症例をそう見ていなかったのは、まったく疑いない。しかし彼自身の症例を新しい理論の光のもとで書きなおすことと、彼とは根本的に反対意見を持つ仕事上の同僚、少なくともある点では共著者と考えていた人の症例に対し、それを公然とおこなうこととは、まったく別であったろう。出版に辿りつく間、もしフロイトとブロイアーが性愛と防衛の問題でいつまでも摩擦を続けていたなら、ブロイアーは、アンナ・O症例は、性愛やそれに対する神経症的な防衛のかけらもない、類催眠ヒステリーに他ならぬという立場を維持し、この症例が必然的に彼らの不和をもたらしていたことだろう。それは一九〇七年にブロイアーがファレルに宛てた手紙からもうかがわれる。「アンナ・O症例は精神分析全体の生殖細胞でしたが、ヒステリーのかなり重篤な症例が性愛的基盤をもつことなく発展し、隆盛し、解消しうることを証明しています」(Breuer, Cranefield, 1958 より引用)[4]。ブロイアーは、一八九五年に、フロイトにもきっとそう言っていたはずである。

一方フロイトは、このときまでには、ブロイアーが間違っていると確信する十分な証拠を蓄積していたに違いない。一八八三年にフロイトが婚約者に宛てた書簡から、私たちは、ベルタにはブロイアーを夢中にさせる力があり、そして彼が、自分の家庭内に起こっていることをはっきりと見てとれなかったため、彼と妻の間には何らかの悶着があったことを知っている。フロイトが腹立たしい思いをしたブロイアーの拒絶、すなわち、神経症の性愛的病因の普遍的問題について譲歩しなかったことは、彼がベルタ・パッペンハイムの病気と治療の本質に疑いの目を向けることと、不可分に結びついていただろう。ブロイアーは彼女の病気の基には性愛はないと言い続けたが、その一方で、先述のファレルへの手紙には妥協が見られる。「理論と治療の中に性愛を投げ込むことは、私の嗜好に合わないのを告白します。しかし私の嗜好や、そうらしいとかそうらしくないとかいう感情は、何が真実かという問題と何の関係があるのでしょうか?」(ibid.)。ここには正直な両価感情がある。しかし彼らが議論していた最中にフロイトがそれを知ったなら、それはかつての僚友への怒りを煽っただけだったろう。フロイトの観点からは、性愛を疑う上でのブロイアーの嗜好と感情は、アンナ・Oへの態度のすべてをなしており、ベルタの転移が起こった時点でそれに直面することを妨げただけでなく、その後数年経てもそれを認めさせなかったものなのである。僚友の性格についてのそうした感想は、その後フロイトがアンナ・O症例の意味を考えるときの見方と分かち難く結びついていく。

第六章　転移とファウスト的命題

独創的でないものは、重要でない。そして独創的なものは、つねにその個人の欠陥を体現している。[1]
――ゲーテ『箴言と省察』（遺稿）

アンナ・O症例をめぐる核心的問題は、『ヒステリー研究』出版後多年にわたってフロイトの心を揺り動かしたが、それは患者ベルタ・パッペンハイムのその後の運命とはほとんど関わりがなかった。すべてはブロイアーが患者の転移をいかに扱ったかにかかっていた。厳密にフロイト派的な意味での転移概念の発達の理論的前提は、フロイトによって、性と防衛理論の中で提唱され、『ヒステリー研究』の最終章は、この転移現象の議論にもっぱら費やされている。この問題について彼が後に書いた内容と比較すると、患者が分析過程で生じる苦痛な観念を、医師の人格の上に移転する結果引き起こされる抵抗の問題については、まったく未熟な概念を述べるにとどまっている。この時点では、フロイトはこのような〝誤った結びつけ〟[2]は、治療自体の本質的メカニズムというより、むしろすべての分析過程で起きる厄介な現象の一つと考えていたが、彼がこの現象の例として挙げているのは、患者が治療者に過度に依存的になったり、性的に惹きつけられたりするものばかりである。彼はこの現象を扱う方法は、単にそれに注意を向けさせ、分析の終了とともに解消する一つの症状として対応することだ、と述べている。しかしまさにその章の終わりに、フロイトは注意深い註をつけて、もしこの現象に適切に直面しなければ何が起こるかについて、次のように述べている。

しかし私は、もし患者に対してこの〝障碍〟の本質を明らかにすることを怠ったならば、自然に発生した症状の代わりに、新しいヒステリー症状を——より穏和な症状であるにせよ——患者に与えてしまうことになる、と信じている。(Breuer & Freud, 1895)

ジョーンズの伝記にあるフロイトの婚約者宛の手紙から初めてわかったように、一八八三年にすでにフロイトはベルタ・パッペンハイムが主治医に対して抱いていた願望を知っており、このような愛情の移転が彼女の心の内部で起こったのだと信じるに足る根拠を持っていた。フロイトはまた、ブロイアーがこの愛情の移転が生じたときに、それを見過ごしてしまったことを知っており、ブロイアーはその実態に直面する準備ができていなかったのだと考えた。フロイトはこの時点では、この愛情自体は、この病気の力動性の一部——一種のヒステリー症状——であり、ブロイアーは治療の終わりにこれを放置したままにしたのだ、と穏やかに指摘している。

その後〝転移〟は精神分析用語の中の鍵概念となり、それにつれてフロイトは、ブロイアーがアンナ・O症例においてその出現の意義を認識し損なったのは、単に一人の患者のヒステリーの解消に失敗したということ以上に、大きな問題を含んでいる、と考えるようになった。彼は一九一四年の論文『精神分析運動の歴史』の中で、ブロイアーの失敗の本質と思われるものに注意を促し、転移に躓いたことを〝歓迎されざる発見〟と性格づけて、これが治療の継続を断念させた、と述べた(Freud, 1914)[3]。その少し後に書かれた技法論『転移性恋愛の考察』の中では、それまでの控えめな配慮を棄て、分析医を愛するようになった女性患者の転移状況の出現は、精神分析療法が始まって最初の一〇年間、その発展を押し止めてしまった、と述べ、前年の論文中でブロイアーとアンナ・Oについて発表した内容に直接言及した(Freud, 1915)。

ここでフロイトが一九三二年にシュテファン・ツヴァイクに対して、ブロイアーの失敗の特徴について、どのように伝えたか思い出してみよう。

この瞬間、彼は〝母なる産みの源泉（症状を生み出すもの）〟に至る道を開いてくれる鍵を手中にしたのだが、彼はそれを手離してしまった。彼は偉大な資質に恵まれていたが、ファウスト的なものを欠いていた。慣習的な恐怖に駆られて、彼は逃げ出し、患者を同僚に委ねてしまった。(Freud, 1961)

ここで言及しているのは、ゲーテの『ファウスト』の第二部第一幕で、ファウストがトロイのヘレンとパリスの霊を呼び出しましょう、と皇帝に約束する箇所である。霊を呼び出す力を手に入れたために、彼は〝母親たちの源泉〟の神秘の国に下っていき、メフィストフェレスから受け取った鍵で燃えさかる三脚台に触れなければならない。転移性恋愛について述べた一九一五年の同じ論文の中で、フロイトはまずブロイアーに言及しているが、そこではファウスト的な企てのイメージとその危険性について再び述べている。そしてフロイトは、自分の女性患者の性愛的転移に直面した場合、分析医は分析を進める以前に、まず患者に社会道徳の名において自らの欲望を断念するように働きかけるべきか、という問題を提起している。

患者が自らの性愛的転移を認めた瞬間に、患者にその本能を抑制し、断念し、昇華するように迫るのは、転移を扱う分析的方法ではなく、むしろ無意味な方法である。それはまさしく、巧みな呪文を使って聖霊を地下の国から呼び出しておいて、何一つ質問もせずにまた送り返してしまうようなものである。抑圧されたものを意識化して、ぎょっとしてまた抑圧してしまうのである。私たちは、このようなやり方が成功したからといって、それに惑わされてはならない。周知のように、情熱は崇高な言葉によってはほとんど影響されない。患者は屈

辱を感じるだけで、必ずやそれに復讐するであろう。(Freud, 1915)

この隠喩をフロイトは気に入っていたらしく、彼は一一年後の『素人分析家の問題』の中でも、同様の文脈でこの隠喩を使っている。

転移を抑制したり、無視したりして、この困難を避けようとするのは馬鹿げている。治療中に他のどんな方法がとられようと、それは分析の名に値しないだろう。転移神経症によって種々の不都合が生じて来るや否や、患者から手を引いてしまうのは、思慮のあるやり方ではないし、むしろ臆病なやりかたというべきである。それはあたかも聖霊を呼び出しておいて、聖霊が現れるや否や逃げ出すようなものである。たしかに、どうやっても手の打ちようのない場合がある。解き放たれた転移を支配できず、分析が中断されてしまうような場合があるが、しかし治療者は少なくとも自分の持つ力のかぎり、悪しき聖霊と戦わなければならないのである。
(Freud, 1926)

転移の諸力に対応するファウスト的冒険というテーマは、精神分析の発達の後になって現れてきたものではない。『ヒステリー研究』の出版の一〇年後、フロイトは症例ドラにおいて転移の問題を適切に処理できなかったこと、その自らの失敗とどう取り組んだかを述べ、ここでもファウスト的冒険のシナリオを提示している。ドラがまったく予期しないときに分析を中断してしまったのに対して、その状況をあれこれ検討して、彼は次のように書いている。

治療が成功する希望がもっとも高まったまさにそのときに、彼女が思いがけず治療を中断して、私の希望を無に帰せしめたこと——これは紛れもなく彼女の側からの復讐行為であった。彼女が自らを傷つけようとする目的も、この行為によって果たされた。しかしながら、私のように人間の心に棲む半ば手なづけられた悪魔の中で、もっとも悪しきものを呼び出し、それらと戦おうとする者は、無傷のままでその戦いを切り抜けることはできない。（Freud, 1905a）

これこそ、フロイトによれば、ブロイアーがベルタ・パッペンハイムの症例で惜しくも取り組もうとしなかった戦いであった。しかし、フロイトがツヴァイクに書いていることに従えば、ブロイアーの失敗は、正しく知的な失敗——眼前の事象を見る能力のなさ——ではなく、道徳的勇気の欠如によるものであった。それは、一八八二年に世界に向かって新たな科学の勝利を告げるこの上ない貴重な機会となったはずの、性的転移の意味を、彼が後々も否定し続けたこととも結びついていた。フロイトとの関連でいえば、ブロイアーはその機会を放棄しただけでなく、『ヒステリー研究』では、自分の〝趣味と感情〟を科学的な注意と偽り、フロイトもそれを否定するよう手を貸し、フロイトを共犯者にしてしまった。後の症例ドラの後書きには、症例アンナ・Oと照合してみると、きわめて印象的な一文がある。

私は転移について述べなければならなかった。なぜなら、それが私のドラの分析の諸特徴を説明できる唯一の因子だったからである。その大きな利点、つまり最初の序論的な出版に適した、他に類のない明瞭な転移は、大きな弱点を持っており、そのため機が熟する前に中断してしまった。私は、適切な時期に転移を支配するのに成功しなかった。治療の期間中、ドラは病気となった素材の一部を、進んで私の自由に委ねてくれたため、私は転移の最初のサインを探す注意を怠ってしまったのである。転移の最初のサインは、同じ素材の他の部分——私が気づかなかったほかの部分——と結びついて準備されていたのだが。最初、私が彼女の空想の中で、父親の代わりをしているのは明らかだったが、私たち二人の年齢の差を考えれば、それはありえないことではなかった。（Freud, 1905a）

もし〝ドラ〟の名を〝アンナ〟と読み替えるなら、この文章はまさしくブロイアーの症例についての、さらには、父親代理というテーマについての、回顧的なコメントとして読むことができるが、その点は別にしても、フロイトがドラ症例を〝最初の序論的な出版〟と呼んでいるのは、いささか奇妙である。『ヒステリー研究』中の症例研究のうち、四例はフロイト自身の症例であったが、ドラ症例が彼の最初の症例だったとは言い難い。しかし、もちろんフロイトはこれらの症例を乗り越えて、過去と訣別しようとしていた。[4] この意味で、アンナ・Oがブロイアーの最初の症例研究だったと同様に、ドラ症例はフロイトの最初の症例研究である。そして、ブロイアーに対するメッセージは明らかである。すなわちそれは、どこで誤りが生じたかを認識してそこから学び取ろうとしているかぎり、まったく新しい形の精神療法を開拓する上でのさまざまな困難を、最初は切り抜けられなかったとしても、決して不名誉ではない、ということである。ドラ症例は、いかにして敗北を転じて勝利を勝ち得ることができるかを示す一例である。フロイトは、症例の断片だけを発表するという明らかな失敗を犯しているが、それでも神経症性障害の複雑な構造とその症状の決定因を提示しただけでなく、治療の早期終結を引き起こす諸状況に光を投げかけることができた。こういったことのすべてを、ブロイアーは彼の最初の患者アンナ・Oに関してなすべきだったのである。[5]

ブロイアーに対するフロイトの不満とそれに伴う不快感は、長く続いた。それは、一九〇四年にフロイトが哲学者で性改革論者クリスチャン・エーレンフェルスに書いた手紙の中に、明瞭に示されている。それ以前にエーレンフェルスは、ブロイアー宛に手紙を送り、偏狭な一夫一婦主義に反対して、より一夫多妻的な性倫理の効用を説く自分の改革運動の支持者になってくれないか、と書いていた。それに対してブロイアーは激しい拒絶の返事を送り、そのことをエーレンフェルスはフロイトに伝えた。フロイトの反応の一部は、次のようであった。

率直に申し上げますと、この手紙は非常に興奮して、むしろ憤慨して書かれています。そうでなかったら、彼はこれほど決定的な拒絶をする決心はつかなかったでしょう。同じような怒りの感情は、私が〝玉座と祭壇〟を危うくするような新説を伝えると、しばしば私に向けられたものでした。その怒りは、私の新説の価値を認めなければならなくなると、いつもと同じような感情と言葉を伴って甦ってきました。あなたは、正しく彼の心の内奥の、彼がもっとも大切にしているもの、すなわち一夫一婦制を攻撃したのです。実際、彼の個人的態度に関わる問題を議論し始めると、必ずブレーキがかかってしまうのです。

彼が自分について語っていることは、無条件に信じることができます。かつて彼は自足した態度で、次のように話してくれました。「私は性衝動が穏やかで十分統制されているので、君が注目しているような誘惑に対して抗う必要のない幸福な連中の一人なんだよ。しかし、だからと言って、それが他の大勢の人たちと違っている事実を否定するつもりはないし、むしろ君の業績にはあらゆる関心を払っているつもりだ。何しろこの葛藤は一般に広く認められているものだからね。それとは別に、婚外関係を求めたくなる欲望は、最近の悪しき風潮から生まれたものだという、若干偏見の混じった考えもあるよ。それに、自分の個人的事情を大多数の人々の典型《パラダイム》にしようとする傾向が隠されていることもあるからね」。彼の言葉の端々には、無関心を装っていても滲み出てくる内心の苦々しい気持ちが見てとれました。それは、日ごろ私が彼について思っていることと一致していました。つまり、彼は他の人々と比べて、一夫多妻的傾向に乏しいわけではないが、性的な行動力に欠けている、そのくせ道徳心は大いに高揚しているので、余計な欲望は強力に抑制してしまって、決してそれを仕事に持ち込むことはないし、あらゆる攻撃に対して自分を守らなければならないのです。この抑制によって、

──彼自身がよく知っているように──彼の意志力と判断力の大部分が失われました（判断の基礎は理解でなく決意にあるのですから）。その結果、科学の進歩が遅れ、彼の人生における成功が大いに損なわれてしまいました。（一九〇四年三月一三日の手紙、Ehrenfels, 2006）

フロイトは、ブロイアーによるアンナ・O症例の治療について、公刊された論文では多少間接的に、そして仲間との会話や文通の中ではもっとあからさまに、何度も言及しているが、それはこの手紙に表現されているような見方を背景にして理解されなければならない。その結果の一つとして、アンナ・Oの治癒という問題は、フロイトが関心を抱いている事柄全体にとっては、さして重要でなくなり、転移の問題に完全に従属することとなる。フロイトにとって、成功した治療の指標は、主要な症状の緩和だけでなく、転移を適切に扱って、これを解決することにあった。これは、治療終結後における患者の扱い方の、技法上の中心点であるだけではない。転移に関してもっとも重大な問題は、それが患者の性本能に基づいていることと患者が性衝動を医師の人物像の上に転置していることにある。したがってそれは、単純に言えば、フロイトが彼の神経症の病因論から引き出した結論の一つであり、『ヒステリー研究』の出版に直接続く数年間に発展した性理論の分枝として、転移の重要性は認められていったのである。フロイトの見解では、ブロイアーは自分の性衝動の意味と直面する能力に欠けていたために、この点を理解できなかったのである。このことは、エーレンフェルス宛の手紙の中に、ありありと記載されている。フロイトは、性理論についてと同様に、転移の問題についてもブロイアーが反対するのを許すことができなかった。それはこの二つが、正しく精神分析の神髄だからである。

このような観点からみれば、ベルタ・パッペンハイムの運命は、治療が始まったころの彼女のもともとの訴えという点から考えるのは、いささか的外れのものであった。もしここで主張されているように、ブロイアーによるアンナ・Oの治療が、ヒステリー症状の解消という伝統的な基準に照らして成功だったと考えるにしても、転移関係に関するかぎり、フロイトがこの症例を成功例と考えていたとは思われない。フロイトは、治療方法については疑わなかったし、それがうまくいったのは認めるとしても、この症例は、少なくともブロイアーの側の部分的失敗を示していた。ブロイアーは、アンナは障害が消えた後も、精神的バランスを回復するまでに、かなりの時間を要したことを率直に認めているが、少なくともその一部は、フロイトが考えていたように、治療終結時点で転移が未解決だったことによるものであった。しかし、ひとたび、われわれが転移の領域に足を踏み入れると、治療の成功の基準は、一八八二年ないし一八八五年に有効だった基準とは、がらりと変わってしまうのである。

『ヒステリー研究』の終わりの部分で、フロイトは、転移が未解消な場合には、もとのヒステリー症状の代わりに新しい症状が現れるだけだ、と述べている (Breuer & Freud, 1895)。この理論は、この病気の一部と考えられるものの範囲をただちに拡張する。もしブロイアーが、治療中の患者の側の情緒的な巻き込みにきちんと直面していたなら、それを人にとって複雑な個人的な因子とみなして、必ずしも神経症の変化した形とは考えなかっただろう。そうすれば、アンナのヒステリー症状が緩和してもう治ったなどと考えたりせずに、医師に対する情緒的に過度な依存という困難が残っていることを、容易に見てとれたはずであった。精神分析は、明確な分離の維持を不可能にする。実際にフロイトは、アンナ・O症例において、結局は境界は一層不明瞭になり、転移の影響は治療後の患者の人生全体に、決して直面されぬまま持ち込まれるようになったとまで言っている。未解決の性的力動は、性格と力動に決定的な影響力を持つのである。一九三二年フロイトはタンズレーに、ブロイアーの逃走後、アンナがまたもとの精神病に戻って、九カ月入院したことを報告した後で、次のように述べている。

その後、彼女の病気は自然の経過をたどりましたが、それは欠陥を残す治癒でした。今や彼女は七〇歳を越しましたが、未婚のままですし、ブロイアーが言ったように、私はそれをよく覚えているのですが、彼女は誰とも性関係をもったことがありません。性的機能全体を断念することによって、彼女は健康でいることができたのです。ブロイアーの治療は、いわば彼女の喪を助けるものでした。興味深いのは、彼女が活動していた期間、主な関心は強制売春に対する闘いにあり、それに没頭していたことです。(Freud, Forrester & Cameron, 1999 に引用)。

このフロイトの言葉が正しいかどうかは別として、その真意は〝治癒〟についての標準的概念を根本的に問い直す点にある。アンナの病は自然の経過をたどり、伝統的な意味では病気は治癒して症状は解消されたのだが、欠陥は存続して、彼女は性を完全に断念しなければならなくなった。なぜなら彼女の心理の中で、この側面はブロイアーがその存在をつねに否定していたために、十分に探索されることも、直面されることもなかったからであった。表面上ここでは〝正常な〟機能は効果的に病態化されて、最盛期の神経症過程と〝性格〟の中の残余痕跡、すなわち性の断念との間には、ずっと後年になっても、なお連続したつながりが認められる。治療の終結時のブロイアーのやり方については、フロイトは批判的であったが、それはアンナ・Oが伝統的な意味で〝病気〟であり続けていたのかどうかとは、無関係である。たとえブロイアーが、最後の面接のあとでアンナはもう何らの困難も残していないし、有能かつ自律的な人間として、ただちに機能していたと主張できたとしても、フロイトは満足せずに、患者は転移と正しく向き合うことも、転移を解消することもなかったではないか、と反論したことだろう。[6]

この問題にこのように接近してみると、シュテファン・ツヴァイクが書いたことにフロイトがなぜ反対したか、出産幻想のエピソードになぜ関わることになったかが、いっそう明瞭かつ正確に理解できるはずである。

催眠状態になって恥ずかしさがなくなると、その少女はブロイアーに次のように語った。父親の病床の傍らで、私は先生にも自分にも認めるのが恥ずかしいような感情に襲われました、と。この感情は、道徳的理由から意識から抑圧されたが、屈折して彼女を苦しめる病的症状となって現れたのであった。なぜなら、催眠下で彼女がこれらの感情をはっきり認めるといつも、ヒステリー性の障害、つまり代理性症状がその間消えたからである。それゆえブロイアーは、催眠療法を計画的に続けた。次第に患者が覚醒状態においても、病気の原因であった抑圧していた感情に気づいてゆくにつれて、病は覚醒状態でも現れてこなくなった。催眠はもはや必要でなくなり、数ヵ月後には彼女は治癒していた。（Zweig, 1933）

ツヴァイクの文章は、アンナ・Oが最初催眠状態で、次いで覚醒状態で、自分の病の性的動機を意識するようになり、この意識化の増大が症状解消のメカニズムであった、という印象を与える。ツヴァイクは、ブロイアーの症例報告を詳細に読み、それに基づいてアンナ・Oの治療について自分の考えを述べたわけではなかったが、[7] フロイトがツヴァイクのエッセイをイタリア語の翻訳で読んで反論したのは、ヒステリーの性的基礎の暴露という特定の問題に関してであった。

事態があなたのご文章で主張するようなものだったとしたら、すべては違った展開をしていたことと思われます。私は性的病因説の発見に驚かされることはなかったでしょうし、ブロイアーがこの性的病因説に反駁するのは一層難しくなっていたことでしょう。もし催眠がこのような率直な告白を受けていたら、私は催眠を放棄することはなかったでしょう。（Freud, 1961 翻訳）

フロイトはこれに続けて、[8] ブロイアーの患者に何が〝現実に〟起こったか、彼の再構成、つまりヒステリー性の出産とブロイアーの逃走の物語をどのようにつなぎ合わせたのかを述べている。フロイトの反論は、ブロイアーの方法の不成功にも、また患者が〝現実に〟治ったか否かの問題にも関係していない。フロイトが反論しているのは、神経症の性的病因説がどの時点で誰に明らかになったか、そして、もとの治療がおこなわれていたときにそれが認められなかったために、どんな結果が生じたか、についてであった。

フロイトが後にアンナ・O症例について言及したすべての文章（現在入手可能な）の中で、共通してもっとも重視していたのは、ブロイアーの治療の後、アンナが〝治癒〟したかどうかではなく、転移がどの程度まで認識され操作されていたか、ということであった。患者が治療の終結後、数週間以内に病院に入院させられたという実証可能な事実はあるが、だからと言ってブロイアーの採用した治療法が、症例に害を及ぼしたことにはならないだろう。私たちは彼がこの事実を述べる際に、正確さの度合いがさまざまに変化することに気づいている。フロイトはどの回顧録においても、転移性危機に注目すべきだと述べているが、患者が再入院した事実は、転移性危機という中心的問題に比べれば、本質的に二次的なものに過ぎない。もし私たちがフロイトのこれらの陳述をブロイアーの治療の根本的失敗の独自の証拠として用いたいと思うなら、私たちはその代償として、転移に直面してこれを操作できなかったことが治療の失敗の理由であり、治療の性格を定義づけてもいるというフロイトの推論を受け入れなければならない。しかし、これは現存する症状の解消という伝統的な考えを棄て、終末期の転移性危機――おそらくそれは長期にわたる性格の偏りを伴うが――を重視して、治療の失敗を検討し直すことを意味している。それは治療の余波についての一八八〇年代の考え方とは調和していないのだが、精神分析的志向性を持つ多くの批評家が、進んで支払うべき代価なのである。そうでない者たちは、次のことを認めなければならない。すなわち、もし治療の結果を転移の解消と結びつけるフロイトの不可侵の考え方を認めないのなら、フロイトの、この治療のほとんど一側面にだけ焦点をあてて過去に溯った観察は、患者の直接のヒステリー症状は消えたかどうか、したがってブロイアーの新しい治療法は有効だったかどうかという問題とは、ほとんど関係がないことになるのである。フロイトの過去に溯った観察は、この問題に信頼できる証拠をもたらすものではない。したがって、それらはブロイアーによるアンナ・Oの治療が、当時の標準に照らして失敗だったとする主張を支持する根拠とはなりえないのである。

第 2 部

伝説の生成

みすぼらしい一頭の駱駝でも何頭ものロバの荷を運ぶことができる。

——ゲーテ『箴言と省察』（遺稿）

Ein schäbiges Kamel trägt immer noch die Lasten vieler Esel.

J. W. von Goethe, *Maximen und Reflexionen*. (Posth.)

第七章　伝説の誕生
――アーネスト・ジョーンズ

どこへ進んでいるのかわからないときは、先には進めない。[1]
――ゲーテ『箴言と省察』（遺稿）

アンナ・O症例に関して、手に入るかぎりの証拠を厳密に検討し、それをもとに議論してきた今、私たちは奇妙なところにいる。

ブロイアーがアンナ・Oを治療していた当時の資料をみると、ブロイアーには、彼女が苦しんでいた潜在性の病は、多少とも自然に経過したように見え、そこから生じていたヒステリー症状の方は、彼がこの患者の治療の中で開発した新しい方式にたやすく反応すると思われていた。たしかにベルタ自身が治療の終了日としていた一八八二年六月七日までには、その疾患自体も付随するヒステリー症状も、かなりおさまっていた。親族を訪ねる短い旅行をした後、彼女はベルビュー・サナトリウムに入院したが、それは病後の療養と、激しい顔面神経痛のために進行したモルヒネ依存から離脱するためであった。サナトリウム滞在が終わるころには、毎夜短時間、母国語を使う能力を失う症状は残っていたものの、ヒステリーの諸症状は寛解していたようにみえた。ただ、それでも彼女は、まだモルヒネを必要としていた。残遺症状はその後数カ月で減退したが、時折欠神に悩むことはあった。ブロイアーの見解では、欠神はヒステリー症状それ自体とは言えず、ヒステリーの根にある土台に基づいていた。その後さらに数カ月、顔面神経痛はなおもベルタを悩ませていたが、ブロイアーがかつて介入と治療――これは後に特に新しい独特の方法として注目されるようになる――の対象とした、以前のヒステリー症状の徴候はなくなっていた。

一八九五年、症例研究が出版された際に、ブロイアーは自らの達成した技法について、きわめて限定的な主張を述べた。彼は、ヒステリーの根本的治療法ではなく、疾患の急性期が去った後の、執拗な残遺症状の除去の手段を発見したと言ったのである。しかしこのときまでにフロイトは、すべての神経症は性愛衝動への防衛的反応として生じるとする、新しいヒステリー理論を発展させており、そこからアンナ・O症例は、ブロイアーが当時も取り組んでいた方法とは幾分違ったやり方で理解されるべきだ、と考えるようになっていた。ブロイアーは、アンナ・Oは性愛的なものとは明らかに無関係で、彼女は父を看病していたときに始まった慢性的な類催眠状態に陥ると、容易にヒステリー症状を発展させた、と考え、フロイトの神経症における性愛理論の普遍性を拒否したが、それはフロイトにとって、ブロイアーが疾患の諸側面を医師像へ転移するという重要な点を理解できなかったことを意味した。このこと、すなわちアンナ・O症例という特定の文脈の中で防衛と性愛をめぐって起こった二人の間の不一致が、やがて重要な問題になっていく。

フロイトと弟子たちの間では、フロイト自身がドラの症例研究から、時期尚早に終わった治療には学べる教訓がある、と特に言っていたために、未解決と思われる転移の持つ危険性が、この症例の中心課題となっていた。ブロイアーとの協働が破綻した後、フロイトは一人でこの見解を発展させたが、症例の中で起こっていたことを再構成した彼の仕事は、証拠の断片と、起こっていたと推測される事象を集めて組み合わせたものであった。最終的に彼は、ブロイアーの治療はベルタの側に十分に発達した感情転移性の危機を生じさせ、ヒステリー性の出産という形をとるまでに至らせたと考えたが、その当時に出産という出来事が実際に起こっていたという証拠は何一つない。精神分析の仲間内による症例評価では、ベルタのベルビュー・サナトリウム時代や、あるいはその後のインツェルスドルフのサナトリウム入院期間が重要な要素だとは、決して思われていないのである。フロイトはアンナ・O症例は転移に関しては、失敗と考えていたものの、この症例は成功した治療的冒険であり、精神分析の最初の足がかりとなった症例であるという、彼の見解に対して、それが影響を及ぼした証拠はない。

それではなぜこれが、私たちを奇妙な気分にするのだろうか。答は単純である。それは、本書が最初に詳細に考察した論拠の要約の中に、新しい証拠がほとんど入っていないにもかかわらず、過去五〇年以上にわたって構成されてきた、アンナ・Oの治療と回復についての通例の説明は、ここでおこなっている歴史の解釈とは、明らかに異なっているからである。これまで議論してきたほとんどすべての素材は公表されている。中には長く公の目にふれていないものもあるが、この症例の見方に抜本的な影響を与える新しい素材は何もない。一個のそして決して小片ではない証拠が、どうしてかくも多様な解釈を受けることになりうるのだろうか。そんなにも多くの人々が、それを誤解するなど実際にありうるのだろうか。たしかに、懐疑派なら、現代の学識が発見した中には幾分の真実があるはずだ、と主張するだろう。さらに多くの証拠が出てきている以上、今の私たちが五〇年前より知識が少ないと言い張るのは、非常におかしなことだからである。だが、それこそがまさにここでの議論の意味である。アンナ・O症例の現代版物語の創造の鍵要因を吟味すれば、いかに個々の積み重ねが合体し、以前の何も加えられていない素材を歪曲していったかを見ることができるだろう。

今日語られるアンナ・Oの物語は、しばしばフロイトに不利に働いており、そして最近では、この症例は精神分析運動に強く反対する人々の攻撃を受ける最前線にある。したがって、アンナ・Oの現代版おとぎ話を、そうした結末になると知らずに語り始めた人が、フロイトのもっとも忠実な弟子の一人、アーネスト・ジョーンズであったのは、実に皮肉なことであった。

この現代神話の発端は、ジョーンズによる半非公式のフロイトの伝記の第一巻、一九五三年初版にある。そこに提示されたアンナ・O症例は一見、簡明直截に見える。それは八個のパラグラフから成り、すでに概略が伝えられていたものをより詳細に書いている。ここでは第一、第二の、短い二つのパラグラフで症例提示があり、第三パラグラフに入ると、症例について彼自身がフロイトから聞いたことが書いてあり、彼はそれはフロイトが著作では公表していないことだと主張する。その中には、ブロイアーの患者への逆転移反応、治療の中断、二度目のハネムーンに出発する前夜に患者のもとに戻り、ヒステリー性出産を目撃して、鎮静に努めたこと、などが記載されている。第四のパラグラフはこの〝確認〟で、一八八三年のフロイトと婚約者の間で交わされた書簡から、ブロイアーと妻と患者の間に起こったもめごとについての二人（フロイトと婚約者）の感想を伝えている。第五パラグラフでは、治療終了の年、ウィーンでのその後の施設への入院と苦痛があり、第六では彼女の伝記的素材とその後の経歴が書かれている。第七では、フロイトとブロイアーが共に遭遇した明らかに幻想性の妊娠、そしてブロイアーがそれに対応できなかった後の経緯が記載され、最後のパラグラフでは、フロイトがパリ滞在中に、シャルコーにこの事例を紹介したものの、シャルコーは興味を示さなかったことが語られている。これがジョーンズの一九五三年版であるが、彼がもともと考えた原文とは異なっていた。ロンドンの精神分析研究所に残っている初期の手書きの草稿では、アンナ・O事例の説明は出版されたものと比較すると著しく短いだけでなく、いくつかの重要な点で異なっており、それは彼の何点かの資料とその信頼性について、種々の憶測を許すもととなっている。

最初に書かれた手書きの草稿では、始めの解説的な二つのパラグラフは、刊行版と非常によく一致しており、その後にはパラグラフが二つあるだけである。その一つはフロイトが症例についてジョーンズに語ったことの記載で、それは刊行版の該当箇所とはかなり異なっている。最後のパラグラフは、症例についてのシャルコーの関心の欠如を扱い、これは、刊行版の最終パラグラフの説明とおおむね同じである。したがって要約すれば、刊行版は早期の草稿と比べると、第二と最後の第八パラグラフの間に書き直された第三パラグラフとまったく新しい四つのパラグラフが書き込まれていると言える。第三のパラグラフは、ジョーンズがフロイトから聞いたと思われる事柄だが、初期の草稿には、ブロイアーの側の逆転移についてまったくふれられていない。さらに治療を中断したことも、ヒステリー性の出産や、出発の前に患者を鎮静させたことにも言及されていない。むしろ、まったく異なる記載が初期の原稿にはある。

Fはこの新しい治療の終末の特異な状況について、著作で記述したより詳細な説明をしてくれた。患者がフランクフルトから戻った後、すべての症状が消失したということはまったく真実である、そして生涯幸せに暮らした――そう願いたいものだ――。しかし自分の成功にこの上なく満足していたBは、下手な［原文のまま］別れ方をしたその夜呼び戻され、そこで彼女がかつてないほどひどく昂奮した状態にあるのを見た。患者は、彼の言葉によれば、治療の間は無性的であり、禁じられている話題を仄めかすことさえなかったが、その夜の彼女は彼への熱情的な愛を口にし、間違いなく色情的な接近をした、という。真正のビクトリア朝人間として、彼は大きな衝撃を受け、患者の家を飛び出した。翌日、彼は妻とともにヴェニスへの二度目のハネムーンに出発し、そしてやがて娘が生まれることになった。

このフロイトがジョーンズに語ったことに関連して、大きな問題が出てくる。なぜならこの話は、刊行版とは異なるどころか、それとまったく一致し難いからである。ベルタが熱情的な愛を表明し、色情的に接近したのか、それともヒステリー性の出産を見せたのだろうか。その両方だったのか、ジョーンズがそれらを、事実上同じ一連の出来事と見たのか、想像するのは難しい。しかもここには、刊行版の説明にはない「患者のすべての症状が消失した」という記載さえある。

二つの記述の重要な矛盾の意味をどう解釈すればよいだろうか。後に加えられた四つのパラグラフを通して見てみよう。それらは、ジョーンズが最初の草稿を書いたときにはまだ手にしていなかった資料に、その後何らかの形で接近したこと、そしてそこから、新しい情報に照らして、修正の必要を考えたことを示唆している。

最初の新しい資料とはまず明らかで、それはフロイトと婚約者の間の手紙である。ジョーンズの最初の手書き草稿では、これらの書簡については何も触れられていないだけでなく、往復書簡からのみ収集可能な情報には言及がない。そして刊行版の最後のパラグラフで、彼は細部を修正し、書簡から得た内容と一致させている。手書きの草稿では「フロイトはこの症例を聞き、非常に興味をひかれたが、それは一八八二年六月の治療終了後まもなくか、もしくはもっと早いころだったかもしれない」となっているこの最後のフレーズは、後に彼が婚約者の手紙から確認した日付を入れ、「正確に言えば、一一月一八日」と変わった。[2]

ジョーンズがこれらの手紙を読むことができたのは、フロイトの伝記の最初の巻を書き進め、それが相当進んだころになってからであろう。フロイトの未亡人が亡くなったのが一九五一年一一月で、そして翌三月にジョーンズはアンナ・フロイトから、私と姉のマチルデはジョーンズに書簡を渡すことに反対だが、エルンストは好意的であり、マルティンは迷っている、という手紙を受け取った。しかしその月の末には、マチルデは気を変え、アンナも同意した。[3] 手紙を入手できれば、章を書き足すことも可能になる。しかしまた一方で、彼は多少とも事実には基づかずに完成させていた数章の書き直しに、取りかからざるをえなくもなった。

アンナ・Oに関する四つの新しいパラグラフのうち二つは、ジョーンズが脚注でふれているので、これらの書簡から引き出したことは明らかである。はじめにマルタが、私もブロイアーの妻と同じ状況に陥るのではないか、と心配する表現と、そうした彼女の恐れを和らげようとするフロイトの試みが書かれている。これは、ジョーンズが第一パラグラフで「ブロイアーによるベルタ・パッペンハイムの治療の終末には、何かしら不都合なものがあった」と書いたのを〝確認する〟ために、手紙を用いた箇所である。この第一パラグラフには後でもう一度戻るとして、新しい第二パラグラフには、ベルタ・パッペンハイムがウィーンに戻ったこと、インツェルスドルフに入院したこと、病気の症状が続いていること、など不運な成り行きが記述されている。この情報はもっぱら一八八三年八月から一八八七年五月までの二人の手紙から引き出されており、したがってそれらの手紙が、彼に以前は気づかなかった知識を与えてくれたのはまず確実、と考えられる。

この新しい情報を基に、ジョーンズは「可哀そうに患者は、ブロイアーが公表した説明にあるようには、元気にやっていってはいなかった」と結論する。したがって手紙は疑いもなく、彼の最初の草稿の第三パラグラフにあった「患者のすべての症状は治療終了時には消失していた」という記述を省略させたのである。これは重要である。なぜなら、患者は、ブロイアーの公表した説明にあるようには元気にやっていっていなかった、というジョーンズの新しい記述の唯一の資料が、婚約者たちの手紙であったことを示しているからである。ちなみにそれらの手紙には、ベルタは治療が終わった後、クロイツリンゲンにいたという記載がない。そのため、彼がこのことを知らなかったことにも注意しておかなければならない。もし彼が知らなかったのでなく意図的にそれを省略したのであれば、手書きの草稿の中にあった、患者のすべての症状が消失した、という主張は、治療の終わりの実際状況がどのようであろうと、何ら特別の証拠価値を持たないばかりではなく、それはフロイトから直接個人的に聞いたのだ、という主張もそのまま受け取ることもできなくなるが、むしろジョーンズは、単にアンナ・O症例それ自体をありきたりの読み方をして、そこからこの結論を引き出しただけのようにも思われる。

ともあれ、症状が消失したという点は、たしかにフロイトが弟子たちと――おそらくその中にジョーンズもいたろうが――、さまざまな形で非公式に語ったアンナ・O症例の全体像としっくりする。もしフロイトがブロイアーの治療を、病気が遷延しているという理由で批判していたとすれば、ジョーンズはなぜ最初の草稿にこれを入れなかったのだろう。実際、彼が従来考えられていたような意味での治癒に疑いを持ち始めたのは、フロイトと家族間の手紙を読んでからであった。以前の結論では、「ブロイアーには転移を扱う能力がなく、そのため治療を満足したかたちで終えられなかったが、それをフロイトが個人的にどのように言っていたにせよ、その治療行為が治療法として何の成功ももたらさなかったとは考え難い」となっていた。

この症例における治療法の効果に疑問を投げかけた最初の人物は、ユングと思われている。しかし、彼は純粋に、フロイトの言う治療終了期における転移性危機についての話から疑問視したのであって、ベルタのその後について何かを知っていたからではない。ジョーンズは、その手紙を独自の証拠と考えて、ブロイアーの（そして暗黙のうちにフロイトの）治療法が成功したという主張に挑戦した、最初の人であった。彼が婚約者間の手紙の細部を、文脈を考慮せずに読み、実際には証拠が非ヒステリー性の神経痛とそれに伴う麻薬依存を示しているのに、治療で除去できなかったヒステリー症状について述べているのだ、と誤って単純に考えたのは、不運としか言いようがない。しかし当時ジョーンズは、彼の後に続く数多の研究者とは異なり、アンナのベルビュー・サナトリウム入院の終わりごろに書かれた、ブロイアーの症例報告原本を見る恩恵には預かれていなかったし、その後の往復文書も見ることはなかったのである。

この症例に関するジョーンズ版の際立った特徴のいくつかは、彼がすでに知っていたことではなく、こうした新しい資料から引き出されていることを知り始めると、私たちははからずも、彼がフロイトから直接に聞いたのではなく、婚約者たちの往復書簡から引き出した〝より完全な説明〟の持つ、もう一つの特徴に気づく。それはブロイアーの逆転移についての一連の指摘である。この本の刊行版の中では、彼はこのパラグラフを以下のように始める。

フロイトはこの新しい治療の終期にあった特異な状況について、書いた以上の詳しい説明を私にしてくれた。ブロイアーは今日私たちが強い逆転移と呼ぶべきものを、彼の興味深い患者に対して発展させていたのである。ともあれ、彼はあまりに熱中しすぎており、妻はその話ばかりなのに飽き、まもなく嫉妬するようになった。妻はそれをはっきりとは言わなかったが、不幸せそうで不機嫌になっていった。ようやくブロイアーは、心ここにないながらも、彼女の心理状態の意味を悟った。それはおそらく彼の中に、愛と罪悪感の混じった激しい反応をひき起こし、アンナ・Oの治療を終える決心をさせることになった。アンナはそのころにはずっとよくなっていた。彼はアンナに終了を告げ、別れの言葉を述べた。

次のパラグラフは、以前の草稿への最初の加筆である。その中でジョーンズは、フロイトが婚約者に宛てた一八八三年一〇月三一日付の手紙を援用しているが、それを直接引用はしていない。彼が書いたものと手紙の以下の文を比較してほしい。手紙は出版されている。

彼が一人の女性だけに夢中になり、多大の興味をもってその女性のことを話し続けるのに、可哀そうに夫人は耐えられませんでした。そして夫が他人にこころを奪われていることに、嫉妬するしかなかったのです。それは醜い、責め立てるやり方ではなく、静かで遠慮がちなやり方でした。彼女は病気になり、気力を失い、それが彼に重くのしかかるようになり、やがて彼はその理由を悟ったのです。それは無論、彼にB．P．の主治医としての活動から完全に手を引くことを命じるものでした。（Borch-Jacobsen, 1996 より引用[4]）

これらの二つの文章を見ると、たしかに第一の文章は第二の文章を書き換えたものであり、ジョーンズは、フロイトが折々語ったことの細部の肉づけにこの手紙を使ったのだろう、と考えてもさほどの違和感はない。精神分析の歴史上、転移は当時すでに精神分析を構築する一部として確立されていた。したがって、フロイトが、ブロイアーはベルタ・パッペンハイムの転移の表明を扱いかねたのだ、と考えており、それをジョーンズが知っていたのは確かだろう。そこでジョーンズは、最初の草稿の中で「ベルタの愛情告白に直面したブロイアーの〝ビクトリア朝的人間らしい〟逃走」という形で、治療の終了を記述したのである。もっともありそうに思えるのは、ジョーンズが、婚約者間の手紙を見て、ブロイアーの家庭には患者のことでもめごとがあるという仄めかしに出会ったとき、これは、フロイトが一〇年前に精神分析サークルを結成して以来、その中で渦巻いていた治療終期をめぐる劇的なエピソードを直接指しているという結論に、一足飛びに飛んだことである。手紙はジョーンズがすでに要点的に考えていたことを確証していたゆえに、彼はブロイアーの逆転移の話を、その結婚生活への影響と治療終結の決断を含めて新しい版に挿入し、そして彼の説明の修正を促した婚約者たちの手紙をまず引用して、自説を〝確認した〟のである。こうした経過から彼には、ブロイアーは〝自身の成功に非常に満足して〟患者に別れを告げた、という主張を削除する必要があった。その一文は、ブロイアーが妻を宥める必要があって、時期尚早に治療を打ち切ったのではないことを意味しており、治療はブロイアーが言うほどうまく成功していなかったのだ、という後の主張とも矛盾するからである。

もしこのようにしてジョーンズが話を作っていったのだとすれば、彼の著書の持つ証拠としての価値には、重要な点が二つある。第一に、彼の本に見られる明らかな堂々巡りが意味するのは、ジョーンズの書くブロイアーの逆転移物語は、婚約者間の手紙に出ていることはこの特殊な治療の終わり方を指している、と彼自身が言うだけで、他には何の妥当性もないことである。事実は、治療の劇的な終了はフロイトがその後何年も経ってから遡及的に構成したもので、一八八三年に婚約者と話し合った問題との直接の関連はない。この点については後に論じる。第二に、事件についての彼特有の解釈は、パラグラフの冒頭にあるにもかかわらず、彼がフロイトから直接聞いて書いた治療終結についてのより詳しい説明の中には書かれていない。実際、ブロイアーの逆転移の経過と結果についてのジョーンズ報告には、婚約者間の書簡以外に何の証拠もないのである。したがって、もし書簡がこの結論を事実上支持しないとすれば、ジョーンズの説明は完全に破棄されねばならないことになる。

ではここでのジョーンズの構成は、どの程度信頼できるだろうか。その正確さは問わねばならない。その一つは、ブロイアーは治療を終了することにし、そう患者に告げた、そしてそれが終結における彼女のヒステリー危機を促進したという断定である。ジョーンズは「彼はこれをそのときにはずっとよくなっていたアンナ・Oに話し、別れを告げた」(Jones, 1953) と書く。だがこれは、インツェルスドルフへ移った一年後の六月七日までに治療を終わらせようと、アンナ・O自身が決めていた、という刊行版のブロイアーの主張とまったく矛盾する (Breuer & Freud, 1895)。となればそのどちらかが偽りでなければならない。ジョーンズがこの点で婚約者間の手紙に完全に依拠していたとすれば、フロイトが、ブロイアーはベルタ・パッペンハイムの主治医としての活動から完全に身を引く必要を感じていたと、はっきりと述べていたことになる。ここで私たちは治療を終えようと決めたのはまさに患者自身だったという、ブロイアーの説明との相反に直面しなければならない。

そうなのだろうか。一八八三年一〇月にフロイトがマルタに書いていることがだいたい真実で、ブロイアーはベルタの治療から完全に身を引く事情があったと仮定してみよう。これをそれより後でなく一八八二年六月の始めに結びつけねばならないどんな証拠があるだろうか。マルタに宛てた手紙には、これについては一切記載されていない。ベルタ・パッペンハイムがまだクロイツリンゲンのベルビュー・サナトリウムに入院していた、一年前に戻ってみるとどうか。ベルタの母であるレーハ・パッペンハイムは、一八八二年一〇月七日にベルビューのロベルト・ビンスワンガーに宛てて、ベルタの今後について手紙を送っている。彼女はベルタのモルヒネからの離脱はうまくいっていない、そのために「私たちの計画が妨げられ、期待は窮境にある」という報告をビンスワンガーから受けていた (Hirschmüller, 1989)。しかしベルタの母も、娘がベルビューにこれ以上留まる気がないこと、転居は避けられないことを知っていた。彼女は以下のように続ける。「あなたと同じく、私もB(ベルタ)がこれまでに快方に向かってきたのに、また悪くならないように、別の医者の管理に移すべきだと考えています。ただ、現状からすると、旅行などの計画はすべて放棄しなければなりませんし、少なくとも二、三カ月の間、受け入れてくれる場所も探してみなければなりません」(ibid.)。手紙の後の方では、ベルタがすぐにウィーンに戻る可能性について考慮しているが、そこで彼女はただ「ブロイアー先生は治療を引き継げません」と書いている。

こうした文章はきわめて示唆に富む。これらはまずベルタのサナトリウム入院期間が、当初の予測より長かったことと、ただモルヒネ依存のために入院していたことを示している。第二に、当初は医療的治療の継続が必要とみなされてはいなかったのも明白である。第三に、こうしたことからベルタとブロイアーが六月に別れたときには、ブロイアーにはこの患者の治療をその後も継続して担う責任がある、と考える理由がなかっただろうと推測される。ベルタが一向に回復しないために、この問題が一八八二年一〇月になって再び起こったのである。したがって、治療の終了についての二つの物語は、どちらも完全に真実である。すなわち、ベルタ自身がブロイアーの直接の治療を六月七日までに終えると決めていた。そしてその数カ月後になってレーハ・パッペンハイムは、モルヒネ離脱の失敗から、ベルタの治療を継続する可能性を探ることになったが、この時ブロイアーはこれ以上ベルタに関わり合いたくないと言わざるを得ない状況にあった。このことが一年後に、フロイトがマルタに手紙を書く原因になったというのも、たしかにありそうなことである。ともあれ、これは当時の証拠と矛盾するシナリオではない。そしてこれはベルタ自身が六月七日までに治療を終わらせると決めたという、ブロイアーの言明との矛盾、誰の目にも明らかな矛盾を解決する利点を備えている。ブロイアーの率直な言明は、そこまで言う必要もなかったものであるが、そう明言してもし違っていれば、ベルタを知っている人々から直接反駁される危険に身をさらすことであった。しかし実際はそうならなかった。要するに、一八八三年の秋にフロイトとマルタの間に交わされた話の内容は、一年以上前の治療の終わりごろのことで、ベルタがブロイアーの治療を終えたのちの、数カ月の間のことについてだったのだが、ジョーンズはそれをフロイトが数年後に再構成した結末と混同したのである。

一方、ここでのジョーンズの構成からは、治療終了時のブロイアー、患者、妻の間の力動の正確な性質について、さらに考察を進める必要が生じる。ジョーンズは、刊行されていない草稿でも刊行版でも、そのエピソードは精神分析用語でいう転移と逆転移の問題とされるであろうと、論じる。しかし、それぞれの説明はやや異なった形で表れている。刊行されていない草稿には、ブロイアーが治療中、患者へ向けた態度の情緒的側面について何も触れられていない。最終的に転移に圧倒されたのはベルタであり、ブロイアーの不満足な反応——この症例では、逆転移というよりむしろ〝ビクトリア朝的人間の〟性格に起因するとされている——はそれに関連してのみ生じている。一方、刊行版でまず述べられているのは、妻を犠牲にして患者に没頭した、ブロイアーの逆転移であり、その後にベルタの転移性の擬似妊娠の説明があり、そして事件に関して二つの版で唯一の共通項であるブロイアーの逃走が続く。フロイトから少しずつ滴り出た物語は、その正確な形がどんなものであったにしても、どちらの版にも含まれていた。しかしジョーンズは、婚約者たちの往復書簡の中に、間違いなく転移と逆転移の証拠を見ていたのだろうか。

刊行版の次のパラグラフの冒頭では、彼はフロイトの一八八三年一〇月三一日の手紙を自説に援用している。「この説明を確証してくれるのは、当時フロイトがマルタに宛てた手紙であり、そこには実質上同じ話が書かれている」。これは、無論、現実にあった事実からみて真実ではない。この手紙の中には、ヒステリー性の出産や、それからのブロイアーの逃走、二度目の新婚旅行については何も書かれていない。ジョーンズの言葉に依らずとも、ブロイアーと妻の問題の詳細を、最初に彼に提供したのは手紙である可能性は、すでに述べたとおりであるが、ジョーンズは、フロイトとマルタの間の交信を一部意訳して書いた。「彼女は即座にブロイアーの妻と自分を同一視し、そして同じことが自分の身に決して起こらないように願った。それに対してフロイトは、他の女性が彼女の夫と恋に落ちると想像する無意味さを諭し、「ブロイアーのような性格だから起こったのだよ」と言った」。ジョーンズはこの箇所で、医師と恋に落ちる患者の情緒的反応を強調しているが、しかしこれはマルタがベルタについて書いたことの全体を把握していない。マルタが実際に書いたのは以下の通りである。

可哀そうに当時のベルタと親しくつきあってくれる男性は主治医以外には、誰一人いませんでした。ああ、健康なら、彼女にはいくらでも男性を夢中にさせる力があったでしょうに、なんて不幸なことでしょう。最愛のあなたはたしかに私を笑いますが、でもこの話は昨夜私をほとんど眠らせませんでした。私は私自身をただ沈黙しているマチルデ夫人の立場に置き、そして昨日あなたが書いて来られた彼女の立場、その状況にいる自分をうつらうつらしながら、夢にみていました。そしてそれがあなたへの熱い思慕の気持ちを湧き立たせました……。[5]

この文章には二つの考えが出ているが、ジョーンズが言及しているのは、その後の方である。最初のものは、ベルタが病気だったため求婚者になりそうな男性たちが積極的関心を持てなかったこと、彼女に近づけたのは、不運にも医者たちだけだったことである。これはフロイト宛のマルタの返信の中に書かれている。フロイトの手紙には、インツェルスドルフのベルタを知っているフロイトの僚友の一人が、彼女にすっかり魅了されて、フロイトが精神科医として、これは重いヒステリー性疾患に惹かれた結果なのだと指摘しなかったら、この友人は自分が彼女に恋していると思いこんでしまっただろう、とある（Borch-Jacobsen, 1996 より引用の手紙）。マルタの返事は、彼がベルタの病気を考え、それ以上の関心を思いとどまったのだとしても、もし彼女が健康であれば、その魅力に抗えなかっただろう、というものだった。そしてベルタは男性たちを夢中にさせる魅力をたしかに持っているという表現は、彼女の方からの関与があるのを暗示している。しかしまた、一方で、病気のために彼女が男性の関心を引く上で望めるのは、ただ医師たちに正当かつ適切に見守られることでしかなかったとも言っている。

ジョーンズが直接に参照するのはこの後に続く文章である。ここでは、マルタは焦点を変えて、ネグレクトされたブロイアーの妻に同情し、夫を他人の要求に独占された立場に身を置いて書いている。しかしマルタは、ブロイアーと患者のどちらにも無作法な行為があったとは考えていない。フロイトもその理由を説明していないのは明白である。フロイトはそれ以前の手紙で、マルタに自分が教えたことは口外しないように求め、「それは決して不名誉なことではなく、むしろ自分と愛する人だけの内緒ごとなのです」と言う。マルタが理解したことへのフロイトの返信は、おどけている。

私があなたのことを笑うだろう、というのはその通りです。私は心底嬉しくなって笑います。あなたの恋人、夫に対するあなたの権利を争おうとする人がいると思うなんて、本当に骨折り損ではないですか？　とんでもない、その人は完全にあなたのものですし、あなたの唯一の慰めは、彼自身がそうある以外は望まないということでなければなりません。マチルデ夫人の運命を苦しむには、ブロイアーの妻にならなくてはなりません。でも、あなたが私を愛してくれるとき私はそれをこの上なく喜んでいます。私はあなたの好意の他何もいりません。（Forrester, 1990 より一部抜粋[6]）

このようにフロイトは、ベルタがブロイアーに求めたようなことを、彼に実際に求めようとする人はいないと否定し、マルタを熱愛しているのだから、なにがあろうと、そうした関心に惹かれることはない、と請け合っている。ブロイアーのような人の妻であることについて書いたすぐ後の文には、それだけを見れば、ブロイアーは女性が彼の関心を独占したくなるほど魅力的であるのか（フロイトは彼自身の症例の中で、これをそれとなく否定している）、また彼はフロイトと異なって、そういう関心に反応するような人であったか、その点にじらすようなあいまいさがある。ジョーンズは、別の女性がフロイトと恋におちる可能性にふれる際に、このあいまいさを男性よりむしろ女性の情緒的欲求の方に置いて解決している。しかし最後のセンテンスを見ると、フロイト自身は、マルタに愛されている以上、そうした誘惑に対して何も感じないが、ブロイアーは自分と対照的に、誘惑に負けやすい性格だからと述べて、この問題をおさめているようにみえる。

転移の概念は柔軟である。もし柔軟に用いれば、関係する状況のあらゆる情緒的側面を十分に含むことになる。だがそれでも、ジョーンズが引用したフロイトの手紙の文章の全体を細部にわたって検証してみても、そこにアンナ・O症例に非常に顕著とされる転移の徴候が随所に表れているとは概して言い難い。さらにそれが、後にフロイトが治療終結の状況について構成する際の基になった、というのはありそうもない。ジョーンズは、彼が知っているアンナ・O症例と転移とがつながる証拠を探すために、この往復書簡にアプローチしたと思われる。しかしそうした思い入れを入れずに読めば、フロイトと婚約者間の書簡は、主治医の時間と関心を求める患者の度を越した要求に直面した妻の、ないがしろにされた感情を見過ごしたブロイアーの失敗を指しているだけで、ベルタ・パッペンハイムの側のブロイアーとの情緒的結びつきについては、直接には何も言及していない。

要するに、フロイトがアンナ・O症例について書いたもの、特に一九一四年から一九二五年のものは、転移と逆転移の問題に力点が置かれており、彼が正確に事件をどう考えたか、その詳細は明らかにしていないのである。ジョーンズ自身の二つの版を含め、その他の人々の証言にみられるさまざまな説明から判断すれば、フロイト自身にどの程度の責任があるのか、それはまったく疑問のまま残る。だいたい、彼の生存中でさえ、いつ、何が起こったのか、その正確なところは明瞭になっていなかった。しかしジョーンズは、治療の劇的な終了について聞き知ったものに照らし、手紙の中の転移と逆転移の新しい資料に見えるものを過度に解釈し、そして共通して出ていることを同一の事件と決めてかかっている。もしもこのように、二つのおそらくまったく別の時期についての二つの素材を、一つの神話的事件に作り上げることが一つの推論的な試みであるとすれば、ジョーンズが治療の最終的危機について推測したものは、おそらくまったく不合理だとも言えないだろう。しかし今、ベルタの母と医師の間の書簡から、ブロイアーが治療から退いたのは、治療終了の数カ月後であるのがわかった以上、そしてあらゆる資料と一致する別の解釈が可能な以上、空想の飛躍にこれ以上関わる必要はない。

もしジョーンズが十分な検討をしないで、アンナ・Oの治療の終了を、婚約者間の手紙にあった話題と混同しているなら、彼の本の読者には、こうした問題とベルタのその後の運命の繋がりが、まったくあいまいになる。ジョーンズはフロイトの家族の書簡からのみ引き出した、新しい二つのパラグラフで、まずブロイアーの家庭問題に関する婚約者間の感想を述べ、次の第五パラグラフで、ベルタのその後の施設収容と苦痛の継続を詳述している。だがジョーンズは治療の終わり方の話と、ベルタのその後の経過との関連をはっきりさせてはいない。この点は注目しなければならない。この二つは別個の話なのである。ジョーンズは、ブロイアーの治療後数年間のベルタの病気の性質を明瞭にしていないので、この二つを結びつけるとしたら、十分な知識をもたない読者の方がその責を負わされることになる。無論彼はクロイツリンゲンの報告を見ておらず、またこの症例に関するその後の文通を見ていない以上、それができる立場にはなかった。もし彼がそれらを見ていれば、ベルタのその後の病状が、ヒステリー症状と関わりがあるという根拠は、きわめて薄弱なことが明らかになったかもしれない。ジョーンズの本文は、結局、まったく別種のさまざまな証拠による別個のエピソードを繋ぎ合わせ、一つの失敗と混乱の一連の話に仕上げたもののように思われる。そこに並べられている要素とは、ブロイアーの逆転移、彼による治療の中断、アンナ・Oの再発とブロイアーの逃走、逆転移の確認、アンナ・Oのその後の苦痛の五点である。最初の二つは家庭内のもめごととその結果であり、そしてそれはおそらく、一八八二年六月の治療終了とはまったく関係はない。三つ目は数年後フロイトから聞いた遡及的な構成であり、四番目は、ただ最初の要因を元の形で述べたものであり、そして五番目は、当初のブロイアーの治療の主題とは実質的に異なる一連の症状への言及である。

ではヒステリー性の出産についてはどうか。私たちはこれがジョーンズの著作の公刊版にしか記載がなく、より以前の草稿の方では異なる話になっている、という事実をどう説明するべきだろうか。これもジョーンズが、草稿を書いた時点では知らなかった新しい資料から、何かを知ったということなのだろうか。

ジョーンズ自身の説明から離れ、そして症例の内的証拠に基づいて、アンナが妊娠空想を持ったと結論づけたアイティンゴンの一九〇九年の論文も脇に置くと、アンナ・Oがブロイアーによって妊娠したと考えた空想に言及している人は四人いる。それはマリー・ボナパルト、ランク、ブリル、そして無論フロイト自身である。これらのうち二人（ランクとツヴァイクへのフロイトの手紙）だけが実際のヒステリー性出産に触れている。こうした文書の正確さはさておき、これは形が異なるにせよ、フロイト自身が弟子たちの少なくとも数人に話した、一つの話であるのは疑いもない。なぜジョーンズはこれを最初の草稿に入れなかったのだろうか。彼の本の手書きの草稿中には、一枚の綴じられていない紙があり、それには以下の文と、それをテキストのどこに入れるか示す始めと終わりの表示がある。

……全体に、彼女はヒステリー性の陣痛、ブロイアーの治療に対する反応として目に見えない形で発展してきた、空想性の妊娠の論理的帰結の中にあった。彼は深く衝撃を受けたが、彼女に催眠をかけて落ち着かせようと努めた。そして冷や汗をかきつつ自宅へと急いだ。次の……

これは刊行版にあるのと総じて同じであり、アンナ・Oがブロイアーに性的な接近をしたという文を外して、最初の文に書き入れている。これはジョーンズの最初の草稿とは非常に異なるため、彼がこの話を始めから一貫して知っていたか疑わしく、むしろ少なくとも彼のまわりの、真実性を確証する一つの資源から知ったように思われる。考えられる候補者の中で可能性が一番大きいのは、マリー・ボナパルトである。しかし一九五四年六月以前には、彼女はフロイトとの分析の日誌の要約をジョーンズに渡していなかったようである（Borch-Jacobsen, 1996）。それ以前に、彼女がフロイトから聞いたアンナ・Oの話を、ジョーンズに詳しく伝えた可能性は完全に否定できないにしても、そこでは彼女は空想性出産にはふれていない。その他の候補としては、アンナ・フロイトも外すわけにはいかないだろう。[7]

ジョーンズとストレイチィの往復書簡は、ジョーンズがしばらく前からヒステリー性出産を知っていた可能性をうかがわせる。一九五一年遅く、ジョーンズはアンナ・Oに関する章の草稿を、ストレイチィに送っていた。ストレイチィは一九五一年一〇月二四日付返信で、自分もそれと同じ話をフロイトから聞いているが、これは単なるフロイトの構成ではないかと疑っている、と書いている。

> ブロイアーの冒険。フロイトはとても劇的なその物語を話してくれました。私は彼が「それで彼は帽子を取り上げ家から急いで出た」と言ったのをよく覚えています。しかし私は、それはブロイアーがフロイトに話した話なのかどうか、それとも彼が推測したもの、実際は一個の「構成」だったのかどうか、ずっと考えあぐねています。（Strachey, Borch-Jacobsen, 1996 より引用）

彼の指摘はさらに、「私の疑いは『自らを語る』の中の一文によって確認された……」と続く。そして、フロイトの一九二五年の『自らを語る』から、治療の終了周辺のあいまいさと、事件の再構成に言及する鍵となる箇所を引用している。ストレイチィの表現から彼は〝その話〟を早くも一九二〇年代、『自らを語る』の出版以前にフロイトから聞いていたことがわかる。彼は続けて、「しかしこれについての、より進んだ証拠をあなたは二〇ページで見るでしょう。フロイトの公刊版の意見は、思慮分別という理由から、あの形になったのではないでしょうか」（精神分析研究所のジョーンズ・アーカイヴスにある手紙）。残念ながらジョーンズは、ストレイチィの言う、より進んだ証拠の指摘には直接答えていない。彼は一〇月二七日、次のように返信する。

フロイトは私に二つのベルタ物語を話してくれました。帽子を摑んだという芝居がかった物語と、去る前にブロイアーがアンナに催眠をかけ、鎮静させたという真実の物語です。私は帽子を省きました。「家から急いで出た」が私には道理に適っているように思われます。この方がその状況の真髄を伝えているからです。(Borch-Jacobsen, 1996 より引用)

ジョーンズがストレイチィに書き送った草稿の、正確な内容が明らかでないため、後者が聞いたという「その話」が実際には何であったかは、まったくわからない。一九五一年には、ジョーンズは婚約者間の手紙をまだ手にしていなかった。したがって、このときストレイチィは、ジョーンズが最終的に出版した文章をまだ見ていないが、ジョーンズが原稿の写しを送っていた可能性は考えられる。その場合、それはジョーンズの手書きの書き込みの後になり、ヒステリー性出産に関する記述が入っていたものだっただろう。ブロイアーが患者に催眠をかけた詳細は刊行版にのみあって、草稿の方にはない。したがってジョーンズがストレイチィに送ったものは、あきらかに最終的なものではないにしても、総じて、この章の比較的時期の遅い草稿であるように思われる。ストレイチィの手紙のコメントも、彼が書いたヒステリー研究のブロイアーの章の脚注も、何があったか、それについて彼がどう考えたか、その詳細は明確でないが、彼は脚注で一部始終を語るために、ジョーンズの伝記に言及し、明らかにジョーンズの見解を裏書きしている。フロイトが直接的に話したことと、他の者によって外部へ二次的に伝わったその後の証言とを、ジョーンズが適切に区別していたかどうかは疑わしいが、それでも彼はヒステリー性出産物語を書く上で十分な証拠があると確信していた。

いずれにしても、公刊版のジョーンズの説明の出典は不確実であり、またその説明と彼が先に書いた草稿内容とは相違している。このことは、アンナ・Oの治療の終わり方について、フロイトの親密な弟子たちの間でさまざまな話が流れていたことを示している。フロイトが、時と相手により異なった説明をしていたのは明らかで、さまざまな人の手を通るうちに、その話がどこまで変わっていったか追及するのは困難である。そしてブロイアーとその患者の間に実際何があったかは、フロイトの言葉以上に正当性を持つ二次的証言はありえないのも、明らかである。フロイトに遡及的構成に足る根拠があったかなかったかはともかくとして、そもそも遡及的構成は、ブロイアーの患者との治療関係の失敗の程度を示す指標としては、まったく重要性を持たない。

それでは、出版の際に、ジョーンズが自身の解釈に加えたパラグラフのもう一つの意味はどうだろうか。およそ一〇年後にフロイトとブロイアーは一つの想像妊娠の事例に偶然出会ったが、これをアンナ・O物語の当該の部分のことと考えてよいだろうか。この事例の場合もブロイアーは逃走という同じ反応を示している(Jones, 1953)。ボルヒ－ヤコブセンは、そもそもこれがアンナ・Oの妊娠物語の元になったではないか、と疑う(Borch-Jacobsen, 1996)。しかしおよそ一〇年の時をおいたこの話は、フロイトのアンナ・O構成の変異形の一つと考えた方が、よさそうに思われる。

ワシントンの議会図書館にあるジークムント・フロイト文書部門のバーンフェルド・セクションには、ルートヴィッヒ・イェケルスが書いた回想のエッセイがあるが、そのエッセイには、以下の文がある。

> 公的な場ではフロイトはブロイアーを支持した。しかし私的な場では、時に公的なものと異なる意見を述べることがあった。フロイトが私に話したそうした逸話の一つは、この文脈でふれる価値があろう。フロイトはブロイアーの一人の患者の家に対診のため訪れた。ブロイアーはこの患者——女性——の症状を長々と述べた。それに対してフロイトは、患者の症状の内容は明らかに妊娠空想であると、ブロイアーにわからせようと試みた。ブロイアーは衝撃を受け、一言も発せずに立ち上がると、帽子とステッキをとり、家から出て行った。

この文が誰に宛てて書かれたものかははっきりしないが、それはたしかにジョーンズの話の元になっており、ジョーンズ本の箇所と比較する上で示唆に富む。

およそ一〇年の後、ブロイアーとフロイトがともに症例研究をしていたとき、ブロイアーは一人のヒステリー患者の症例についてフロイトの意見を求めた。深い話に入る前にブロイアーが彼女の症状を説明すると、フロイトは、それは妊娠空想の典型的な産物であると指摘した。昔の状況の回想は、ブロイアーには耐えがたかった。ブロイアーは一言も発せず、帽子とステッキをとり、家を出た。(Jones, 1953)

イェケルス版では、これがおよそ一〇年後に起こった出来事だとも書かれていないし、以前の状況の回想であるとも推定されていない。もっとも考えられるのは、イェケルスがブロイアーとアンナ・Oについて、フロイトから聞いた話を翻案して示し、ジョーンズがこれを知らずに別の機会の話と受け取って、自分の作った物話の中で誇張したということである。もしそうであれば、無論、それはジョーンズが事件の経緯を説明する土台を、完全につき崩すことになる。[8]

アンナ・O物語のジョーンズの見解の全体をみると、そこに一貫した信頼性のある資源に基づいた話ではなく、出所の不確かな砕片の接ぎ合わせ、疑問のある解釈、そして疑わしい第三者の風聞が見えてくる。事件についてのジョーンズ版は、特定の細部、特にヒステリー性出産問題とそれがブロイアーに与えた影響の点で疑問視されているにもかかわらず、ベルタ・パッペンハイム症例のその後の改訂版のパターンを決定し、伝説の誕生を正当化してしまったのは疑いもない。すなわち、治療は、彼女のヒステリーがどんな形にせよ解決される前に、いかがわしい理由で突然打ち切られたばかりか、彼女はその後数年間ヒステリー性の苦痛に苦しみ続けたということ、そしてブロイアーとフロイトがそれを隠蔽したがっていたという伝説である。伝説は揺籃期から完全に発育していくにつれ、この症例に関して次々に現れてきた数多の証拠を貪欲に取り入れて、結末に向かっていった。どの証拠もジョーンズの説明を是認するかどうかから見直されることはなかった。むしろアンナ・O症例は本質的に失敗だったというジョーンズの説明とその意味は、本症例史の過去五〇年間を支配してきた。そして後に続く精神分析史家たちは、ジョーンズの足跡に従いつつ、揺れたり、変化したりしながら、新たな細部や可能性を取り入れてきたのである。

第八章　伝説の発展
――アンリ・エランベルジェ

最初のボタンをかけ違えると、最後までうまくいかない。[1]
――ゲーテ『箴言と省察』（遺稿）

その後もいくつかの〝事実〟が見つかり、それらを基にして神話が拡大していった。その過程については、アンリ・エランベルジェによるアンナ・O症例の議論の中に、その好例を見ることができる。アンリ・エランベルジェは、力動精神医学の発達についての膨大な研究で広く知られているが、その成果は一九七〇年に『無意識の発見』と題して公刊された。この研究の中心は、無意識についての諸理論と力動精神医学全般が、ジークムント・フロイトで始まって終わるものではないことを提示しようとする点にあった。エランベルジェは、フロイトの業績の検討をおこない、議論の余地はあるにせよもっとも優れた伝記を書いたジョーンズ以降、フロイトの人生一般について初めて重要な考察をおこなった。彼は多くの新鮮な洞察と解釈を述べているが、それらは多年にわたる独自の研究に基づいていた。アンナ・O症例の再検討は、これまで受け入れられてきたフロイトの業績と叙述を修正しようとするエランベルジェの試みの中心を成していた。しかし、自分の研究が、これまでこの症例について想定されていたことを、どの程度まで変えることができるか、最初は彼にも予想できなかったであろう。

一九六六年、エランベルジェは、ベルタ・パッペンハイムが書いた非公式の文章を集めた本の書評を発表したが、その本には、ドラ・エディンガー（1963）が編集した短い伝記が付されていた。エランベルジェは、この書評の中で、ブロイアーやその他の人々による治療の成果について評価を下している。これは、彼がクロイツリンゲンの文書を発見する前のことであり、したがって、ベルタがベルビュー・サナトリウムに入院していたことを彼が知る以前のことであった。彼が考えたように、当時アンナの物語には二つのバージョンがあった。その第一は、一八九五年にブロイアーによって書かれたものである。

その説明によれば、病気は一八八〇年の夏に始まり、同年の一二月からブロイアーの治療を受けたが、一八八一年四月の父親の死後悪化して、アンナは一八八一年六月から一八八二年六月までサナトリウムへの入院を余儀なくされていた。この時点から彼女ははっきりと回復の道を辿り始め、まもなく休暇に旅立った。(Ellenberger, 1966)

しかしこれはブロイアーの文章を誤解している。ブロイアーは症例研究の中で、ベルタは一八八一年六月に入院させられたが、同年秋にはウィーンに戻った、と明白に述べているからである (Breuer & Freud, 1895)。エランベルジェはブロイアーの治療の終末期全体が、サナトリウムの中でおこなわれた、と思いこんでいたようである。これは些細な誤解に過ぎないと思われるだろうが、この先わかるように、エランベルジェの後の議論の中で、この推論は重大な意味を持つことになる。

エランベルジェは、二番目の説明の概要を述べ、ブロイアーの文章と矛盾する考えを展開している。

他の説明によれば、アンナの物語はさらに錯綜している。ユングは、一九二五年にチューリッヒでおこなわれたセミナーで、フロイトが患者は実際には治っていなかったのだ、と自分に話した、と打ち明けた。一九五三年、アーネスト・ジョーンズは、もっぱら治療の末期と称されている時点で、患者が治癒どころか妊娠空想の挙句にヒステリー性の出産陣痛に襲われたこと、ブロイアーは彼女に催眠を施し、冷や汗をかいてその家から逃げ出し、翌日、ヴェニスに旅立って、〝二度目の新婚旅行をして、その間に妻が妊娠する結果となった〟と書いた。患者はグロス・エンツェルスドルフの精神科病院に移されて、数年間病気のまま（remained sick）だった。

(Ellenberger, 1966)

患者が治っていないというユングの証言は、転移の破綻によって生じたと推定されるヒステリー発作によって証明されているわけだが、私たちはまず、ユングの証言がそのかぎりのものだということを想起する必要がある。それは、後年のアンナ・Oの運命について述べていないし、また、精神科病院で過ごしたどのときにも触れていない。その上、ユングが言ったことの源と参照点となっているのは、ジョーンズの物語のそれらと同一である。したがって一見したところではブロイアーの説明に対する反論には二つの資源があるように見えるが、実際はフロイトによる構成、つまり治療の終わりに何が起こったかについてのフロイトの構成が、共通する唯一の根拠なのである。

エランベルジェがジョーンズ版を要約したその最後の文章は、特に重要である。最初の文節は、ほとんどジョーンズの文章の直接の引用であるが、それはエランベルジェが意味するような、一八八二年六月のブロイアーの治療の終わりについてのジョーンズの、最初の草稿にある説明から出たものではない。それは、ジョーンズがおこなった改訂の第二パラグラフに基づいている。そこではジョーンズは、フロイトの家族の手紙を根拠にして、ベルタのその後の生活歴の詳細を描いている。ジョーンズの文章では、その経過は次のようであった。第一がヒステリー性の出産の物語、第二は婚約者であったフロイトとマルタの間の手紙に基づいた、ブロイアーと患者の間の感情的もつれについてのいわゆる確証、最後はその後一八八七年までの間のフロイトの家族宛の手紙から引用した断片で、これはベルタがなお〝幻覚状態〟で苦しんでいるという一八八七年の最後の言及を含んでいる（Jones, 1953）。ジョーンズは、この最後の部分を、次のように書き始める。「この哀れな患者は、ブロイアーの公刊された文章から想像されるほど順調な状態ではなかった。病気が再発して、彼女はグロス・エンツェルスドルフの精神科病院に移された」（ibid.）。当然、エランベルジェの文章は、ジョーンズが書いたことを合理的に説明している。すなわち、「ベルタは精神科病院に移され、そしてジョーンズの考えでは、その後数年にわたって病気のままであった」。しかしこの入院がいつのことだったかジョーンズは正確に述べていないので、エランベルジェは、治療の終末期の事件が原因となってベルタはただちに入院することになり、それに引き続いて数年間病気のままでいた、と誤ったサマリーを書くことになった。ジョーンズの改訂した文は、一八八二年六月の治療終末時に起こったと思われる事件について述べ、次いで〝病気の再発〟について触れているのだが、この〝再発〟は、実際には次の年まで起こらなかったものであった。エランベルジェは誤ってこれを一連の出来事としてしまい、治療の終わりに危機的状況が生じて、すぐさま入院させられた、と考えたのであった。

エランベルジェは、すぐに続けて、なぜジョーンズの説明が〝ありえない〟と思われるか、自分の考えを述べている。ブロイアーの娘は、一八八二年三月に生まれているので、一八八二年六月の治療終了後に受胎したということはありえない。エンツェルスドルフにはサナトリウムがあるが、そこの書庫には入院記録が発見されていない。「結局、ブロイアーとジョーンズの説明は、双方ともに、ベルタが一八八一年にフランクフルトに旅立ったという伝記的記録と矛盾していることに気づくのである」（Ellenberger, 1966）

問題の伝記的記録は、一九三六年のベルタの死亡時に公刊されたもので、それについてエランベルジェは以前の文章に中でふれている。「一九三六年の伝記的記録には、彼女が若いころに病んだ神経病については何も述べられていなかった。そこで述べられていたのは、父親の死の一年後、一八八一年に母親と一緒にウィーンを離れ、フランクフルトに移住して、そこで次第にソーシャル・ワークに関心を持つようになった、ということであった」。エランベルジェは、この記録の出典について疑ってみるべきであった。なぜなら、ベルタの父親が死亡したのは、ブロイアーが症例研究の中で述べるように、もちろん一八八一年四月になってからのことだったし、エランベルジェもそのことは当然すでに確かめていたと思われるからである。[2] そうだとすると、父親の死の一年後ウィーンを離れるのは少なくとも一八八二年ということになり、ブロイアーの説明と矛盾しないことになっていただろう。実際、今、一片の誤った情報と判明したもの、これが、エランベルジェがジョーンズの伝記に書かれていることとは違うとして、ブロイアーの症例説明に反論した中で提起した唯一の明白な証拠である。それに照らして見ると、続いて書かれているブロイアーに対する彼の意見は、いささか誇張されているように思われる。

客観的な研究は、今や真の物語について何を明らかにしてくれるだろうか。それは、ほとんど無である。それがブロイアーとジョーンズの所説にこの上ない疑いを投げかけることを除いては。

しかし、きわめて薄弱な根拠に基づいて——現在の私たちにはまったく取るに足らない根拠と思われるのだが——ブロイアーを告発した後で彼は、精神科医は患者の素性を隠すために、日付を変えるなどいろいろなことをするものだ、と指摘し、自らの作為的な誤りを糊塗しようとしている。そして「明らかにブロイアーの症例史は記憶の再構成であって、一三年ないし一四年後に書かれたものであり、しかもブロイアー自身が言っているように、〝不完全なノート〟を基にしたものである」とさえ言う。「明らかにまた、ブロイアーはフロイトを喜ばすために、心ならずも出版したのであった」(ibid.)。これは無責任というより、むしろ症例史全体を信頼できないものにしかねない、粗雑な試みであった。

これら二つの説明に対し、エランベルジェが、ジョーンズの説明の方が正しいかもしれないとか、ジョーンズが書いていることには歪曲があるにしても、少しは真実が含まれているかもしれないと考えもしなかったのは、奇妙に思われる。実際、ジョーンズが列記してエランベルジェが〝不可能なことだらけ〟と考えた一群のデータの中には、確かに事実と異なり誤っているものが一つある。それはドラ・ブロイアーの誕生についての詳細である。[3] 他の面では、ジョーンズの方が基本的に正しく、エランベルジェの方が間違っている。サナトリウムのあった村をインツェルスドルフでなくグロス・エンツェルスドルフとした些細な誤りは、フロイト自身の誤りだったし、実際、ヒルシュミュラーが後に発見したように、インツェルスドルフの記録書類の中には、ベルタ・パッペンハイムの詳しいカルテが残っていた。さらにまた、ベルタが一八八〇年代の終わりごろまでフランクフルトに戻らなかったというジョーンズの伝記にある記述も、正しかった。

もっともエランベルジェによるこの短い論評は、十分に注意して書かれたものではない。わずか三ページのスペースの中で、彼はアンナ・Oの入院期間についてブロイアーを誤読し、ジョーンズ版のアンナ・O物語を誤って紹介し、明らかに誤っているベルタの伝記中の資料の断片だけに基づいてブロイアーの説明をしりぞけている。アンナ・Oに関する議論へのエランベルジェの貢献を評価する際には、その論文が一般にあまり知られていないものでもあり、このような軽率な仕事は、通常なら不問にしてもよいようにも思われる。しかしこの論文は、一九七〇年に出版された『無意識の発見』の中で、アンナ・O症例を論じる基礎として用いられ、多くの人々に容易にかつ広く読まれることになり、その大部分はその後の論文の中で、ほとんど逐語通り繰り返し述べられるようになっている。しかもエランベルジェは、初期に記した誤りをその後も犯し続けただけでなく、いくつかの場面でさらに誤りを積み重ねてもいる。

エランベルジェは、ベルタ・パッペンハイムについていくつかの伝記的資料を挙げ、ブロイアーの記述について以前の論文[4]よりも詳しく要約した後に、ジョーンズの文章に向かう。彼は一九六六年に書いた文章に少々の変更を加えるが、ここでも最初にユングが一九二五年に述べた内容に言及している。しかし、あいかわらずユングの述べていることやその意味については、まったく評価していない。一九六六年の論文と同じように、エランベルジェの議論は十分に推敲されていないので、この一九七〇年の論文を読んでも、ユングとジョーンズの説明は本質的にフロイトが述べたヒステリー性危機の事件に関係していること、したがって二人とも同一の不確実な根拠をよりどころにしていることくらいしかわからないのである。

エランベルジェは、再びジョーンズの文章の二つの部分を一続きの物語に圧縮し、あたかもウィーンでの入院が、治療の終わった直後に引き続き起こったように述べて、次のように結論している。

患者アンナ・Oは、グロス・エンツェルスドルフの病院に収容されて、具合の悪いままそこに数年間入院し続けた。ジョーンズ版の物語からみると、ブロイアーはこの患者に騙されたのであって、いわゆる「通痢性治癒《カタルシス》 cathartic cure の原型」は、そもそも治癒とは言えないものだったことがわかるのである。(Ellenberger, 1970)

一九六六年の文章にある「病気のまま remained sick」という表現を「心身ともに具合の悪いまま remained ill」という表現に変更して、エランベルジェはジョーンズを一層歪曲し、ベルタがブロイアーの治療後ただちに入院させられただけでなく、そこに数年間入院させられていたと、ジョーンズが報告しているように見せかけている。さらにまた、通痢性治癒《カタルシス》(cathartic cure)の原型は治癒といえるようなものではなかったというエランベルジェの結論は、奇妙なあいまいさを含んでいる。一方ではそれは、ジョーンズが洩らした事実の説明から、自然に導き出されたように見え、実際それは後に続くページの中で、ほぼ同じように繰り返されている。「皮肉なことに、アンナ・Oの不成功に終わった治療が、後世のために通痢性治癒《カタルシス》の原型となった」

しかしまた一方で、エランベルジェは、一九六六年と同様に、一九七〇年にも、ジョーンズの説明を正確なものとして受け入れてはいない。したがって、治療が失敗だったという意味は、ジョーンズの証言全般が信頼できないと思われる以上、エランベルジェは疑って然るべきものなのである。ジョーンズの洩らしたことが、ブロイアーの治療が失敗だったと考える主要な根拠だとすると、エランベルジェが彼の記述の主要点を結論として受け入れながら、しかもそれを信頼できないように扱っているのは、奇妙なことに思われる。

この二種類あるアンナ・O物語と、ベルタ・パッペンハイムの伝記を比較してみると、伝記ではベルタは一八八一年にウィーンを離れてフランクフルトに発っているのに、ブロイアーによればアンナは一八八二年六月までウィーンのサナトリウムに滞在、ジョーンズによれば、さらに長く滞在していたことに気づく。(ibid.)

この二つの文章に、三つの誤りがある。第一は、伝記的資料である。一九六六年の評論では、ベルタ・パッペンハイムの死亡時期に出された明らかに信頼できない報告から、父親が死亡した一年後の一八八一年に、彼女はウィーンを離れてフランクフルトに発った、としている。四年後の一九七〇年、エランベルジェは以前に論評したことのあるドラ・エディンガーの本のドイツ語版を引用し、さらに一九六八年に出版された英語版にも言及している。[5] もし彼が引用の際にこの版を注意深く読んでいたなら、ベルタ・パッペンハイムの死に際して出版された記念雑誌に触れて、エディンガーが次のように書いているのを見たはずである。

その記念誌には、いくつかの誤りがある。中でももっとも重大な誤りは、後のベルタ・パッペンハイムの人生の研究者たちすべてを悩ませてきた。それによると、彼女がウィーンからフランクフルトに発ったのは、一八八一年となっているが、実際には、その日付は一八八八年一一月であった。その当時の〝申告書〟は、フランクフルト市の文書保管所に保存されている。ハナ・カルミンスキーは、ベルタが常々、「父の死後フランクフルトに来た」と言っていたのを、文字どおりに受け取ったのに違いない。(Edinger, 1918)

さらにブロイアーの治療について。

ベルタ・パッペンハイムは、自分の人生のこの時期については、もっとも親しい友人のハナ・カルミンスキーにも話したことがなかった。なぜなら、彼女はベルタがフランクフルトに来たのは一八八一年であり、ブロイアーの症例研究から、それまでは彼女はウィーンにいて、治療を受けていたのだ、と信じていたからである。

エランベルジェは、はっきりと矛盾する証拠を引用しながら、ベルタが一八八一年にはウィーンにいなかったという誤った考えをあいかわらず信用している。そしてたとえ引用した本をよく読まなかったにしても、これを根拠とした文章の脚注に、この資料には不備があると述べている。

ドラ・エディンガー夫人は、最近フランクフルト市の文書保管所で発見された書類（申告書）によれば、ベルタ・パッペンハイムとその母親が同市に移住したのは一八八八年一一月であったと私に知らせてくれた。一八八二年から一八八八年の間、二人がどこで暮らしていたかは、知る由もない。（Ellenberger, 1970）

ここで突然一八八二年に言及しているのは、エランベルジェが結局、治療は一八八二年に終わったというブロイアーの言葉を受け入れたからだろうと思われるが、いずれにせよフランクフルトへの移住が一八八一年というのは、筋道が立たないとわかった以上、彼はそれが、ブロイアーによる治療の説明を疑って挙げた唯一の理由を一挙に打ち砕いてしまうのを、すぐさま覚るべきであった。しかしエランベルジェは議論の主要部分を訂正せず、ブロイアーの症例史の、含蓄はあるが誤った変更をそのまま放置してしまった。

第二の誤りは、アンナ・Oが一八八二年に入院させられたとブロイアーが述べている、という空想的な考えに関連している。これはエランベルジェがブロイアーを誤読したことに端を発したにすぎない。エランベルジェは一九六六年に発表した論評の中で、ベルタがサナトリウムに滞在したのは、一八八一年六月から一八八二年六月までの丸一年だったと誤って記載してしまったのである。

第三の誤りは、ジョーンズが以前に誇張して書いた内容をそのまま採用し膨らませていることである。ジョーンズの本では、ベルタは数年間具合が悪かったとなっていることが、突然数年間具合が悪く入院していたことになっている。しかしジョーンズが書いたことにはまったく何の根拠もないのである。したがってこの点では、エランベルジェは、ブロイアーとジョーンズの共に根拠を持たない主張に異議を唱えようとして、やはり存在しない根拠に頼っている。

さらにおかしな事実がある。（著者もその原版を見たが）ベルタの写真には、写真師によって一八八二年と日付が押されており、乗馬服を着た健康そうなスポーツ女性が写っており、心身のエネルギーを発散できない、家庭に閉じこもった娘という、ブロイアーの描いた姿とは、対照をなしている。(Ellenberger, 1970)

ここからエランベルジェが引き出す結論は、奇妙なものである。なぜなら、ブロイアーの説明に対しては、一八八二年の写真がたいした意味をもたないということには、まったくならないからである。公刊された症例史では、ベルタは一八八二年六月にはヒステリー症状から回復したことになっており、この写真がこの時点以降に撮られたものならば、その事実を反映しているはずである。エランベルジェはブロイアーの基本的証言と見なして然るべきものを、勝手にブロイアーへの反証の一つに改変しているのである。

エランベルジェは、本症例にさらにいくつかの点で再検討を加えているが、それらは以前の評論の中で展開した議論の反復である。再び彼は、プライヴァシーを守るために、患者の病歴の詳細を偽装しなければならなかったこと、記憶からの再構成であったこと、フロイトを喜ばすための心ならずもの公刊であったこと、などを挙げて、ブロイアーを弁護している。これに続けて、彼はジョーンズの説明に正当な反論を述べる。すなわち、ブロイアーの娘の誕生日がジョーンズの説明と矛盾していること、グロス・エンツェルスドルフにはサナトリウムはなかったこと、等である。そして言う、「事件の七〇年後に発行されたジョーンズ版は、伝聞に基づいたもので、注意して読まれるべきである」(ibid.)。

二年後、新たに発見されたクロイツリンゲンの文書に照らして、エランベルジェはこの症例を根底から評価し直すことになった。彼はそれを短い文章にまとめて発表したが、それは新たな発見を示す重要な論文となった。この論文の序文に当たる部分で、新たな資料を示す前に、エランベルジェはブロイアーが書いた症例の概要をあらためて要約し、ちょうど二年前に発表した論評も付け加えた。以前の論評ではほんの少ししか触れていなかった、きわめて重要なことについて、ここではさらに詳しく述べている。一九七〇年には、彼は次のように書いていた。「ユングが打ち明けたところでは、一九二五年のチューリッヒでのセミナーの折に、患者は実際には治っていなかったとフロイトが言っていた、ということだった」(Ellenberger, 1970)[7]。これが二年後の論文では、次のように詳しく書き直されている。

ユングが打ち明けたところでは、一九二五年のチューリッヒで催されたセミナーの折に、患者は実際には治っていなかったとフロイトが語っていた、ということだった。ユングによれば、この有名な最初の症例は、「輝かしい治療成功の一例としてもてはやされているが、現実には決してそのようなものではなかった……。もとの論文で述べられたような意味での治癒は、まったく認められなかったのである」。しかしユングは次のように付け加えている。「本症例は非常に興味深く、架空のものだったとまで言う必要はない」(Ellenberger, 1972)

この後にヒステリー性の出産、ブロイアーの二度目の新婚旅行とその間の〝娘の受胎〟、患者のグロス・エンツェルスドルフへの移送と重症のままの数年間の入院、などのジョーンズの物語が、もう一度繰り返し述べられる。そしてエランベルジェは、「ジョーンズ版はブロイアー版と多くの点で矛盾する」と結論づけているが、しかし、それらの矛盾点を詳しく論じることはしていない。彼はアンナ・O物語のジョーンズによる特異な修正を拒否し続ける一方で、ベルタのベルビュー・サナトリウムへの入院とその際の症例記録の発見によって、それまでのスタンスを変え、ジョーンズの論理的な結論、つまり典型的な通痢性治癒《カタルシス》などは、実際は存在しなかった、という結論を受け入れるに至った。

以前の論文では、エランベルジェは、ジョーンズの説明を否定し、それに伴って、通痢性治癒《カタルシス》は存在しなかったという結論もありえないことだと仄めかしていた。ここで明瞭に示唆されているのは、ジョーンズは正しい結論に到達していたが、その論拠が間違っていた、ということである。これこそ、ユングが一九二五年に述べたことに、エランベルジェがあえて触れようとした理由である。一九六六年と一九七〇年の文書では、ユングへの言及は、ヒステリー性出産についてのジョーンズの物語への単なる前口上として、また明らかにその独立した補強証拠として書かれており、二つの物語の共通の起源はフロイト自身の説明にあることは、ユングが実際に言った言葉を排除することによって覆い隠されていた。しかし、今やユングはより大きな発言権を許されて、彼の証言は別の目的に役立てられることになった。ここでのユングの言葉は、エランベルジェ自身がクロイツリンゲン文書の形で示そうとしたことであった。すなわちそれは、ベルタ・パッペンハイムはその後も数年間病気で苦しみ続けたので、ブロイアーの治療はこれまで主張されてきたような成功とはほど遠いものだった、ということである。

エランベルジェは、ユングの述べた内容に手を加えるという、きわめて意図的な編集をして、この効果を生み出している。なぜなら彼が引用の中で省略した部分には、以下のことが隠れているからである。「フロイトが私に語ったところでは、ブロイアーがアンナを最後に診察した夜、フロイトもその場に呼ばれたが、アンナは転移関係が中断されて、そのために重いヒステリー発作に襲われていた、ということだった」(Jung, 1989)。エランベルジェはアンナ・Oが治癒していなかったというユングの主張が、治療の終末に想像される危機にのみ依拠していて、彼女のその後の運命についての、特段の知識に基づくものではない事実を隠している。もっとも、後に明らかになるように、エランベルジェだけがこのような策を弄したわけではない。

エランベルジェの一九七二年の説明を、以前のものと比較してみると、さらに奇妙な点が現れてくる。以前の二つの版では、彼はブロイアーが症例研究で書いたことに疑いを差し挟み、三つの理由を挙げている。それは、第一に、ベルタは一八八一年にはフランクフルトにいて、ブロイアーが書いているように、一八八二年六月までウィーンのサナトリウムにいたのではない証拠があること、第二に、一八八二年の日付入りのベルタの写真を自分は持っており、それを見ればブロイアーが私たちに信じさせたいと思っているよりも、彼女はずっと健康そうに思えること、第三に、ブロイアーが記憶を基に症例を執筆したため、その記載に誤りが生じたのは十分ありうることだ、という三点である。私たちが見て来たようにこれらの点は、以前の段階でもエランベルジェの議論に重みを加える役には立たず、一九七二年には、その中の二つが彼の新たな発見によって、明らかに崩壊した。彼の発見によって、エランベルジェは今や、ベルタが結局のところ、一八八二年にはウィーンとクロイツリンゲンにいて、フランクフルトにはいなかったのだという文書による証拠をもつことになり、次のように認めるに至ったのである。「現在では私たちは、ブロイアーが一八九五年にアンナ・O物語を発刊したとき、彼が一八八二年に書いた以前の報告を眼前に置いていたのを知っている（そっくり同じ文章がいくつかの箇所にあるからである）」(Ellenberger, 1972)。ブロイアーの説明からの推論を疑う一九七〇年の議論の根拠となったもののうち、唯一の無傷で残った証拠は写真であるが、彼はこれについては二年前の説明できなかった当惑を、再度繰り返すだけである。「この発見は次のような疑問を生む。ベルタは、重病でウィーン近郊のサナトリウムに入院していたと思われる時期に、ドイツのコンスタンツで、乗馬服を着て、何をしていたのだろうか?」(ibid.)

エランベルジェは、この証拠を否認し続ける。彼の以前の議論においては、それはブロイアーの描く、エネルギーを発散しようのない、家に閉じこもった娘の肖像と矛盾していたが、今やそれは、患者が重病でウィーン近郊のサナトリウムに入院していた可能性とも矛盾する。ブロイアーはもちろん、エランベルジェが今読者に提示している一八八二年の写真によって覆されるようなかたちで、これら二つの事柄を主張したことはなかった。ブロイアーは症例史の中で、ベルタが治療終了後に、コンスタンツで、乗馬服を着た健康そうなスポーツ女性の姿で現れるなど、とてもありそうもないことには、触れていないし、そもそも彼女は一八八二年には、ウィーン近郊のサナトリウムに入院していなかったのである[8]。事実その写真の与える印象は、エランベルジェが受け取った印象そのものだが、彼はそれの持つ意味に正面から向き合っていない。ベルタ・パッペンハイムは、ブロイアーによる治療の終了後は、彼が示唆するように、長い病気によるひどい障害は残していなかったのである。しかし、ベルタが、一八八二年には健康そうなスポーツ女性だったことを示す写真の証拠は、彼女がブロイアーの治療終了後も、あいかわらず患者であり続けた、というエランベルジェの結論に、影響を与えることはなかった[9]。

初期の説明では、エランベルジェは二つの異なった方向に引き裂かれていたように思われる。ベルタの所在についてこのような薄弱な証拠に依拠するのは、彼がブロイアーが実際に述べていることを明らかに誤読したことと、またブロイアーの公刊した症例報告に深い疑いを抱いていたために、何とかしてブロイアーの信用を傷つけてやろうとする方向に進みがちだったのを示唆している。したがってジョーンズの一九五三年の物語は、少なくともエランベルジェの読み方では、自分への贈り物のようなものであった。しかし、このジョーンズ版には、明らかな間違いが数多く含まれている点で、問題があった。すでに一九七〇年に、エランベルジェはベルタの治療終結とその予後状態という二つのまったく別の事柄を一つに圧縮してしまっていたが、二年後にはさらに仕事を進めて、クロイツリンゲンでの発見を基に、ブロイアーの証拠に疑いを差し挟むに至った。彼は信頼できないジョーンズとは別の根拠に基づいて、ブロイアーに反論する機会に恵まれたのである。

エランベルジェが写真を素材として利用しているのは、彼が新たに発見した証拠（写真）の正確な記述的要約を発表したときだけではない。同時に彼はその写真の暴露によっては保証されない結論も表明しているのである。このようなやり方のさらなる実例は、彼がクロイツリンゲンで発見した報告書を要約した中にも見ることができる。彼は新しい素材について、次のような序文を書いている。「完全な記録を発表する時期は、まだ来ていない。私たちは初期の症例についてざっとした意見を述べ、新しい情報となる部分や一八九五年の報告とは異なる点を強調しておきたい」。しかしこれはそれに続く部分と一致していない。なぜなら、彼は続いてきわめて公正な態度で、自分の評価や意見はなるべく控えて、ブロイアーの報告の主要点を要約しているが、彼が述べていることはすべて〝新しい情報〟であって、一八八二年の報告とブロイアーの一八九五年版の間にあると思われる〝不一致〟については、どこにも一切触れていないからである。

ベルビューの医師による予後報告の要約については、彼は、教訓的ではあるが失望させられる内容だ、と述べている。

アンナ・Oについて、ブロイアーが『ヒステリー研究』で述べていることだけしか知らない人は、それがブロイアーの〝通痢性治癒《カタルシス》〟を経た後の同一患者の予後であるとは、ほとんど想像できないであろう。この予後の記録は、重い顔面神経痛のために患者に投与された各種薬物の長い目録から成っている。私たちは、顔面神経痛が過去六カ月間（つまり病期の〝第四期〟）に悪化していたこと、その時期に大量のクロラールとモルヒネが処方されたことを知っている。彼女の同意によって、モルヒネの量は、一日二回の注射で、七ないし八センチグラム量に減っていた。しかし、痛みは時折耐え難くなって、一〇センチグラムの注射をしなければならないこともあった。退院したとき、彼女は一日の総量七から一〇センチグラムの注射を受けていた。(ibid.)

この報告の中には、患者を公刊書中で、感動的な症例に仕立て挙げるような特徴は、エランベルジェから見ても何一つ見当たらない。毎晩きまってしばらくの間ドイツ語が理解できなくなるなど、患者の持つヒステリー傾向については短く触れられているが、エランベルジェの意見では、そこでは「患者はいくつかのヒステリー症状を示す、むしろ不快な人柄の神経病患者として描かれている」。

これは医師の説明の公正かつバランスのとれた要約であるが、エランベルジェはまたしても、そこから明白な結論を引き出すのを回避してしまう。予後報告書に書かれている患者が、ブロイアーの重症患者とあまりに似ていないと思われるなら、それは二人の間に類似点がきわめて少なかったからだ、と考えてよいはずである。ベルタ・パッペンハイムはクロイツリンゲンにいたとき、ブロイアーの治療中と本質的に同じ状態であったと、エランベルジェは強く信じていたので、最後のクロイツリンゲン報告の中にこの証拠があまりに少ないのを見て、残念な気持ちを隠すことができない。かくしてこの報告は、有益な内容を持つにもかかわらず、主として神経病症状と無益な治療の試みの羅列であるがゆえに、エランベルジェは「失望させられた」と述べるのである。[10]

論評の最後の部分に、エランベルジェは「とどめの一撃」を書き加える。

つまり新たに発見された文書は、ユングによればフロイトが彼に語ったこと、すなわち患者は治っていなかったことを確証している。事実、名高い〝通痢性治癒《カタルシス》の原型〟は、治癒でもなければ、カタルシスでもなかった。

アンナ・Oは重いモルヒネ中毒に罹っていた。もっとも顕著な症状は続いていた。(ベルビュー病院では、彼女は、頭を枕につけるや否や、ドイツ語をまったく話せなくなった)。偽りの妊娠と陣痛についてのジョーンズ版は確証されえないし、この症例の年代記録とも一致しない。(ibid.)

この結論は、エランベルジェが考え出した証拠によっては、まったく正当化されるものではない。私たちがすでに気づいているように、患者が治癒していなかったというユングの主張は、唯一、ブロイアーの治療の終わりに生じたと推定されるヒステリー発作に関連しており、その後に起こったか、あるいは、起こらなかっただろうことには、何の言及もないのである。エランベルジェが発見したクロイツリンゲン文書は、ベルタ・パッペンハイムがブロイアーに示した一連の症状になお苦しみ続けていたという考えを、支持するものではない。また、彼女が重いモルヒネ中毒者だった事実は、彼女のヒステリー状態とは無関係である。クロイツリンゲンからの最終報告がほのめかし、エランベルジェが言及しているヒステリー症状の一つが緩和された形で残存していたのは事実である。しかし、それだけで、治癒もカタルシスも存在しなかったという大ざっぱな判断を正当化するのは難しいだろう。最後に、ヒステリー性出産についてのジョーンズ版は根拠がないという主張があるが、もしこれが信頼できないものとして棄て去られるべきだとしたら、エランベルジェが依拠しているユング由来の証拠もまた廃棄されなければならない。それもまた同じ源泉、つまり、治療終結後の転移性危機について述べたフロイトの説明の上に築かれたものだからである。

近年の力動精神医学の歴史を書き変える上で大きな貢献をした歴史家が、正確さを何よりも重視しながら、現代の精神分析の歴史家達によってアンナ・O症例が大々的に歪曲される上で、きわめて重要な役割を演じたのは、何とも皮肉なことである。マーク・ミケイルは、エランベルジェが通痢性治癒《カタルシス》を否定したことについて、「彼はこの問題をこれ以上追及せず、読者に結論を委ねているが、その解釈学的含意はきわめて破壊的である」

(Micale, Ellenberger, 1993より引用)と、正当にも述べている。実際、彼の説明に疑いようもない確実な根拠があると考えて、それに基づいて誤った結論に飛びついた人々には、不足しないのである。

エランベルジェは、ジョーンズが一九五三年に書いたアンナ・O症例に関する説明に対してきわめて批判的だったが、にもかかわらず、彼自身のアンナ・O物語は奇妙に矛盾した形でジョーンズ版を取りこんでおり、ブロイアーの治療と予後の過程についてきわめて弾力的な(どちらともとれる)書き方をしている。そのために、本質的な変更が加え難くなっただけではない。それはその後の二次的文献の中で、物語にさらに推敲と加工をゆるす揺るぎない舞台を提供し続けてきた。ジョーンズとエランベルジェによって作り上げられた神話は強固なものとなり、他の人々の著作の中では、この創られた結論が基本的に疑われることなく、むしろ補足的な仮説や理論のための出発点として用いられるまでになっている。これからそのうちのいくつかを詳細に検討する中で、私たちはアンナ・Oのおとぎ話が一見したところいかに難攻不落なものになっているか、それを理解するようになるだろう。

第九章　伝説の成熟
――諸説の派生

金槌で壁を叩きながら、釘の頭を打っていると思い込んでいる人がいる。[1]

――ゲーテ『箴言と省察』（遺稿）

本章では、二次的な論文を派生した物として分類するが、それは軽視しているからではない。そう見るのは、最近のアンナ・O症例に関する論文が、ジョーンズから始まり、続いてエランベルジェが作り直した物語に基礎を置き、そこからインスピレーションを得ているのが顕著だからである。ジョーンズを最初に批判した人物がエランベルジェであり、その後彼と同じ角度から、ジョーンズは繰り返し批判されている。しかしその一方で、彼がアンナ・O症例についてブロイアーにきわめて批判的であり、さらに歩を進めて（わずかにせよ）、フロイト本人を批判する見解を述べたことには、ほとんど注意が払われていない。それはエランベルジェの注釈によって、ジョーンズの議論にあったフロイト批判は、すっかり覆い隠されてしまったからである。エランベルジェの古典的な著作『無意識の発見』はたしかに批判を受けることなど一切なく、また彼のアンナ・O研究に対しても、公刊された文献の中で批判的な検討を加えているものは見出せない。精神分析的プロジェクトにきわめて同調的な者でも、エランベルジェの著作を正当と認め、ただ無視できない箇所では、その主張に不承不承従うだけである。

ジョーンズの出版からエランベルジェのクロイツリンゲン・ファイルの重大な発見まで、ほぼ二〇年の時の流れがある。この間、ジョーンズ版の治療の終末とその後の状態については、反応の大部分が概して精神分析にほぼ好意的な人々から寄せられていた。実際それは彼らの反応の性質に現れていた。たとえばカープ（1961）はジョーンズの説明の真実性を認め、そこからさらに、ベルタ・パッペンハイムのその後のリビドー発達と葛藤との関わりで、彼女の職業選択の問題を論じた。このリビドー発達と葛藤は、ブロイアーとの治療のクライマックスで、最初に劇的なかたちで現れたものであった。カープはジョーンズ版を重ねて述べ、そして疑義を少し加えた。だが、完全に不合理とは言わずに、「これは劇的な結末に聞こえるが、もしその通りなら、ベルタ・パッペンハイムの性的ファンタジーを証明している」と結論する。カープはブロイアーが一貫して性的要素を否定したことに注目し、フロイトとジョーンズは精神分析的バイアスをかけたために、不当にも逆の結論を出したのだろうか、と問いかける。そしてベルタ・パッペンハイム自身が性に強い関心があるために、後になってそれが不道徳と女性の性的搾取に対する闘争と著作となって表れたのだ、という。さらに「ベルタ・パッペンハイムが中年になってから、生涯の天職として非合法的な性に対する闘争をおこなったことを考えると、患者が性に対して目に見える関心を示さなかったことを理由に、ヒステリーが性的病因をもっていないと主張するブロイアーの確信は、認められない」と続ける。こうした飾り気のない結論は、フロイトの性愛とその変遷の理論にかなり沿ったものだが、それが弁護可能かどうかは、ここでの私たちの関心ごとではない。フロイトは無論一八九四年以降の彼の結論、ヒステリーには性愛的病因があり、そしてベルタ・パッペンハイムの症例も例外ではない、という結論に至るのに、そうした証拠を必要としていなかった。彼女のその後の経歴は、フロイトの主張を損ねないというかぎりでは、カープはたしかに正しい。しかし私たちの目的から見れば、ジョーンズの説明の真実性と、正統的精神分析理論の意味するものをそのまま受け入れないかぎり、彼の論文がこの歴史的素材についての理解を発展させることはない。

同様の立場ながら、やや異なるニュアンスを持つのが、ジョージ・H・ポロックによるアンナ・O症例に関する一連の論文の、最初の論文である。彼はアンナ・Oよりブロイアーの方に目を向け、患者に対する彼の反応を理解しようとした。そして彼の分析の実証的始点を確かにするために、初めに事件についてのジョーンズの説明とフロイトがツヴァイクに宛てた手紙を長々と引用している。ポロックは、ブロイアーは性愛を神経症の重要な要因として考えてはいたが、それでもアンナ・O症例では、この要因と性愛が顕著に表れた妊娠空想には直面できなかったことを例にあげ、ブロイアーは性愛の役割に対して基本的に両価的であったという。ブロイアーのこうした不安定さと、精神分析的な形での性愛から結局逃走したことについて、ポロックは、ブロイアーが幼児期――エディプス期真最中の三歳から四歳の間――に、母を失う経験をした点に原因を求めた。そして、自分自身が発見したものの意味に直面したとき、それを活用するブロイアーの能力は、彼の内的葛藤のために損なわれていたのだ、という。

ポロックの前提は、基本的に三つの点に依拠している。第一はジョーンズの伝記とフロイトのツヴァイクへの手紙を合成して描き出されたアンナ・O物語の経験的真実である。だがこれらが事件をありのままに伝えているかというと、私たちはその信頼性が幾分欠けているのを、すでに確認している。第二はブロイアーが母を失ったときの年齢の算出の際、歴史上の資料によって、三歳から四歳の間に母を亡くした、と言いながら、その資料も死の日付も確認していない。勤勉なヒルシュミュラーでさえもベルタ・ブロイアーの死の日付を確認することができなかった（1989）。したがってポロックが書く母を亡くしたときのブロイアーの年齢は、それほど正確でないこともありうる。事実、ブロイアーの母はウィーンのヴェーリンガー墓地に埋葬されており、この墓地の埋葬記録の日付には、一八四三年八月七から八日の夜死去、享年二六歳とある。これは息子のアドルフが生まれた一八四三年六月から二カ月余り後である。このときブロイアーは生後一七カ月を過ぎたころで、ポロックのエディプス的な仮定が必要とする三歳から四歳の間ではなかった。彼の主張が実際上成り立たないとすれば、歴史的事件（彼の分析の第三の重要な構成要素）を解明するために、正統的精神分析理論を援用するのは、的外れになる。

ポロックは、エランベルジェが発見したクロイツリンゲンの文書を、アンナ・O症例の解釈のために用いた最初のグループに入る。ベルタ・パッペンハイムには、子どものころに亡くなった二人の姉妹への病的で未解決の喪の気持ちがあり、それが、父の死によって再燃したという認識が当時（一九七二年）の精神分析の解釈の中で次第に広まってきており、ポロックはこれをエランベルジェが発見した資料を解釈するために用いた。彼はベルタがベルビューにいたころから苦しんでいた諸症状、すなわち一八八二年一〇月のフォローアップ報告にある諸症状――特に顔面神経痛――は、六月の治療終結によって引き起こされた症状の再現と見る。ポロックの説は次の通りである。「治療終結の際、彼女は比較的良い状態であったが、ブロイアーを失うことで症状が悪化し、以前からあった病的な喪の気持ちが激化した、彼女が次第に依存するようになった薬は、そうした症状を緩和するために処方されており、そして彼女がその処方に通常通り反応したとすれば、彼女は薬による医原性中毒になった（Pollock, 1973）、そうなったのも、喪の仕事や治療の終結時期に症状が再燃することについて、ブロイアーには、今日私たちが知るほどの知識がなかったからである」。ポロックがこの理論を維持するためには、顔面神経痛はもとのヒステリー症状の一部であり、ブロイアーの治療終了後の施設入院期間は、ヒステリーの継続によって特徴づけられる喪の期間であって、その後の完全な回復には必要なものだった、と考える必要があった。これは当時の証拠を精査しても十分支持されないが、クロイツリンゲンでの症状を、以前の症状と関連づけて理解しようとする二次文献の中の一変異型である。研究者の中にはその他の可能性を推測するものもあり、それらを以下に述べる。

エランベルジェの後、新しく発見した証拠についてもっとも長い考察をしているのは、ヒルシュミュラーによるブロイアーの伝記で、彼はその文書全体を公刊している。ヒルシュミュラーは一八八二年の報告と公刊された症例研究の詳細な比較をおこない、特に前者の解釈は、これまでに発表されたもののうちもっとも優れた総体的な解釈になっている。それは微妙な違いに敏感で、いくつかの診断カテゴリーの性質の変化（特に精神病とヒステリーの区別を認めている）に注目し、正式な公刊版が専門の仲間との私的な報告と当然異なる点にも配慮している（Hirschmüller, 1989）。ヒルシュミュラーはブロイアーに対して可能なかぎり公平であろうとしているが、しかしそれでもエランベルジェが自ら発見した文書をもとに構成した考えの影響を免れていない。彼はクロイツリンゲンの報告書中、患者の健康問題として記載されているものと公刊版にそれと関連して発表されているもの——特に三叉神経痛、痙攣、薬物依存、一時的な母国語の喪失——との相違を列挙していく。そしてヒルシュミュラーは「彼（ブロイアー）は『ヒステリー研究』で患者は完全に治癒したという印象を与えているが、それはこうした事実と一致していないのは確かである」と結論する。「完全な治癒」という考えは、正確に言えば、ブロイアーが約束したものでも宣言したものでもない。ヒルシュミュラーがこのことをその時点で認識していなかったのは、奇妙である。ベルタにはヒステリー症状の他に、「未知の脳の病気」と全般的な複雑さがあるという、ブロイアーの一八八二年の報告を説明するのに非常に苦労したとしても。その他の諸症状に関しては、彼は幾分不承不承ながら、次のように結論する。「もしブロイアーに隠れた動機がなかったとすれば、薄弱ながら私に考えられる唯一の説明は、彼は重篤な神経痛とその他の症状には関連がないと考えており、したがって、精神療法によって接近可能なヒステリーの要素は、彼には完全に除去できたと思われた、ということである」。これはその状況を総括するのにバランスがとれていないわけではない。しかしその他の文書の分析では、ブロイアーに対して的確で公平なヒルシュミュラーが、なぜそこにおざなりに到達したのかはすっきりしない。実際、彼は随所で書いている。「ブロイアーは、ベルタの病気は一部遺伝的で、一部は成育歴による気質から生じており、それは治療に反応しにくい、と推定した。彼の治療は、純粋に症状と戦うよう考案されていた」。これは「ブロイアーは病歴の最後で「完全な治癒」を印象づけている」と厳しい判断を下しているのとはやや違って、ブロイアーの立場は完全に理に適っているとする総括である。このような印象は、ブロイアーの病歴の個々の分節をそれが置かれている直接の文脈から切り離し、また、アンナ・Oの病気の全体図から切り離し、ブロイアーが彼女とともに発見した新しい方法による治療法への反応性からも切り離したときにしか得られない。

ヒルシュミュラーの伝記の初出から九年後、またしてもこの話の別の説明が現れた。それはフリッツ・シュヴァイクホーファーによる本一冊分の長さに及ぶ治療論である。シュヴァイクホーファーの本は、分析の詳細さ、提示した資料や議論の真剣さにもかかわらず、アンナ・O症例に関する諸文献の中ではほとんど注意されず、またほとんど知られてもいない。これは主としてこの本が英語に翻訳されなかったためだが、一面では、この本の主題が主流の精神分析学派とはまったく異質で、ベルタ・パッペンハイムは、その症状をだいたいにおいて偽装していたということにあった。シュヴァイクホーファーの本は、総じて遡及的な再診断の一つ、つまりアンナ・Oの問題で本当に間違いだったのは何かを示そうとするものであった。アンナが症状を偽装していたとすれば、それは彼女が実際にはヒステリーで苦しんではいなかったことを意味し、ブロイアーの診断はまったく誤りだったことになるからである。

もしシュヴァイクホーファーの本が推測的な再診断以上のものでないとすれば、本書で問題にする必要はない。だが彼の洞察が、その後の歴史家からほとんど無視されているとは言え、症例の分析においては、症例の理解に際して不変の価値を持つ歴史的な証拠をめぐって、多くの鋭い観察がなされている。一九八〇年代後半になって執筆したシュヴァイクホーファーの手元には、エランベルジェが自ら発見した証拠に基づいて書いた症例の再評価と、ヒルシュミュラーの総括的な議論と評価があった。しかしシュヴァイクホーファーはこれらの資料の奇妙な使い方をしており、この点は認めておかなければならない。彼は空想妊娠についてのフロイトの物語には、まったく無批判であり、フロイトがツヴァイクに宛てた手紙で説明したとおりのことが起こっていたと受け止めている（Schweighofer, 1987）。これはエランベルジェによってもヒルシュミュラーによっても、きわめて厳しい警告が発せられている箇所であるが、シュヴァイクホーファーは彼らの疑義にまったく注意を払っていない。彼は妊娠空想をブロイアーとベルタ・パッペンハイムが実際に性的関係にあった証拠とみなし、ブロイアーが治療を打ち切った理由はそれにあった、としている。

その一方でシュヴァイクホーファーは、エランベルジェが掘り出した文献証拠を独自のやり方で読み、エランベルジェの解釈のほとんどを無視して、それらの発見は自分の独自の偽装仮説を支持するものだ、という。彼のベルタ・パッペンハイムの苦痛に対する診断は、他の文献よりもはるかに顔面神経痛に焦点が当てられており、彼は顔面神経痛がこの症例の鍵と考える。そして患者の数多い訴えは、もともと深刻な身体状態から生まれており、ブロイアーがその源にヒステリーがあるとした感覚と運動の特性のいくつかは、身体状態から説明できるという。患者の上顎部は、この身体的訴えの焦点であった。「一八八〇年の春には、顔面神経痛の症状はすでに出ていたので、ベルタは長期間、少なくとも二、三年は確実に左上顎の潰瘍形成に苦しんでいたと考えられ、おそらくそれは左脳の半球に向かう神経に影響を与えていただろう」。シュヴァイクホーファーは、この潰瘍は間接的にベルタの視力、運動、発語の障害の原因となったが、しかしこれらの症状そのものは、やがて偽装の複雑なパターンの元となり、最初は病む父親を看病する責任を免れようとする動機から現れて、後には、ブロイアーとの情緒的縺れの結果、彼の注意と愛情をつなぐ手段となった、と結論する。ベルタ・パッペンハイムは一八八二年二月、顎の歯科的手術を受けたことがわかっており (Hirschmüller, 1989)、シュヴァイクホーファーは、この成功が彼女に苦痛からの回復をもたらしたと想像している。彼の仮定は端的に言うと、以下のようになる。

医学の歴史の中で、ベルタ・パッペンハイムの病歴ほど大きな評判になり、喧伝されたものはない。そして驚くのは、この症例、精神病理の新たな領域を形成すると思われたこの症例には、その核心で歯科の一症例を記述するというパラドックスが存在することである。疼痛の最初の原因は――神経質になりやすい傾向を別にすれば――言われているような心的外傷ではなく、左上顎の潰瘍形成であり、それが左脳半球の機能障害を引き起こしたのである。さまざまな「神経痛」と「失語症」は、したがって、カタルシス法では治癒せず、手術で疾患の中心部分を除去することによって治癒したのである。（Schweighofer, 1987）

これは風変わりな主張であるが、いささか魅力的でもある。しかしかなり怪しげな神経学に立脚している。三叉神経の疾病が、歯科の障害につながりうることは事実だが――この問題は後に論じる――、そうした疾病が左脳半球の機能的異常を引き起こしていたと推測してよいかどうかは、明らかではない。シュヴァイクホーファーは、アンナ・Oを複雑な歯科の患者にすることで、彼女の精神療法界での聖像的な評価を引き下げる。もっとも、もしそれが正しければ、彼女は確実に歯科医術の領域で有名人になり、その地位を回復するだろう。なぜなら彼女はたしかに、視力、運動、言語の障害を歯科手術という簡単な手段で救われた特異な存在になるからである。[2] シュヴァイクホーファーの突飛な説、すなわち症状は本質的にすべて歯痛と詐病の結果であるという再診断を脇におくとしても、彼の歯科的処置を重視する憶測にも問題がある。

シュヴァイクホーファーによる症例の分析の長所は、主として、その他の評論家たちがおしなべて比較的無視しているベルタの神経痛に、正面から目を向けた点にある。顔面の疼痛は一八八〇年春から始まり、患者が歯科手術を受けたのが一八八二年二月である。この後も彼女の疼痛が非常に深刻だったということしかわかっていないが、それでもこうした細部がどのように整合するかは検討の余地が大いにある。まずシュヴァイクホーファーが上顎の「潰瘍形成」とか「化膿 Vereiterung」というのが、何を意味していたか明確でない。これは彼の用語であって、当時の文書には出ていない。私たちの知るすべては、一八八二年二月に歯科手術を受けたことであって、繰り返すが、その性質と理由はわからない。今日では顔の疼痛で医者の診察を受ければ、顔面神経痛の可能性を考える以前に、歯の問題を鑑別し除外するのが重要であり、また神経痛にはまだ明確な診断的検査はない。さらに三叉神経は、たしかに上顎にある歯を神経支配しているので、おそらく医学的知識に基づいて、ベルタの神経痛は歯科的治療で治癒可能な病気、と誤診されたと考えることもできる。公平に考えて、歯科医が根本の問題を扱える可能性がわずかでもあったにしても、しかしビンスワンガーは神経痛に外科的治療が必要とはまったく考えなかった（Hirschmüller, 1989）以上、ベルタの顔面の疼痛が歯の問題と関連していたとは考えられない。もし繋がりがあったとすれば、一八八二年二月のベルタの歯科手術は、むしろ三叉神経痛をひどく悪化させた可能性が大きいことである。しかしそれについても、「神経痛の痛みは歯科手術の翌月三月半ばごろまでは、しつこい激痛とはならなかった」とベルタの母がはっきり言っている（ibid.）ので、やはりこれも信じがたい。何よりも、彼女自身が神経痛と歯科治療を結びつけていない。当時神経痛がどのように考えられていたかという点からも、遡及診断の点からも、ベルタの顔面痛と一八八二年に彼女が受けた歯科治療（あるいはその原因）とは何の関連もないと思われる。

　ベルタの病気は歯が原因だったとするシュヴァイクホーファーの空想的な仮説が維持されないとなると、彼のクロイツリンゲン文書についての明敏な論評の土台が崩れることになる。彼がそうした論評をすることができたのも、主として今日根強くある説、すなわち二次文献中の、ベルタの状態は入院後ほとんど変わらないどころかかえって悪化しており、何の改善も認められなかったという説によって、ほとんど心を乱されなかったからである。サナトリウムでの治療は顔面神経痛と麻薬依存との戦いに集中していた、というシュヴァイクホーファーの観察については、すでに見たとおりであるが、彼はまた、ブロイアーの治療の間、彼女を支配していた類催眠状態が、治療終了後とクロイツリンゲンに入院当初にはなくなっていたのは、印象的であると述べている。報告にあるのは、欠神《アブサンス》と発話困難が、就寝前の短い間だけ続いているという二点だけで、他の徴候については、職員はほとんど注意を引かれていなかった。運動の障害もなく、視覚障害もなかった。こうした観察はシュヴァイクホーファーの仮定全体、すなわち、ベルタのもともとの問題は、上顎部の潰瘍にあり、ブロイアーとの経験は一連の症状からなる詐病に支配されていた、という仮定を支持するためにまとめ上げられたのである。したがってブロイアーが彼の手に余るほどに患者との関係に巻き込まれ、それに反応して治療をやめてしまうと、彼女には病気を装い続ける意味がなくなった。その結果神経痛と麻薬依存だけが治療対象に残り、これがクロイツリンゲンに入る目的となった。シュヴァイクホーファーは、ベルタのいわゆるヒステリー状態の残滓もベルビューにいる間に完全に消失したとまで言っているが、それは誇張であるにせよ、彼がこの時期のベルタの主な苦痛について、他の評論家よりもバランスのとれた見方をしているのは確かである。神経痛と麻薬依存の意味を完全に認識すれば、ブロイアーの治療が終結した六月のベルタの一般状態が理解できるだけでなく、フロイトが彼女の状態を婚約者に書き送っていたその当時に、彼女がなお味わっていた現実の苦痛に対し、いささか異なる光をあてることが可能になる。今日、三叉神経痛は人類にとって最も激しい病の一つと、一般に認識されており、この病気の急性期には、病人は痛みに耐えるよりはむしろ死を望むのも珍しくない。もしベルタがそうした激しい苦痛に苛まれていたとすれば、痛みを取り除けない科学を彼女が非難しても驚くに当たらず（Hirschmuller, 1989）、彼女が錯乱状態になったのも、またブロイアーでさえ彼女が苦痛から逃れるには死ぬしかないと考えた（Jones, 1953）のも、驚くに当たらない。

ブロイアーの症例研究の視点からすると、ベルタのベルビュー滞在中に見られた明らかにヒステリー性の訴えは、たいした意味を持たないことになる。シュヴァイクホーファーの研究の長所は、これを指摘したことである。しかしシュヴァイクホーファーの詐病という診断に従わなくても、私たちが当時の記録に描き出された彼女の病についての所見をありのままに受け取るならば、私たちもまた、ブロイアー自身による治療終了についての説明を否定することはできない。もし三叉神経痛とそれにつながる麻薬依存が、ベルタの主な問題であるとすれば、ブロイアーがヒステリー症状の治療に失敗した証拠は、ほとんどなくなってしまう。そしてクロイツリンゲン滞在は、ブロイアーが、そして続いてフロイトが、全力をあげて隠そうとした悲劇的な治療結果であったという見方もまったく失われてしまう。しかしシュヴァイクホーファーの仕事は、ほとんど見向きもされていない。それは二次的文献の中に埋もれ、主流から外れたところにある。アンナ・O症例に関しては、ジョーンズと特にエランベルジェが作り上げた物語が示唆するままに、概して無批判的な諸説が雪だるま式に膨らんでいった。それがどこまで膨らんだかは、シュヴァイクホーファー後の仕事を概観すると明らかである。

フロイトと婚約者間の往復書簡については、ジョーンズがこの症例に関する第二パラグラフで言及していたが、その抜粋を出版した最初の人がジョン・フォレスターである。フォレスターはこの期間のベルタの苦痛は、ブロイアーの症例研究の主題であった問題、すなわち、一八八二年のクロイツリンゲン入院の原因となった問題が続いていたためだ、と推測する。フォレスターは、治療後さらに施設での看護が必要になった理由を問うことはなく、後の素材から強引に繋がりを見つけ出し、エランベルジェ創作の「ブロイアーのアンナ・O治療は、概して医学的非劇であった」という印象にそのまま依存している（Forrester, 1990）。そしてポロックとヒルシュミュラー同様、クロイツリンゲンの記録にあるその他の症状も、ヒステリー症状に伴うものとされている。「ブロイアーがこの症例研究で言わなかったことは、治療がそのような牧歌的な楽しい終結を迎えず、数カ月も経たないうちに統御不能に陥ったということである。ベルタは睡眠薬として処方されたクロラールを常用するようになっており、その薬物使用に応じた、深刻な痙攣発作を周期的に起こしていた。そしてモルヒネの注射を必要とするほどの激しい顔面の疼痛に苦しんでいたが、その注射は一八八二年六月にも使用されていた」（Appignanesi & Forrester, 1992）。もしブロイアーの研究が、新しい治療方法でアンナ・Oの病のあらゆる側面を飛躍的に治癒させた、と主張していたとすれば、この告発は正当であっただろう。しかし問われているものが、数多の深刻な、しかも残遺性のヒステリー症状の緩和ということである以上、この問題は異なる視点から考察してみる必要がある。

二次的文献によくあることだが、時が経つにつれ新しい解釈の断片が一見まとまりのある形に仕上げられていき、各断片間の相違や異なる出所や姿勢は次第に無視され、省かれて、裂け目はなめらかに均されてしまう。[3] 先行している諸家が主張していることにただ依拠し、自分たちが見つけ出した証拠にあらためて注意を払わずにきたために、ブロイアーの治療後数年に起こっていたことは、実に短い推測説明で片づけることが可能になってしまった。こうしてこの物語は、取り上げられるたびに膨張を繰り返すことになった。その好例は、この症例についてのマルコム・マクミランの短い梗概である。彼がこの領域に最初に参入したのは、一九七八年のヒルシュミュラーによる全ケースノートの出版に先立つ、一九七七年の論文によってであるが、それはエランベルジェが全ケースノートの発見を公表した、一九七二年の論文の要約に完全に依拠している。マクミランはブロイアーによる治療の最後について述べる中で、「一八九五年の説明によれば、彼女は今や治癒した」(Macmillan, 1977) と総括し、この簡単な定式化の裏に横たわる無数の問題を一掃してしまった。[4] 彼はさらに続ける。

しかし、五週間以内に彼女は再発し、そしてブロイアーの後の説明にない第五期が始まった。……ブロイアーのオリジナルのノートは「大いなる緩和が見られた」と主張するが、大半の病理はベルビュー入院中も続いていた。ヒステリーの特徴、言語障害、意識の交代、そしてオリジナルの症例ノートにのみ記載されている顔面神経痛は、まだ存続していた。……彼女の症状は変わることなく持続していた。

「大いなる緩和が見られた」はブロイアーが第三病期の終わりについてのみ主張したことで、治療全体ではなかったし、[5] ベルビューの医師たちによる経過観察報告書のヒステリーの特徴とは、患者の動機のない気分の不安定さをさしていたのだが、マクミランはそのことを知るはずがなかった。(ブロイアーの症例報告原本を見ていないのだから。)

マクミランが彼の大作『評価されるフロイト――完成された円環』初版一九九二年を書くために、このケースに戻った時点では、すでに症例報告が出版されていたので、いくつかの細部に変更が加えられた。その結果空想上の病気「第五期」への言及と、ブロイアーの言う症状の「大いなる緩和が見られた」は消えた。しかし今度はベルタがその後インツェルスドルフに一八八七年までいたことから、ブロイアーの治療とベルタの施設収容の間の連続性についての誤った考えが強化されることになった。マクミランは以下のように書く。

ブロイアー自身がアンナ・Oは治癒したと考えた点で誤っていた。彼はその著作にも書いていないし、彼もフロイトも公には言及していないが、治療終了の五週間以内にアンナ・Oの病はその四回の再発のうちの第一回目を迎えたのである。一八八二年七月一二日、彼女はスイスのクロイツリンゲンにあるベルビュー・サナトリウムに入院させられ、そこに一八八二年一〇月二九日までいた。……多くの症状は残っていた。すなわち、ヒステリーの特徴、言語障害、意識の交代、そして顔面神経痛である。(Macmillan, 1977)

マクミランのやや異なる二つの説明に共通して見られる誇張した歪曲は、〈再発〉という概念にあり、それは最初にジョーンズに出ている。ヒルシュミュラーとフォレスターは、クロイツリンゲン入院は、ブロイアーが事実上放棄した治療の後に継続しているとするが、マクミランは同じ証拠に基づいて、その後の施設入院は、病気が快復した後に繰り返し起こる再発による、と考える。これらの見解はいずれも、エランベルジェ自身によって明確に主張されたものではなく、また彼が提示した証拠から直接に読み取れるものでもない。当時の記録から明確なのは、クロイツリンゲン入院は同じ疾病の異なる治療のためではなく、再発への対応でもない。それはブロイアーの治療の終結時にすでに計画されていた、病後の静養と薬物依存からの脱却のためであった

(Hirschmüller, 1989)。

ハン・イスラエルス（1999）は、フロイトと精神分析を非難する大きな意図の一部としてアンナ・O症例を論じているが、その詳細はここでの議論と関連しない。しかし彼のテーマの中心部分は、ヒステリーの原因は性愛にあるというフロイト理論の展開に関連しており、基本的に、アンナ・Oは治癒していなかったし、フロイトはそれを知りながら真実はほんの二、三の弟子にしか洩らさなかった、という仮定に基づいている。その見解を補強するために、彼はエランベルジェのカタルシスも治癒もなかったという結論を繰り返し、さらに患者は治癒したというブロイアーの印象は信憑性がない、とするヒルシュミュラーの論評を援用している（Israëls, 1999）。イスラエルスは、従来のアンナ・O症例の読み方に新しい目標を与えた。つまり、フロイトの存命中、この症例史の核心にあったのは、ブロイアーの罪過でなくフロイト自身の罪過であったということを、彼は確証しようとしたのである。一九二五年フロイトは「ブロイアーが彼の貴重な発見を、かくも長い間秘密にしていた理由が理解できなかった」と言ったが、イスラエルスは、これは単なる見せかけの言葉に過ぎない、と主張する。そして、フロイトは、実際はきわめて当然の理由があるのを知っていたのであり、「すなわち、アンナ・Oの治療は決して治癒をもたらすものではなかった」と言う。さらにイスラエルスは、「ブロイアーが出版を遅らせた理由は、性愛への抵抗があったからだとフロイトは言うが、それもまたその通りではない。それは『ヒステリー研究』に明らかで、ヒステリーの所産にはしばしば性愛的要因が重要であることを、ブロイアーは完全に認めることができていたのだ。それなのに後年フロイトはアンナ・Oの話題に立ち戻り、何年も経ってから話をつなぎ合わせて、治療が突然中断した理由はアンナ・Oが主治医に恋したことと、ブロイアーがそれを扱いかねたことにある、と言い触らした。この種の考えがそのもっとも発展した形で出されたのが、一九三二年のツヴァイクへの手紙であり、それにはヒステリー性の出産の説明もあった。それはジョーンズの伝記の中にもある」と続けている。

フロイトが述べた事柄の細部には、真実でないものがある、ということは定説になっており、特にジョーンズ版ではそうであるにしても、イスラエルスは話全体がまるごと空想にすぎないとする考えには抵抗を示している。そしてジョーンズが言及したフロイトと婚約者間の手紙の当該個所を引用するが、それは一九八六年には少なくともその一部はすでに出版されていた。その手紙の中で、フロイトとマルタは、ブロイアーが患者に夢中になりすぎ、そのために家庭内にもめごとを起こしてしまった、とはっきり言っている。イスラエルスはこの箇所から、アンナ・Oの治療終了の話は、フロイトが単に遡及的に空想したものではなかったのだ、と受け取る。なぜなら婚約者間の書簡から、ブロイアーの家庭の話は事実に基づいているのがわかるからで、その意味では、イスラエルスはジョーンズと同じ気持ちでこれらの手紙に接近している。すなわち、フロイトが治療の終わりについて言ったことを基に、手紙の中にそのときの正確な情緒的様相の手がかりを発見しようとしている。しかしイスラエルスが、一八八三年の書簡とジョーンズとフロイトによる治療終了時の説明との間にある、二つの重要な食い違いを指摘するところで、彼の議論にひときわ創意に富む歪曲が現れる。第一の箇所は、書簡中では、患者に過度の関心を抱いたのはブロイアーであるのに、フロイトとジョーンズによる後の版では、主治医に対する患者の感情を強調するように変わっていることである。第二の箇所は、書簡でもジョーンズ版でもなく、フロイト自身の遡及的説明の中で、このエピソードは彼の遡及的再構成であると、説明されている点についてである。なぜジョーンズはこの部分を省略したのか、とイスラエルスは問う。そして彼は次のように答える。それはジョーンズが、物語の核が婚約者間の書簡の中にあるという事実によって、単なる「再構成」という考えは否定されることを知っていたからだ、という。さらに進んだ歪曲がある。

これはフロイトが事件の顚末について、重要でなくはない偽の情報の一片を、後日に提供したことを意味する。彼の著作中、彼は何年間も真の経緯について一切知らなかった、ずっと後になってようやく再構成する立場になれた、と常に言い続けていた。しかし実際は、フロイトはブロイアーが治療を中断した理由を最初から知っていたのである。

なぜフロイトはそうしなければならなかったのか。なぜ、彼は後の説明の中で、事件のフロイト版は「再構成」であり、実際の症例よりも信憑性が低い、と言わなければならなかったのか。イスラエルスは事件から数年経たのちの遡及的再構成として説明すれば、明確な利点があるからだ、そうすれば、物語の細部を変え、彼自身とブロイアーの叙述に合わせることができるからだ、と答える。

フロイトは後の遡及的見解の中で、ブロイアーはアンナ・Oの病歴を出版することについて、かなり腰が重かったが、自分にとってその遅滞は永い間理解できなかった、と書いている。最後の点に関して言えば、フロイトは疑いもなく真実を語っていない。ブロイアーの腰の重さは、不満足な治療経過への配慮——そしてそれについてフロイトは聞かされていた——から来ているばかりでなく、特に医師と患者の間の情緒的纏綿——それについてもフロイトは十分知っていた——からも来ていることは、完全に理解可能であったに違いないのである。

フロイトが治療終了時の状況について最初から知っていたことを、イスラエルスは疑っていない。それゆえに彼は、フロイトが自らをブロイアーの不誠実による無垢の犠牲者の役に仕立て上げた、と言って責めることができたのである。つまりそうすることでフロイトは、「ブロイアーとの協働作業の後になって、ようやく私は性愛の重要性に気づいた。ブロイアーを本筋から逸らせてしまったものは、彼の性に対する抵抗と、率直さの欠如であった」と言い続けられたのである。そしてフロイトがブロイアーとの議論を振り返って、性愛の役割を特に強調したのは、すべて、ブロイアーが出版をためらった真の理由――アンナ・O症例は失敗であり、彼にかなり個人的、家庭的混乱を引き起こした――を隠すための偽装にすぎない、とイスラエルスは言う。

端的に言えば、イスラエルスの説は、「フロイトは『ヒステリー研究』の遡及的説明の際、はじめブロイアーがアンナ・O症例の出版を渋っていた理由がわからなかったが、後になって、性愛の病因的役割を認識することへの抵抗のためと推測したのだ」という誤った主張である。そして「ブロイアーの抵抗がフロイト自身の理論的進歩を妨げるとともに、彼とブロイアーの関係の断絶の素地となった」と言う。私たちはこの主張は両方とも間違っていることを知っている。第一に、ブロイアーが性愛の重要性を認識していたことは、『ヒステリー研究』自体から完全に明白であり、したがって、性愛の病因的意味への抵抗はフロイトが示唆するようには働いていなかった。第二に、誰もが知っているように、ブロイアーが出版に乗り気でなかった本当の理由は、症例が成功でなかったことであり、それはフロイトにも以前からよくわかっていたことであった。彼がブロイアーの腰の重さを理解していなかった理由は、どこにもない。また婚約者との書簡で証明されるように、フロイトはもう一つの理由、アンナ・Oとの間に生じていた情緒的縺れについて、早くも一八八三年にはよく知っていた。もしフロイトがこうした二点を私は知らなかったと言って否認すれば、事件のフロイト版を作るのに好都合なように歴史を再構成するために、事実を押し隠し、性愛の意味はブロイアーとの別離の後になってからわかってきた、ブロイアー自身がアンナ・O症例における性愛の役割を認める率直さを欠いていたために、フロイトは洞察を深めるのを妨げられた、と言えるだろうが。

イスラエルスの独自性、すなわち、アンナ・O症例を用いて、フロイト自身による『ヒステリー研究』の歴史とブロイアーとの協働に関する説明に疑いを投げかけた独自性は、たしかに創造的である。しかしイスラエルスの仮説の難点が見える箇所が三つある。第一は、アンナ・O症例には治療結果に疑いの余地がある、というエランベルジェから引き出した前提である。「治癒」の主張の是非についてはすでに十分論じたのでさておくとして、イスラエルスはいくつかの点でエランベルジェの仕事に依拠し、それによって誤った結論に導かれてしまった。彼は、ユングが一九二五年のセミナーでおこなったアンナ・Oは治癒していなかったという講演（これはおそらくエランベルジェが紹介したもので、イスラエルスはおそらく原典を見ていなかったと思われる）を引用しているが、これはただ転移が断ち切られた後のヒステリー性と推定される発作にだけ関連する主張であって、治療終了後の彼女の病歴にはつながらない点を明確にしていない。次いでイスラエルスは、従来通りに、ジョーンズのインツェルスドルフでの治療についての説明と、ベルタのうち続く悲惨な状態にふれた一八八三年のフロイトと婚約者の間の書簡に依拠して、ジョーンズがアンナ・Oの真の姿を暴いたことを通して、「フロイトがユングに話したことと、彼が個人的な手紙で述べたことは、十分に確証された」（Israëls, 1999）という、誤った結論にまで進んでしまった。無論、事実はこの通りではない。エランベルジェによるベルビュー・ファイルの発見は、フロイトがユングに語ったこととは何の繋がりもないし、また、アンナが苦痛からなんとか救われてほしいとブロイアーが願っていたと、フロイトがマルタに書いたこととも、何の繋がりもない。

イスラエルスが論題を逸らせている第二の領域は、ヒステリーの性愛的病因についての、ブロイアーとフロイトの議論に関係している。イスラエルスは次のように考える。「ブロイアーはヒステリーによくある原因として、性愛の要因を認める準備が完全にできていた、それは確かである、したがってこれがフロイトとブロイアーの間の論争の最大の問題だったというフロイトの主張は、事実を歪めている」。しかし議論の中心問題は、性愛的要因が時に存在するかどうかではなく、それが常に見出されるかどうかであった。フロイトは『ヒステリー研究』の中の四症例として取り上げた四人の患者を治療したときには、まだこの結論に達していなかった。その意味で、このむしろ根本的な命題は、彼にとっては、「後になってからの」発見であり、したがってそれらは彼の議論の例証として探求されることも詳述されることもなかったのである。『ヒステリー研究』の最終章にある、症例についてのフロイトの短い遡及的評論を見れば、これはまったく明白である。フロイトは最終章でヒステリーにおける普遍的な性愛的病因という命題、一八八四年初頭に初めて陽の光を見た命題（Freud, 1894）を提出する一方で、この理論はこれらの症例研究では支持されないだろうという現実的感覚を持ち、支持されるべきだと考えてもいなかった。彼らの対立する見解の大まかな妥協として、この本の企画の統一見解が書かれたが、それは初版の序言の中で明確に述べられている。それは、性愛はヒステリーの病因の中で中心的役割（Hauptrolle）を演じるというものである（Breuer & Freud, 1895）。フロイトが、性愛こそ真の役割を演じるという自説を発展させたのは、ブロイアーとの協働が終焉に向かうころになってのことであった。したがって、アンナ・O症例において、性愛がきわめて重大な問題として現れてきたのも、協働の終わりごろである。イスラエルスは、『ヒステリー研究』の出版についてのフロイトの回顧的説明に見られる矛盾は、ブロイアーとフロイト間の意見の相違の実態をフロイトが読み間違っていたからにすぎない、と見る。だがブロイアーがアウグスト・フォレルに宛てた一九〇七年の手紙は、この問題をきわめて明確にしてくれる。すなわちブロイアーはヒステリーの病因としての性愛に反対したのではなく、フロイトが性愛を強調するあまりに、その他の要因をすべて完全に排除したことに対して、反対したのであった（Breuer, Cranefield, 1858 中に引用されている）。だがイスラエルスはこの決定的な証拠を無視し、この重要な文書についてはどこにも触れていない。

第三の大きな誤りは、イスラエルスの論題にとってはさほど重要でないが、ブロイアーとアンナ・Oの関係がどうであったか、それについてのコメントとしては重要である。フロイトは二人の間に生まれていた情緒的纏綿をすっかり知っていた、それなのに、後になってから「再構成」したと言って、知らなかったふりをするのは、正直とは言えないと主張する。同時に彼は、一八八三年の手紙と、フロイトが後に事件についておこなった再構成との意味深長な不一致も指摘する。それは、はじめブロイアーの方が患者に過度に巻き込まれていたとしていたものを、後に、患者が医師に過剰な愛着を示したために、ブロイアーが逃避した、と表現されている点である。イスラエルスの言葉では、フロイトはブロイアーが出版をためらう理由がわからない、と嘘をついただけでなく、何年か経って推測に基づいて再構成をしたときに、知っていたことの細部を歪めさえしたことになる。しかしイスラエルスの議論のこれら二つの箇所は、相互にかなり一致しない面がある。一八八三年の言葉と、後のフロイトの再構成との相違を彼は指摘しているが、そこで起こっていた顚末をフロイトがすっかり知っていたという主張は、まずもって支持できない。さらにこの相違をもとに、フロイトは（密かに）知っていたことを捻じ曲げた罪がある、と言って非難するのは、ただ論理的誤りを繰り返すだけである。イスラエルスは一八八三年の書簡に関しては、たしかに正しい。そこにはベルタ・パッペンハイムの方がブロイアーに情緒的に関わり過ぎていたとは、書かれていない。ジョーンズが手紙を自分の手で要約する際に、フロイトとマルタの文中に実際には書かれていないのに、患者が医師に恋したという指摘を入れたのだ、と批判した点でも彼はまた、正しい（Israëls, 1999）。彼が後にアンナ・Oの劇的な転移を強調するとき、この書簡を証拠として見ることができなかったのは、このためなのである。フロイトはそれをよく知っていたが、手紙にはそれについて何も書かれていない、というだけである。後になってフロイトは、患者の数々の要求に対して妻が嫉妬したとブロイアーが話したのを思い出し、治療の終期について再構成する際に、それを何らかの情緒的混乱を示す証拠の断片として使ったのかもしれない。しかし当初の時点では、フロイトには医師に対するベルタの「転移」という文脈で考える理論的手段もなかったし、そうする気持ちもなかった。また事件がそのようなかたちで実際に起こっているのを知っていたかどうか、その証拠もない。フロイトの後の立場は、常に患者の転移の一般的、理論的、実際的な意味を強調する方に進んでおり、それにはアンナ・Oの身に起こったに違いないとの仮定した再構成が含まれていた。この再構成は彼がブロイアーから聞いた、個々の小片を繫ぎ合わせ構成したものであった。したがって、後のフロイト版は、一八八三年以来彼が知悉していたことを故意に歪曲したものだとする見方を支持する理由はまったくない。[6]

さらにイスラエルスは、情緒的縺れはブロイアーの出版へのためらいの原因となっただけでなく、治療を未完で終わらせたことにもかかわっていたと確信する。しかし症例研究からわかるように、一八八二年六月七日に治療を終えると決めたのは、ブロイアーでなく患者自身であった。ブロイアーが決めたという証拠はない。ブロイアーが治療を中断したという考えは、フロイトの再構成から出ているだけである。たとえブロイアーがクロイツリンゲン入院後の治療再開を拒んだ可能性を示す証拠が何かしらあるにしても、あるいは一八八一年のアンナ・Oの最初の入院の歪んだ反響があるにしても、それは彼女がクロイツリンゲンに行く直前の、一八八二年六月の治療終了と結びつくはずがない。[7]

イスラエルスが拡大したアンナ・Oについての議論と、『ヒステリー研究』中の位置は、この症例に関する積年の誤った解釈を反復しており、エランベルジェの誤った議論に過度に依存した他の二次的文献と同じ性格のものである。そして同時に、それらをもとにフロイトの症例の使い方について、新しい解釈を入念に作り上げているが、その結論はその他の人々が提唱している結論同様、決して確実ではない。

イスラエルスの本のオランダ語版が最初に出版されてから三年後に、ミッケル・ボルヒ－ヤコブセンが、アンナ・O症例について同様の意図から一冊の本を出した（1996）。ボルヒ－ヤコブセンはその本を、「一神話の批判的検証」と呼ぶ。その神話とはアンナ・Oを精神分析の礎を作った原初の患者として祀り上げたものであり、神話が作られて以降、彼女の周りはブロイアーの治療がどのようにして症状を取り除いたか、その解釈から紡ぎ出された、ありとあらゆる種類の精神分析的文献で埋まっている、とボルヒ－ヤコブセンは言う。そしてこの神話が百年前に創られたとすれば、その正体を暴露する道が開かれたのは、一九五三年、ジョーンズがブロイアーの治療は結局症状を除去しなかった、と初めて明らかにしたときだ、と言う。彼は、ジョーンズによって暴露されたさまざまな事柄が、以後多くの歴史家によって確証されたが、それでも神話は死ぬことはなく、今日、「回想と語りの贖罪的価値」というよく知られた概念のもとに存続しているのだ、と考える。彼が意図したのは、最初の神話の担い手たちと症例の事実とを対決させ、アンナ・Oの真実の話を引き出すことであった。だがこれは、ただ単にまた一つの異なる結末を引き出す一手段にしかならなかった。なぜならボルヒ－ヤコブセンは、神話を確証する手段はただ反復であり、歴史的評論とはまったく無縁であって、神話は歴史に影響されない、と主張するからである。彼の主な目的は、原初の神話は本質的根拠や絶対的な始原を明らかにしておらず、それ自体の反復にすぎないことを示すことにある。「この不敬な神話の実際の罪は、この特別の物語がその他の神話を繰り返し作り出し、そしてそれらがまた他の神話を繰り返す点にある」

ボルヒ－ヤコブセンの目的は、ブロイアーのアンナ・O治療には、喧伝されているような成功は見られなかったばかりでなく、治療自体がその他の諸方式を踏襲して進められただけだった、と示すことである。したがって彼は、医師と患者間には、意図はしないものの、相互に騙し合う一種の共謀状態が渦巻いていて、それが症状の大半のみか、症状の治療方法までを作り上げたのだ、と論じる。その大意は以下のようになる――ブロイアーは、治療を始める直前にウィーンで舞台催眠術者であるカール・ハンセンの演技を見、それに刺激を受け、患者の治療に催眠の初歩知識を持ちこんだ。それがベルタ・パッペンハイム自身の治療過程での振る舞いを作るのに繋がった。ブロイアーの催眠へのアプローチは、彼の同僚であるモーリッツ・ベネディクトの仕事からもかなり影響を受けたと思われる。モーリッツ・ベネディクトは、ハンセンがもたらした興奮の余波の中にいる被験者について話してくれた。ベルタ・パッペンハイムがハンセンと昔の磁気装置が誘い出した後催眠の症状を、そのまま模倣していたのだとしたら、治療の進行に伴って、ブロイアーが記憶想起の重要性を強調し始めたのは、おそらく彼がベネディクトから得た催眠性の記憶昂進に興味を持った直接の結果であったのだろう。ベルタ・パッペンハイムには詐病の才能があり、症状を具体化して現実味のあるものにし、そうしながらまた騙されやすいブロイアーを騙して、病気と治癒をめぐる子どもっぽい遊びに耽った。そしてその遊びのルールは、彼ら二人がことを進めながら決めていった――これがごく短く要約したボルヒ－ヤコブセンによるアンナ・O創作神話の前史である。

だがボルヒ＝ヤコブセンのアンナ・Oの神話的位置についての議論は、枝葉の問題に感じられる。なぜなら、それは彼の本が「原初の神話」としての位置と機能を分析していない上に、神話自体を破壊しようともしていないからである。逆説的であるが、それは彼が神話は不可侵であるとする歴史批評に従って考えていたからである。ボルヒ＝ヤコブセンは、伝えられている神話的事件が他の神話に源があることを明らかにしようとして、受け取った神話を分析して、「本当に」あったのはこちら、と別の話を語ろうとしているだけである。ベルタが本当にハンセンの題材を模倣して症状を創り出したかどうか、ブロイアーはベネディクトの影響のもとに彼女に対処したのか、ベルタは本当に詐病者で、ブロイアーは本当に騙されやすかったのか、これらはすべて現在の作業の範囲を越える論題である。なぜならそれらは、本書の主な焦点である治療の終了と予後の特殊な状況よりむしろ、主として治療の起源、性質、経過――それ自体はたしかに面白いが――に関わっているからである。しかしボルヒ＝ヤコブセンは、こうした側面についても詳細に語っている。それらは無論いわゆるアンナ・Oの治療神話の生成と真の性質に関する諸説と同様、アンナ・Oの治療の重要部分をなしているからである。ボルヒ＝ヤコブセンがこの物語を論じた数章では、ブロイアーとフロイト版の説明を覆そうとして、過去五〇年以上にわたってその可能性を追求してきた資料証拠が提示してある。それらは――すべてが未発表というわけではないが――主としてバラバラに散在していた資料に基づいている。皮肉なことに、この再提示の枠組みはボルヒ＝ヤコブセンが強い猜疑の目を向けた、アンナ・O症例の神話的構造と経過を再現している。彼が出す証拠が、以前からある証拠の再提示であるかぎり、それは創始者たち、とくにエランベルジェが語った物語の構造にがっちりと組み込まれてしまうからである。アンナ・O物語は一世紀間語られてきた。起源となった話は一つの神話だ、と暴いた新しい物語は、それ自体がすでに五〇年を経ている。エランベルジェが独自の捻じりを加えたのは、ジョーンズの二〇年後であり、それ以来この改変は絶え間なく、一層頻繁に繰り返されているように思われる。しかし無論、あらゆる神話と同様、この新しい物語は形を変えて語られても何一つ失うことはない。それはさらに生長し複雑化していく。

神話のもっとも重要な要素で、ジョーンズの著作に基づいて書かれた部分は、治療の失敗に関するものである。しかしボルヒ－ヤコブセンはこの特別の話を自身で再述するとき、その第一の資料を飛び越えて、まっすぐにエランベルジェとクロイツリンゲンの記録に飛び込んだ。他の論評家たちにも見られることだが、ボルヒ－ヤコブセンはベルタの三叉神経痛を他の症状につなげ、それをブロイアーの失敗の徴であるとともに、モルヒネ依存を生じさせたものとする。さらに奇妙なのは、ボルヒ－ヤコブセンはそう言いながら同時に、ベルタの神経痛とヒステリーの本質的相違を明敏に認識していることである。彼は次のように言う。

この顔面神経痛については、ブロイアーは『ヒステリー研究』のどこでもふれていない（同様にベルタがモルヒネ中毒に悩んでいたことにも触れていない）が、これは一八八〇年春に短期間現れ、一八八二年三月中旬まで、ベルタの病気の中で「まったく従属的役割」を果たしただけであった。それはおそらく、二月の左上顎手術の結果であろうが、このとき痛みは「持続する非常な苦痛」となっていた。

しかしまた、ボルヒ－ヤコブセンは脚注で以下のように述べている。

この明らかにしくじった歯科手術が、ベルタの顔面神経痛にどんな役割を果たしたか、フリッツ・シュヴァイクホーファーが指摘している。彼はこの痛みは、ベルタ自身がすぐにそれをその他の症状群の中に括りいれたにしても、本質的にヒステリー性のものではない（ブロイアー自身も同様に推測していたようだが）と、実に正しく推論している。[8]

神経痛がヒステリーと無関係だったのであれば、ヒステリー症状の軽減とだけ関係のある症例研究の中で、なぜブロイアーは神経痛について述べる必要があったのだろうか。そしてボルヒ－ヤコブセンがしぶしぶ認めるように、もしモルヒネ依存がこの神経痛に起因するものだとしたら、それもベルタのヒステリーとは無関係であるのに、なぜそれがブロイアーにとって「困ったこと」になりうるのだろうか。ベルタのヒステリー状態を治療するために、ブロイアーがモルヒネを使ったという気配はまったくない。さらにボルヒ－ヤコブセンは、ベルタが神経痛の痛みをその他の何らかの症状群に繰り入れていたという主張には、何の証拠も提示していない。

ブロイアーが治療していたベルタのヒステリー症状と、身体的訴えを同等視することが、ボルヒ－ヤコブセンの説明テクニックの特徴である。ブロイアーの言葉が真実でないことを示そうとして、ベルタ・パッペンハイムの病歴に含まれる困難の持つ（そして時には回復の持つ）あらゆる微妙な差異は、その文脈から切り離されて、ブロイアーの失敗の証拠にされたように思われる。たとえば、ベルタがクロイツリンゲン入院の終わりごろに、「私的劇場」で見せた「芝居めいた」演技について、ロウパス医師の報告から得た情報を、彼はまるでこれが「ヒステリーの真の徴候」の証拠であるかのように言う。しかし実際にロウパスが書いたのは、以下の通りである。「彼女はしばしば現実逃避の夢の中で、空想を自由に広げていたが、呼びかけるとそれに応えてすぐに現実に戻ってきた。そして彼女はおとぎ話めいた夢を、ユーモアある生き生きしたドラマティックな言葉で再現した（私的劇場で！）」（Hirschmüller, 1989）。これはヒステリーの証拠にはならないし、ロウパスもそのように説明していない。

同様に、ボルヒ－ヤコブセンはベルタがベルビュー・サナトリウムで書いた記録を引用して、「その中で彼女は「時間を失う」経験について訴えた」という（Borch-Jacobsen, 1996）。実際にベルタが書いたのは、「ここに入院した最初の二カ月間は、私には長いのや短いのやの欠神《アブサンス》があった。私はそのとき「時間を失う」奇妙な感覚を感じながら、自分を観察することができた……しかし数週間してからは、それはなくなった」(Hirschmüller, 1989) である。ボルヒ-ヤコブセンの指摘とは反対に、彼女はこうした「時間を失う」期間は現実になくなったと書いている。

またボルヒ-ヤコブセンは、公刊された症例研究では、一八八一年秋に最初のサナトリウム滞在から戻ったとき、アンナ・Oの状態は談話療法によって身体的にも精神的にも耐えられる程度に回復していたとされているが、一方でブロイアーは、患者を家族に慣らす計画がうまくいかないので、「即刻入院の準備をするのが最善である」という手紙を一一月初めに書いており、それは最近発見された文書によっても明らかである、と非難する (Borch-Jacobsen, 1996)。公刊された症例研究と実際に起こっていたことの間の矛盾は、証拠を厳密にみれば解決する。ブロイアーが公刊版で実際に書いたのは以下の通りである。

> 秋にウィーンに戻ったとき (…)、彼女の状態は、身体的にも精神的にも耐えられる程度に回復していた。さまざまな経験が——実際きわめて強いものだけを除いて——病的な形での精神的刺激になることはほとんどなかった。もし新しい刺激による絶え間ない心の負担を、言語表現を規則的におこなうことによって取り除くことができるならば、これから継続的な改善ができると、私は期待していた。(Breuer & Freud, 1895)

この楽観的な調子は、ブロイアーが終期について一八八二年の報告で書いた内容とまったく一致するが、これが後の版の直接資料になったと思われる。

今では彼女は、日中の比較的些細な出来事を病的に処理して、それらを精神的刺激へと転換するが、その精神的刺激も夕方になれば取り除かれてしまう。しかしこの現象は、特に根底的な経験とともに生じ続ける。

……一一月の初め、彼女は町で母と同居するようになった。彼女のほとんど変化のない状態は、もし私が毎日の「談話療法」による心的刺激を与えて、持続的なストレスを防ぐことができるなら、次第に改善するだろうと思われた。(Hirschmüller, 1989)

ベルタは決してよい状態ではなかったが、ブロイアーは患者の改善を確かめて、ある程度の希望を持っていたと思われる。しかし一二月、彼女の状態が著しく悪化して、彼はすぐに失望してしまった。症例研究では、当時の期待には根拠がなかったと率直に述べている(Breuer & Freud, 1895)。ボルヒ－ヤコブセンは、手紙には事件の公刊版と矛盾する点があると指摘するが、決してそうでない。ブロイアーは手紙で報告している。「まさにこの時点で、患者を家族に順応させるための計画が進行中です。彼女はきわめて重要な回復期にある——すくなくともそうでした。ただこの計画はおそらくうまくいかないでしょう」(Hirschmüller, 1989)。家族との関係が壊れやすいのは目に見えていたが、ブロイアーはこの同じ手紙の中で、彼女の全体状態は「改善し始めた」という。このときブロイアーがベルタをベルビューに入れる可能性を検討したのは、彼女の健康状態が全般に芳しくないからというより、家族から離れて回復期を過ごす必要があると考えたからであった。ブロイアーは「すぐさま入院の準備をする」のが最善だと考えた、とボルヒ－ヤコブセンは大胆に主張するが、これは別の意味で誤解を招きやすい。ベルビュー・サナトリウムは、一九世紀後半においても現在でも、「病院」ではない。それは特に神経や精神の病を対象とする私立のクリニック、もしくは療養施設であって、そこでベルタは回復期を過ごすように期待され、そして実際翌年の夏には、回復したのである。[9]

さらにボルヒ－ヤコブセンは、特に新しい証拠もなくエランベルジェ版に補足さえする。彼はフロイトが婚約者に宛てた未公開の手紙から、「ブロイアーは一八八二年一一月一八日に初めてフロイトにベルタ・パッペンハイムのことを話したが、その際に治療の惨憺たる結果を隠そうとしなかった……」のを私たちは知っている、と言う。ボルヒ－ヤコブセンがこれに対して持ち出した証拠は、ジョーンズによるフロイトがマルタに宛てた手紙の引用である。しかしジョーンズの報告にあるのは、ブロイアーがフロイトに語った年月日という単純な事実だけである（Jones, 1953）。治療の惨憺たる結果を隠そうとしなかったというのは、元の手紙（現在、米国議会図書館で閲覧可能）には記載されておらず、ボルヒ－ヤコブセンが依拠するジョーンズの引用にもない。[10]

ボルヒ－ヤコブセンは、アンナ・Oの病歴には大きな欺瞞が含まれているという見解を作り上げる一方で、その次の章で、精神分析家サークルの内々で語られていたスキャンダラスな治療失敗談について、気を引くようなきわどい説明をし、彼流の理屈を述べる。「パッペンハイムの恋愛事件は注意深く隠されていたが、精神分析の仲間内では、公然の秘密になっていた」。彼はさらにビエールが早くからアンナ・Oの「深刻な危機」について言及していたこと、一九二五年ユングがこの症例は「輝かしい治療の成功ではなかった」と主張していたこと、マリー・ボナパルトがブロイアーの物語は誰でも知っていると言ったこと、一九五三年ジョーンズが「精神分析の押し入れの中の骸骨」を暴露したこと、などを次々に述べ立てる。しかしボルヒ－ヤコブセンによれば、ジョーンズの暴露話は、ブロイアーの逆転移、つまりヒステリー性の出産とブロイアーの逃走という、よりいっそう煽情的な話（これもマリー・ボナパルトからの伝聞）から「うまい具合に引き出された」ものであった。彼はこのような欺瞞は二次的文献によくあることだからと言って否定し、これ以上繰り返す必要はないと言う。しかしまた多くの文献と同様に、ボルヒ－ヤコブセンの失敗は、彼が「誹謗しようとする悪意の一片」として捨て去ったこの話の根拠というのが、ブロイアーの治療は悲劇であったとする彼自身の考えの根拠と同じである点に触れなかったことである。

たとえば、ユングから得た証言について言えば、エランベルジェは、ユングが実際に言ったこととの中心部分を削除することによって、あたかもユングにはアンナ・Oの治療が成功でなかった事実について特権的な知識があったかのように提示したが、それについては私たちがすでに見たとおりである。実際ユングの話は、患者が転移の破綻からおそらくはヒステリー発作を起こしていた、という、フロイトから聞いた話に決定的に依拠しているが、この話については、エランベルジェはジョーンズから聞いた話と違うと言って、繰り返し否定している。しかしボルヒ＝ヤコブセンはユングを引用して同様の改ざんをやってのける。不幸な治療がどのようにして精神分析学界内部で公然の秘密になってしまったかを示そうとして、彼は自著の中にユングが言った言葉の最初の部分を引用している――「こうしてまた彼（フロイト）がブロイアーとおこない、輝かしい治療成功の例として喧伝されているこの有名な初症例は、実際はそのようなものではなかった」。さらに彼はユングを数ページ引用しているが、これは以前に引用した文の続きである。

ユングの説明はほとんど見過ごされることが多いが、フロイトはユングに対して、自身でベルタの転移性の錯乱を見たことを打ち明けたという。「フロイトはブロイアーが最後に診察した夜、その女性を診るように呼ばれたのだが、彼女は転移の破綻から来るひどいヒステリー発作の最中だった、と私に語った」。私たちは無論これは真実でないと知っている……

ボルヒ＝ヤコブセンは、これはユングがちょっとした記憶違いから間違ったことを言ったとは考えず、フロイト個人に目を転じ、フロイトを疑う方を選んだ。そしてフロイトが、自分はアンナ・Oのヒステリー発作のあった夜そこに行っていた、とユングに実際に話したのだ、という根拠のあやふやな結論にまで進んでいる。ボルヒ＝ヤコブセンはこの話にまったく信用を置いていないにもかかわらず、以前ユングがアンナ・O症例は輝かしい治療成功ではなかったと書いたことのポイントだけを取り上げて、ブロイアーとフロイトを告発するのである。エランベルジェはユングを引用する際、この部分を完全に削除しているのに、ボルヒ＝ヤコブセンはユングの証言を分割し、その結果、不用心な読者に二つの砕片が二つの異なる文脈と関係しているという印象を与えている。

ボルヒ－ヤコブセンのアンナ・O症例の説明は、ことごとく一つの方向、「もしブロイアーが簡単に騙されるのなら、フロイトは非難に値する」に向いている。今日この種の見解を進めるのはボルヒ－ヤコブセン一人ではない。その中で彼の本が注目されるのは、なんら新しい証拠がなく、主張すべき命題もないからではなく、多くの点でアンナ・O症例に関する二次的文献の典型的要約であるからである。たしかにすべての二次的文献が、フロイト派のすべてに反対する際立った意図をそなえているわけではない。しかしこの本には根拠のない推測の意味ありげな例や、証拠の勝手な書き換えや、引用の断片化があり、歴史的な主題を、感情を排除した学問的な研究分野から引き離して、それに否定的な議論を支持する傾向がある、などの特徴がありながら、それでも本書は今日の文献の中で、本症例に関する一般常識的知識のダイジェスト版として、一典型をなしている。

しかし、こうした文献はそれ自体限界を持つ。ボルヒ－ヤコブセンの仕事とその精神の中で創り出されたアンナ・O症例は、トッド・デュフレーヌのいささかグロテスクな題名の本、『フロイトを殺す――二〇世紀の文化と精神分析の研究』（2003）への道を開いた。ここでこの本を取り上げるのは、この本がアンナ・Oに関する著作の包括的リストに、何らかの前向きな貢献をしているからではない。また歴史的著作の一片として、新しく議論する価値のあるものを何か付け加えたから、というわけでもなく、ただ完全を期すためにすべての論評を網羅しようとしているにすぎない。この新説の同じ枝に繋がるものとしてロバート・カプランによる短い記述的な論文がある（2004）。これは大部分が、エランベルジェとボルヒ－ヤコブセンからバラバラに取り上げた要点の繰り返しに過ぎず、それに独自の些細な歴史的誤りをいくつか付け加えただけのものである。

アンナ・O症例に関するこの種の誤った傾向は、後知恵のために避けられなかったのかもしれないが、精神分析に対する現代の「魔女の鉄槌」、すなわち『精神分析の黒い本』（Meyer, 2005）でその頂点に達する。この一冊のリヴァイアサン（巨大な海獣）は無知なフランス人、あまりにも長く精神分析の空理空論による窮屈な支配に屈しているフランス人に対し、科学と合理性と臨床心理学のアングロ・アメリカン・スタンダードを伝えようとする福音的な試みであった。哲学者チャールズ・シオッフィによる最近のフランス啓蒙主義への貢献は、アンナ・O症例全体を単純な矛盾に縮小して、ほとんど一箴言と言える位の短文に閉じ込めて、そこでフロイトの欺瞞性を暴くことであり、彼は先達たちの創造的な仕事を参照することさえしていない（Cioffi, 2005）。まず彼はフロイトの主張「この手法により、ブロイアーは患者をすべてのヒステリー症状から救うのに成功した（…）。患者は回復して健康となり、重要な仕事もできるようになっている」を引用する。[11] それからアンチテーゼによって、彼はその効果についてジョーンズを引用する。「治療を中断して一年後、ブロイアーは「彼女はすっかり錯乱している、彼女は死んだ方がよい、そうすれば苦しみから逃れられるのに」とフロイトに告白した」。シオッフィの使う論法はソクラテスが死すべき人間であったのが確かだと同じように、フロイトは嘘つきであったのは確かだ、というほとんど詭弁に近い論法である。この方法によれば、私たちは歴史的調査においてとんでもない賢者の石を持つことになる。この方法では、文脈を探索することも、証拠を問うことも、証人の主張を審問することも必要ない。そして事実は分析的検死台の上に煌々と照らされて横たわり、血を流し切り裂かれている文書の断片から見えるのとは違っているかもしれない、とはまったく考えないのである。

シオッフィにとっては、同じ分野で働く他の研究者にとってと同様に、歴史を語ることはたやすいことなのである。たとえこの特別な歴史から生まれた真実が、歴史が作り出した伝説の語りの中にしかなく、そしてまた、反精神分析運動が自ら軽蔑する怪物の誕生に関する幻想を説明する手法の中にしかないとしても、である。これはこのようなかたちで歴史的説明の収拾をおこなう人を、不誠実だと言って非難することではない。なぜならそれは、伝説を再度確証しようとして語る行為を、まるで人を騙そうとする意図から出たもののように非難することになるからである。しかしボルヒ－ヤコブセンは自著（2005）の冒頭六ページに、前作で述べたこの症例の最重要事項を要約しているが、そこには同じ本の後半に載せられているシオッフィの短文の寸評と同じ、アンナ・Oの治療についての現代的極論が見てとれる。精神分析運動のためには、その入門書の冒頭にブロイアーの症例が、その複雑な内容がつまるところ数行の歪曲された筋に縮小されて紹介され、一方アンチ精神分析陣営の中には、その模造品が散見される。今や歴史は全円を巡り、精神分析は当然受けるべきものを手にしている以上、アンナ・Oは船首像として、とどまり続けるように運命づけられているように思われる。そこでは彼女の示す些細な言動でも、彼女が目撃者の役を担った精神分析の発端について、私たちがするべきことのすべてを語ってくれるのである。長たらしい議論や分析の検証に、何が必要だろうか。精神分析の営みに不具合なあらゆるものの試金石として、アンナ・O症例はその歴史は閉じられているが、同時に透明で開かれてもいるのである。

これはすべての二次的解釈的な文献の先頭に立つ二人、ジョーンズとエランベルジェからは、はるかにかけ離れている。二人は互いにまったく異なる伝統に立って、アンナ・Oに関するきわめて葛藤的な問題を提示した。彼らの仕事には幾分協調するところがあり、二人はアンナ・Oとして体現しているベルタ・パッペンハイム症例の歴史的情報をまとめて、現在受け入れられている状態を作り出したのである。ジョーンズは、フロイトの想像妊娠の話を取り上げて、ブロイアーの治療は通例主張されているような成功ではなかったと、最初に公然と断定して、ボールを転がし始めた。ジョーンズがブロイアーの失敗を、ただフロイトと婚約者間の未公開の書簡だけに基づいて断定したという事実は、しばしば忘れられる。エランベルジェはジョーンズによって準備されていたこの土壌があったために、ベルタがベルビュー・サナトリウムに数カ月入院していたことを、治療の失敗のさらなる証拠と思いこんだのである。ジョーンズが引いた書簡の証拠は、いずれもまったくクロイツリンゲン入院とは繋がらないが、しかしこれもまたまったく気づかれないままだった。ジョーンズが語った最後のヒステリー性危機物語は、広く信用されていないにもかかわらず、あいかわらず失敗のさらなる証拠として、多くの著作者たちにひそかに働きかけ続けている。クロイツリンゲン入院、ブロイアーの治療終了後なお数年間ベルタ・パッペンハイムの苦痛が続いたことの証拠（再び入院したことも含めて）、そしてフロイト自身がさまざまな形で述べた転移の破綻についての遡及的構成、それらが一つの認識へと収束している。この症例のこうした特性が論評家たちの手の中で相乗し合い、一つに統合されて現れ、ブロイアーの治療は本質的に失敗であったという方向に向かった。この判断に一致しないのは、ブロイアーの示した病歴それ自体と、フロイトがその後維持した公式の見解だけである。したがって、一貫性を保つために、ブロイアーとフロイトによる報告は、あらゆる点で誤りであったとされている。過去五〇年間のアンナ・O症例の歴史は、この見解と融和するような試みから成っており、そして著作者たちは、この意味するところに対して、あるものは多少とも困惑し、あるいは多少とも浮かれている。

本書の第一の結論は、無論、ブロイアーとフロイトに対するこの判断は支持されるものではないこと、そしてここ五〇年の論評家たちによる反フロイト版の著作は、彼らが捨て去ることができない箇所で実質的に書き変えられなければならない、ということである。それは彼らが引用する証拠は、彼らが到達した重大な結論を支持しないからである。今こそ、このテーマの意味するところを探索する方向に向かわなければならない。

結論

今理解できないことは、いつかは理解できると信じなければならない。さもなければ、人は研究など止めてしまうだろう。[1]

——ゲーテ『箴言と省察』（一八二九年）

ブロイアーによるアンナ・Oの治療は失敗であったという、今日広く知られている見解はどこまで是認できるか。本書の目的は、現在手にある証拠を吟味してそれを再考することであった。この見解を受け入れると、ブロイアーが一八九五年に発表した症例報告の結論は、実体にそぐわない成功を仄めかしていたことになる。そしてフロイトもそれを承知していたとすれば、彼もまたブロイアーが読者を欺いた共犯ということになる。

本書では主としてこれを否定する議論をしてきたが、その結論を述べる前に、これまで検討してきたことを要約しておこう。

一八八二年、ブロイアーはベルタ・パッペンハイムについて最初の事例報告を発表した。これを詳細に見ると、多くの重要な特徴が現れてくる。この報告が事例の発端と展開について、ブロイアーの視点から正直に説明しているものと受けとるならば（この点で疑義をはさむものはいないと思う）、ブロイアーは、かなり長い間、患者の病気の本質を確実に把握できていなかったことがわかる。ブロイアーの報告によると、彼は咳の訴えを受けて往診し、即座に〝ヒステリー状態〟と診断したが、ほぼ同時に患者の精神的な健康状態が深刻であるのもみてとった。当時としては当然のことながら、さしあたって彼はそれを併発しているヒステリーとは異なるまったく別の病気だろう、と考えた。治療しながらさらに症状が進むのを見るうち、彼は次第にヒステリーという診断に傾いていく。そしてそれは、自然の経過を辿るままに放置せざるをえない未知の疾患が潜在し、そこから生じて来ているように思われた。この疾患の特徴の一つは、周期的に生じる失神で、それ自体はヒステリーの徴候ではないが、ヒステリー症状を生む土台になっていた。結果的にブロイアーはヒステリーという診断を下したが、これは患者の症状になんら身体因が見つからないということでの、消極的決定であった。言い換えると、彼は神経組織に全般的な機能障害があり、その部分的な現れとして、運動、視覚などの障害、さらにはより広範な精神的影響が出ていると考えて、これらを〝ヒステリー性精神病 hysterical psychosis〟の概念の中にまとめたのである。しかし患者の深刻な病状とも重なって、この診断では、非ヒステリー性の病気という診断にも添うような明確な治療計画は立てられず、患者の呈してくるさまざまな病状に対して、何とかその日その日をやり過ごすしかなかった。

病が進行するうちに、やがてカタルシスを導く技法となるものが次第に形をとってきた。このために患者自身が〝治療法〟を生み出したのだ、としばしば指摘される。事例の性質からしてこれは驚くには当たらない。ヒステリーの診断は、すなわち即効的で有効な治療行為が存在しないことを意味する。また、患者の状態が深刻で、通常の休養治療、マッサージ、電気などが役に立たないか、あるいはすぐに目に見える効果を示さないとすれば、ブロイアーには他にできることはほとんどなく、ただ〝見守る〟しかなかった。この非介入的なやり方も、アンナの父の死後、精神状態（身体状態でなく）が急激に悪化したために継続できなくなり、患者はインツェルスドルフ・サナトリウムに数ヵ月入院せざるをえなくなった。そうこうするうちに、ベルタが日中空想したことからさまざまな話を思い出し、それを語るとある程度安らげるのが周囲の者にわかってきた。そこで、ブロイアーはこれを系統的技法として用いることにし、定期的に施行するようになる。一八八二年の報告の中で、彼が「抑圧された感情が症状の生成に重要な役割を果たすこと、感情がその元となる出来事を語ることで表現されると、問題の症状は緩和されるように見えること」について考えていたのは明白である。しかし、ブロイアーは、まだこの現象を理論的に説明しようとはしなかった。

治療は一八八二年六月に終了するが、これはまったくベルタ本人の希望であり、ブロイアーが中断したという証拠はない。種々の文献を渉猟しても、治療自体はなんら顕著な効果は上げられないまま、患者の状態が徐々に改善したと記載されているだけである。文献からは、ブロイアーは潜在する疾患と考えていたものと根本的に対決せず、適当に対処しており、やがて疾患がただ自然な道筋を辿って、主な徴候が静まったと伝えているような印象を強く受ける。実際、ブロイアーがヒステリー性とはまったく考えなかったいくつかの症状は消失した。

治療が終了するころには、ベルタは病後の療養のためにウィーンを離れ、クロイツリンゲンのベルビュー・サナトリウムに行くことにしていた。そしてその前に数週間、親戚を訪ねる予定を立てるほどになっていた。サナトリウムに着いた時点で残っていた大きな問題は二つである。一つは三叉神経痛と診断されていた非常な痛みを伴う顔面の病である。彼女はヒステリー状態が始まったと思われる一八八〇年夏の数ヵ月以前からすでに二年以上、この病気に悩まされていた。二つ目は、モルヒネに依存していることで、それは顔面の苦痛のコントロールには欠かせなかった。クロイツリンゲン滞在の主な目的の一つはこのモルヒネからの離脱にあったが、一〇月末に退院するころにはまだそれは果たされていない。退院時の医師の所見は、顔面の障害がベルタのこの二年間の苦痛の主要な残存症状であることを示している。退院が近くなっても、毎晩ヒステリー性のドイツ語が話せなくなる症状が反復していたが、これはベルタ自身をたいして悩ませるものではなく、ベルビューの医師も短い記述を残しているだけである。ドイツ語の喪失はその後数ヵ月続いてから消失したが、三叉神経痛の方はそうはいかず、彼女は苦しみ続け、モルヒネの使用をやめることはできなかった。ブロイアーはその後再び彼女の治療をすることは断っているが、フロイトの一八八三年以降の書簡にも、私たちが入手した入院後の経過に関する資料にも、深刻なヒステリー症状が持続していたという情報はない。彼女の苦痛が続いていたことは疑いもないが、それが顔面神経痛以外から生じていた証拠は発見されていない。さらに、彼女が最初にヒステリーの犠牲となった欠神《アブサンス》状態は、あいかわらず周期的におきていたが、それはヒステリー症状そのものではなく、また、身体的な痛みに比べればベルタをたいして苦しめるものでもなかった。

ブロイアーとフロイトによるこの事例の回顧的要約を見るかぎり、二人はきわめて早期から、麻薬依存がヒステリーからの回復を妨げはしたものの、それは新しい治療の成功の全般的評価を傷つけるものではなかった、と考えていたと思われる。さらに二人は中核となるヒステリー性の病が解消すれば、残存するヒステリー症状は、ブロイアーが発見した方法ですべて除去できるはずだと考えていた。そしてこの浄化法《カタルシス》が、潜在性のヒステリー状態の除去だけでなく急性のヒステリーも治せる、とはまったく主張していない。ブロイアーとフロイトは、一八九五年、ただヒステリーの残遺症状を除去する一手段として浄化法《カタルシス》を一般に推奨したのである。この方法がアンナ・Oという特殊な症例で、ヒステリーを治したのだとは主張していない。たしかにこの事例研究の最後に提示された患者像は、医学的な全体状態の記述としては十分ではない。クロイツリンゲンへの入院にはふれておらず、顔面神経痛、歯科手術、薬物依存にも言及していない。しかし『ヒステリー研究』における、ブロイアーのアンナ・Oに関する章の役割は、患者の病歴やありとあらゆる病苦について詳細に説明することではなく、一症例を使って、ヒステリー現象の吟味と、治療の新しい方法を示すことであった。何らかの特定のテーマに絞り、その信頼性を示す目的で提供される事例報告では、患者の全体状態のうち、顕著な特徴を取捨選択し、その研究に応じて現象の範囲設定がなされるものである。ブロイアーにとってベルタ・パッペンハイムの状態の中に、ヒステリー性病理とは無縁と思われる側面がある場合には、それを記述することは意味のないことであった。これはたとえば眼科の症例研究に患者のバニオン（足のマメ）に関する完璧な報告を求めないのと、なんら変わるところはない。資料をみると、ベルタの歯科手術のもとが何であろうと、彼女の顔面神経痛とその結果としての麻酔薬依存は、ブロイアーにはヒステリーと関連するとは思われず、したがって彼が症例報告を出版するにあたって、これを除外したとしても問題はなかった。[2]

フロイトと婚約者が交わした一八八〇年代の往復書簡からは、ベルタ・パッペンハイムの治療がブロイアーと妻の間に深刻な問題を引き起こしたこと、そしてそのことは、ブロイアーがベルタの治療から手を引くことに関わっていたのを、フロイトは知っていたのがわかる。これは一八八二年秋のベルタのクロイツリンゲン入院が期待した効果をもたらさず、さらに治療が必要な状態と判明した時点のことであったと思われる。今現在、ブロイアーが治療を中断したという証拠も、一八八三年にフロイトがそう考えたというヒントも見つかっていない。この年、フロイトはマルタに、ブロイアーがベルタ・パッペンハイムの主治医としての活動から完全に身を引いたと書いたが、これには今後の予定についても、前年六月の治療終了に言及するようなことも書いていなかった。その後の文献では、フロイトが治療の終了について再び話す際には、結末について直接知っていたこととはまったく別に、自分自身の考察を基にして語っていたことが示唆されている。

フロイトはブロイアーとの関係が決裂した後、アンナ・O症例について主として後知恵による自身の観点を発展させ明確にしていった。これは性愛的要素がヒステリーには不可欠な病因として働くこと、したがってベルタ・パッペンハイムの病理は、その最初の外見にもかかわらず、根底に性愛的なものがあるに違いない、という彼の結論とつながるものであった。性愛が病因的役割を果たすというフロイトの理論は、彼が自身の症例として『ヒステリー研究』で報告した患者たちの治療を終了するまでは出て来ておらず、したがって、これらの素材に基づいて彼の新しい見解を示す潜在的可能性はまだ十分整っていなかった。最大の抑止は無論、ブロイアーが彼に同意しなかったことである。ブロイアーはいくつかのヒステリーの症例には、性愛の役割を認めることに異存はなかったが、それがどの症例にも常に存在する必要不可欠な要因とは認めようとしなかった。二人の間の差しあたっての落ち着きの悪い妥協として、症例をフロイトが新しく考え出した見解を提示する方向には向けないこと、全体的定式化では、二人は互いの見解を尊重しあうようにすることが同意された。しかしこの妥協からくる緊張は『ヒステリー研究』の随所に現れており、フロイトとブロイアーの協働関係はこの本の発行以前に破綻することになった。フロイトは、彼の新しい性愛理論を、容易に受け入れようとしないブロイアーの態度と折り合いをつけることができず、ブロイアーの抵抗をまったく不合理なものと考えた。フロイトは、性愛理論と、患者の情緒生活が医師との関係の中に不可避的に入ってくるという考えとを結びつけ、そしてアンナ・O症例を未解決の転移関係の最高の例として見るまで、あとほんの一歩のところまで来ていたのである。同様に、フロイトは、ブロイアーがこれを認められないのは、証拠と理性をもとに熟慮したからではなく、神経症とその治療の中に性愛が遍在することへの情緒的抵抗、もしくは後に精神分析家によって医師の逆転移として知られるようになるものから生じていると確信する、そのごく間近にまで行き着いていた。

フロイトとマルタ間の一八八三年の書簡からは、ブロイアーが少なくとも自身の家庭状況に関するかぎり、患者の要求に対して過剰に便宜をはかっている様子がはっきり見て取れる。マルタは自分の将来の夫の気持ちにも、こうしたことが起こるのではないかと心配したが、この二人のどちらにも不穏当なことが生じた記録はなく、また、ベルタがブロイアーと情緒的関係に巻き込まれて危険な状態に陥ったという記録もない。フロイトは数年後に過去の事件の再構成をしたわけだが、それは、ただ事例の詳細に関してよく知っていることに基づいて作話した、というものでは決してない。ブロイアーによって与えられた難問を解くためのヒントを、フロイトは新しい性愛理論と転移の力の枠組みの中にはめ込む作業をしたのである。ブロイアーの治療の中断と、ベルタ・パッペンハイムの想像妊娠の話については、フロイト自身が書き残しているが、そこでは彼は常にこれは再構成であると断っている。それにもかかわらず、この物語が側近の間で非公式に伝わっていくうちに、仮定的要素が失われていった。無論フロイトは話が伝播していった責任を免れられるわけではない。決して実際にあったのではなく、直接の証拠もなく、ただ演繹的に想定し用いた事柄、彼が考え出した悪意のある虚構が伝播した。そしてそのために、実際に何が起こっていたのか、その理解を可能にする道が閉ざされてしまったのである。

日付や細部の記憶の貧弱さにかけては、フロイトの悪名は高かった。[3] フロイトはその事件があった一〇年も前から、ブロイアーがベルタ・パッペンハイムを集中的に治療するなかで、意味深い困難に遭遇していることを知っていた。そしてやがてブロイアーがこの事例に過剰に巻き込まれ、ベルタの方では転移の徴候を示していたに違いないのに、ブロイアーは内的な抵抗のために自身ではそれに気づけなかったのだ、という結論に行き着いた。劇的に終焉した治療関係全体の再構成をするまでには、あと一歩だった。このあたりは、父の死後ブロイアーがベルタをインツェルスドルフに入院させ、一時治療から離れた一八八一年の出来事を、フロイトがその翌年のことと取り違えて記憶したのと関係しているようである。ヒステリー性出産の詳細の出所の方はどうか。それもフロイトが数年後に寄せ集めた資料の断片から現れたのかどうか。アイティンゴンと次いでフロイトが考えたように、アンナの発病の時点で、彼女と父との関係には性愛的色合いがあったとするある種の精神分析的論理があるにしても、それは謎のままに残る。一方の手の上に、無から生み出された非常に特異な一連の細かい話が乗っていながら、一方の手にはその話が真実である証拠は乗っていないのである。しかしこの特異なエピソードを無視しても、フロイトはアンナ・O症例を、当否は別にして、部分的には失敗とみていたのは間違いない。その失敗は、ブロイアーが彼の鼻先につきつけられたものを、一〇年経っても認めることができなかった点にあった。そしてこの患者との転移関係をいつまでも扱えなかったことこそが、本症例をフロイトが回顧的に説明する際の中心問題となった。

これは多くのフロイトの弟子たちがさまざまな形で語ったアンナ・Oの話を展望する際に、考慮しなければならない重要点である。弟子たちが、症例は完全な成功ではなかったと考えるフロイトの権威に従って論じ、成功でなかったと言う場合には、それはフロイトがベルタの再入院や、また彼女のその後何年も続いた苦痛を話したからではなく、治療の終わりごろのいわゆるヒステリー性危機、そしてそれをブロイアーが扱えなかったという彼の話に従っているのである。そのことは銘記しなければならない。フロイトの心の中でブロイアーは失敗したと見る指標となったのは、想像上の事柄であった。フロイトがタンズリーに宛てた手紙で入院について言及した（その期間は年の四分の三に拡張されているが）箇所でさえ、入院の理由は治療の失敗ではなく、ブロイアーが患者から逃げたためとなっている。

この症例はブロイアーが主張するような成功例ではなかった可能性を、最初に公にしたのは、アーネスト・ジョーンズである。彼はベルタのヒステリー性危機についてのフロイトの説明によらず、独自の根拠を示した。彼があげた証拠は、彼の特権的立場から入手したフロイトの婚約時代の往復書簡である。しかしそれを詳しく見ても、ベルタは五年も経った後も、神経痛の激痛と夕方の〝欠神発作《アブサンス》〟に苦しみ続けている、ということしかわからない。ブロイアーのヒステリー症状の治療が失敗だった、とは言っていない。ジョーンズの説全体は、出所が疑わしい証拠の貼り合わせとも思われ、多くの評論家はヒステリー性出産物語を受け入れるのに慎重である。しかしブロイアーの失敗についてはそうではない。エランベルジェがクロイツリンゲンでの診療録を発見して、ブロイアー版とジョーンズ版に疑いを持ち、特にジョーンズ版に多大な疑義をさしはさんで構成した筋書きが、間接的だが、失敗の断定に偽りの信憑性を与えてしまった。しかし、エランベルジェ自身のアンナ・O物語にも大きな瑕疵がある。エランベルジェはまずはじめからブロイアーとジョーンズを信用せず、二人を誤読し、さらに自身の手で発見したまったく新しい実証可能な証拠があるにもかかわらず、それと根本的に食い違う結論を示したのである。それは資料の一部が不確実であるのを頑なに無視し、細部に十分な注意を払わず、自身の証拠が示すのと反対の話、それも誰でも素直に考えれば容易に思い描けるような話と矛盾する話を、主張し続けたからであった。

したがって、エランベルジェの述べた事件の顛末が、その意図と目的の通りに、今日のアンナ・O物語として残ったのは、格別に不幸なことであった。なぜならその後のアンナ・O症例に関する仕事は、すべてこのエランベルジェの話をそのまま受け入れて、同じブロイアーの失敗譚を繰り返し、その方向にそって単に手を加えていっただけだからである。もし私たちが今、この話を根本的に現代のフィクションに過ぎないとして捨て去ってしまったら、アンナ・O症例は今日、どこに位置し、本書の議論は今後の研究に何をもたらすだろうか。

それは第一に、この症例は、現在完全に閉じられた静止状態にあると見なすことはできない、ということである。それは単に本書の発見や議論に疑義を差しはさもうとする人がいるからではなく、当然のことながら、再びこの画像を変えるような新しい証拠が出てくる可能性が常にあるからである。ここで進めた議論の大部分は、新しい証拠に基づいたものではなく、既存の資料を当時の解釈とは根本的に異なる読み方をしたものである。しかしこのような根本的に異なる読み方が可能であるという事実自体、この資料がいかにあいまいであるかを示し、その内包する破れ目が、いかに広範に及んでいるかを示している。ある意味では資料に不足はなく、その範囲は実に広い。その中心には、まずブロイアーが最初に公刊した事例報告、さらにクロイツリンゲンの診療録、パッペンハイム家の書簡、フロイトが発表した事例の要約、フロイトの書簡中の文言、弟子たちによるコメントなどがある。だが、これらの資料は歴史的時間的に広く散らばっている。またこれらの資料がアンナ・O症例に起ったことを正確に語っているかどうか、きわめて信頼しがたいとすれば、全体的に見て明確な画像が現れてこないのもたいして驚くにあたらない。そもそもこの症例には、論評のあり方が大きく関わっている。つまり、資料が明白にある特定の方向を指し示すように、はなはだしく誇張されている。このエピソードを語る歴史家は、一般的にこの症例を自身で勝手に焼き直して話を発展させたと思われ、特にここ五〇年間では、ブロイアーの失敗譚から派生した話がますます増加している。こうした諸説は個々の事実や特殊な細部で矛盾を抱えており、本書の後半でおこなった文献検討が示しているように、現存する証拠の断片からでも少なくとも大いに疑問視される。しかし、ごく控えめにみても不完全としか言いようのない画像でも、それが真実だとあまりに強く断定してしまうと、その確信を守ろうとして焦るあまり、それ以外の可能性は省かれていくものである。たしかに、証拠の各小片が、それを取り巻くより大きな状況から切り取られ、資料の中のあいまいな細片や微かな不一致の一つ一つが、ことごとくブロイアーのアンナ・Oの治療は本質的に失敗だったという論調に有利なように変形されていったとすれば、この結末は当然の帰結と言える。しかし、資料の個々の砕片をそれぞれの文脈の中で熟考し、そしてこうした証拠の各片は、このほぼ百年前の症例の唯一の隠された〝真実〟を裏切る目的のために作り出されたのではない、と認めるなら、本書の語る物語もまた、あらゆる証拠と一致していて齟齬せず、そして少なくともこれまでのわけのわからぬ矛盾を、解決する方向に導く利点も持っていることは真に認められねばならない。

本書で到達した結論は、ブロイアーの一八九五年の症例報告は、基本的に誤っておらず、そして、フロイトは精神分析という生まれたての学問分野のために、失敗の糊塗を目論む不正な企てに与するようなことはしてはいないということである。これはおそらくここ五〇年間のフロイトの学問領域では新しい主張である。無論この見解も、ある意味では一時的なものにすぎない。その理由はこれが新しいためではなく、これは現在の入手可能な証拠に基づいた見解であり、将来、新しい証拠が現れれば、覆されるのは当然だからである。今まだ知られていない書簡や、今後発見される診療録は、ベルタ・パッペンハイムがブロイアーの治療が終わった後数年間、ヒステリー症状に悩まされていたこととか、またこの症例の価値について、フロイトがブロイアーに加担して同僚たちを騙いたことなどを明らかにする可能性はある。そして無論、この五〇年間アンナ・O症例が保持してきた立場が真実だったとする証拠が出てくるかもしれない。しかしここで主張しておきたいのは、現在ある証拠は、どうみてもそれを支持し続けるに足るものがないということである。

将来、ブロイアーの失敗説を支持する証拠が発見されることは、理論的には可能である。しかしそれはまずありえないだろうと思わせる多量の状況証拠も付け加えておこう。もし、ブロイアーの目指したことが本質的に不成功であり、したがって、彼とフロイトの二人は一八九五年に『ヒステリー研究』を出したとき人々を欺いていたとすれば、二人にはきわめて重大な危険が差し迫っていたことだろう。第一に、ベルタ・パッペンハイムを知り、治療した医師たちのネットワーク全体がある。その中には、ヘルマン・ブレスラウアー、エミール・フリース、ロベルト・ビンスワンガー、クロイツリンゲンのロウパス医師、ウィーンのカール・ベッテルハイムがいた。この中の誰かは『ヒステリー研究』を読み、これは自分が治療したことのある患者だと認めただろう。野望に燃えるフロイトがこの症例の成功を誇張する誘惑にかられたとしても、また用心深く、しかも一般医として最高の評判を得、十分に地位の固まっていたブロイアーが、たとえそうした誘惑を感じたとしても、こんな方法で一片の名声を得るための賭けに出るには失うものが多すぎたと思われる。第二に、ベルタ・パッペンハイムの家族がいた。『ヒステリー研究』が出たころには、ベルタと母親はフランクフルトに住んで七年ほどになっていたが、ウィーンには親密な親類がいた。もし何らかの欺瞞があったとして、こうした親類の一人が身内の治療について書かれたことに気づかず、抗議もしないとは、ブロイアーもフロイトも考えられなかっただろう。家族からも同僚からもそうした抗議が出た証拠がない。それは、何よりも、特にブロイアーが抱えると予想される危険、たとえ私的にでも仲間うちで疑いがささやかれる危険を、二人がよく理解していたことの証である。[4]

フランクフルトでも、ブロイアーがベルタ・パッペンハイムを治療していたのを知っていながら、ブロイアーの主張に疑問を投げた人はいなかった。その状況証拠は、消極的な類なら存在する。ベルタをブロイアーが治療したほぼ四年後、一八八六年には有名な神経学者ルートヴィヒ・エディンガーは、ゴールドシュミット家の出であるベルタの母親のいとこの娘にあたるアンナ・ゴールドシュミットと結婚していた。この結果、ベルタ・パッペンハイムとルートヴィヒ・エディンガーは姻戚関係になり、またいとこになっていた。妻のアンナ・エディンガーは、後にベルタと同様、フランクフルトでの女性の権利の強力な擁護者として、またソーシャル・ワーカーとして群をぬく存在になる。ルートヴィヒとアンナ・エディンガーの息子のフレデリックは一九一四年に、ドラ・マイヤーと結婚した。ドラ・マイヤーはドラ・エディンガーとして、ベルタ・パッペンハイムの生涯と業績に関する資料の編纂にあたり、これをもとに一九六三年に著作を上梓している。この本でドラ・エディンガーは、ベルタの病気は家族にしか知らされていなかった、と述べ、以下のように書いている。

この病気は親族だけにしか知らされていなかった。また、彼女が高名なウィーンの医師、ヨーゼフ・ブロイアー先生にかかっていたこと、先生が年下の友人、ジークムント・フロイトとしばしば症例について議論していたことは、約一〇年後、一八九五年に二人の医師が出版した症例集の中の〝アンナ・O嬢〟として取り上げられるまで、親族にしか知らされていなかった。(Edinger, 1963)

彼女の英語版にはさらに以下が書き加えてある。

彼女は二〇代はじめに深刻な神経衰弱にかかった。このことを親族は知っていた。それをジョーンズに教えたのはいとこの一人である。私は親戚の一人から聞いたが、それはベルタ・パッペンハイムと親しかったルイーズ・ゴールドシュミットである。私の義父、神経学者のルートヴィヒ・エディンガー(一八五五―一九一八年)は、結婚によりまたいとことなり、後にこのことを確認している。(Edinger, 1968)

ルイーズ・ゴールドシュミットはアンナ・エディンガーのいとこと結婚したので、ベルタ・パッペンハイムのまたいとこになった。したがってベルタの病気とブロイアーの治療が、身内にしか知らされていなかったとしても、また、彼女の後の仕事仲間には知られていなかったとしても、遠い縁戚にまで広まっていたとは考えられる。特に重要なのは、ルートヴィヒ・エディンガーがベルタ・パッペンハイムとアンナ・Oが同一人物と知っていたことである。エディンガーはただ遠縁の親族の中の一人として知ったのであろうが、医師である彼が、親族の症例に対して職業的関心を抱いた可能性は否定できない。これはたしかにドラ・エディンガーの意見であるが、彼女は一九五七年の私信（ジェラルド・クレフトが発見した）で、次のように書いている。

私は以前からベルタ・パッペンハイムはアンナ・Oであると知っていましたが、それをあなたに書いたかどうかわかりません。私の義父［ルートヴィヒ・エディンガー］は後に彼女の主治医になったと思います。フロイトは義父に大変敬意を寄せていましたが、それは相互的関係ではありませんでした。義父はフロイトの結論にたじろいでいました。少なくとも意識的には。（Edinger, Kreft, 1996 による引用）

これはエディンガーがベルタ・パッペンハイムを診ていた医師であったという、決定的な証拠とは言えないにしても、唯一の直接の言葉であり、クレフトはその結果として生じる可能性を注意深く検討している。そしてこれはただドラ・エディンガーの誤りだった、ということも考えている。つまり、ルートヴィヒ・エディンガーがベルタ・パッペンハイムとアンナ・Oが同一人物と知っていたのは、彼がただ親族の一員であったから、とも言えるのである。また別の見方をすれば、エディンガーが彼女を診たのは、彼女がフランクフルトに来た後の数年間という可能性もある。しかしクレフトは、フランクフルトの最高の神経学者である彼の立場を考慮し、一八八〇年代後半ベルタがフランクフルトに到着した時点で、彼女が彼を選んだ可能性が高いと考えている。

エディンガーがベルタ・パッペンハイムの主治医であったとする可能性は、根拠は薄弱ではあるが、後に彼女の治療にあたった人物による詳述が裏づける。一九九五年、精神分析家で催眠学者であるエリカ・フロムがクレフトに宛てて次のように書いている。

ベルタ・パッペンハイムがアンナ・Oであったことは、フランクフルトでは誰も知りませんでした。そして一九五三年にアーネスト・ジョーンズがそれを公表したとき、私はそれを読み（私は精神分析家ですから）、当時イスラエルに住んでいた父に宛てて手紙を書きました。彼は驚いていました。［…］父は『ヒステリー研究』を読んでいましたが、ベルタ・パッペンハイムがアンナ・Oであるとはまったく思いつかなかったそうです。

（Kreft, 1999による引用）

エリカ・フロムの父、ジークフリート・オッペンハイマーがフランクフルトでベルタ・パッペンハイムを治療した医師であったにせよ、それは一九一八年ごろからのことだと、クレフトが知っていたことは重要である。一九一八年はルートヴィヒ・エディンガーが亡くなった年で、ベルタ・パッペンハイムが新しい医師を探す必要に迫られていたことは当然考えられる。[5]

エディンガーがベルタ・パッペンハイムの主治医でなかったとしても、彼女の過去の経緯とブロイアーによる治療について知っていたのは、確実である。これは、彼がブロイアーとフロイトの治療技法を高く評価していた間接的な証拠となり、大きな意味を持つ。エディンガーは神経学者であるが、また、心理的治療と催眠に関心を抱いていた。事実、一九〇九年、彼は新しく出た『ヒステリー研究』の第二版についての短い論評を『ドイツ医学週報』に載せている。

私たちがここに手にしている新しい、そして不朽の書物の中には、フロイトのいくつかの心理作用に関する研究から生まれた成果が展開されている。それは当時徹底的に検討されたものであった。新しく再刊が必要になったのは、この示唆に富む本に対して、医学全体からの関心がいかに高まったかを示している。(Edinger, Kreft, 1996による引用)

二年後、彼は次のように書いた。

約二〇年前、催眠暗示は大きな役割を果たした。医師と患者は、そこに強い治療的要素があるのを、今日よりも強く確信しており、そしてそれに基づいて、今日よりよい成果を挙げていた [...]。これは当時の医師に患者の心により深い関心を抱くようにさせ、精神生活を思慮深く分析し暗示的対応をすれば、いかに多くのことが成し遂げられるかを経験させることになった (Edinger, Kreft, 1996による引用、文中の省略はクレフトによる)

事実、ブロイアーはベルタ・パッペンハイムに暗示を用いたが、彼の技法全般は、エディンガーが精神生活の分析と呼んでいるものにきわめて近かった。しかしこの文でも、そしてその前の論評でも、彼は患者に対するブロイアーの取り組みの実例として示された治療には、なんら疑問を呈していない。クレフトが指摘するように、ブロイアーの症例研究の結末を判断する立場にいる者があるとすれば、当時はただブロイアーとフロイトのみ、後になっては、ルートヴィヒ・エディンガーであろう。彼は自分の患者であるベルタから知識を引き出したのか、あるいはただ親族の一員として知ったのか、それはわからない。たしかに、もしエディンガーがブロイアーの症例研究は根底から不正確、あるいは誤りであると、いささかでも疑いを持っていたら、彼は精神療法的技法に関する議論の中か、あるいは、彼の『ヒステリー研究』に関する論評の中で、ほんの遠まわしにでも、それを指摘していただろう。

以上述べた中にはたしかに推測がかなり入っている。ここで指摘したことは何らかの確証によるというよりも、エディンガーの文章中には批判的言い回しがないことに基づいている。それでもこの症例の全体的印象を構成しようとするには、こうしたものを含めあらゆる証拠から生まれてくる可能性を考慮しなければなるまい。

ここまで示してきたことと一致する証拠は、後にフロイトがこの症例について私的に言及した中にある。それは明確さには欠けるものの、フロイトが自分のメンター（よき指導者）がおこなったベルタ・パッペンハイムの治療について、その治療終了二、三年後の段階ではどのように見ていたかを示している。フロイトはパリでシャルコーのヒステリーに関する仕事を見て眩惑され、そして一八八六年、そのシャルコーのもとでの勉学を終えて帰国した直後、シャルコーの一連の講義の翻訳を完成して、刊行した（Charcot, 1886）。当然フロイトはその一部をブロイアーに送ったが、その際、彼は以下のような献辞を添えた――「もっとも尊敬する友人にして、ヒステリーとその複雑なる障害の隠れた達人、ヨーゼフ・ブロイアー博士へ。沈黙の献身のうちに。訳者」（Swales, 1989 中に引用）。フロイトとブロイアーの仲は一八八六年まで学問的にも個人的にも非常に親密であったことを考えると、フロイトがこうした世辞的献辞を書いても驚くにはあたらない。しかし、特にこの分野での第一人者はシャルコーと、誰もが認めていたその当時に、ブロイアーをヒステリーの達人と書き、こうした言葉を添えているのには、瞠目せざるを得ない。忘れてはならないことだが、シャルコーは特定のヒステリー症状の詳細な分析に関しては、たいして関心を持っていなかった。そしてその後かなり年数を経てから出たフロイト版の事例集についていえば、ブロイアーのベルタ・パッペンハイムの治療をフロイトが報告したときも、たいした興味は示さなかった（Freud, 1925）。だがフロイトは、ブロイアーはシャルコーが到達した地点を越えてヒステリー研究に突き進んでいると、明らかにそう考えていた。彼がブロイアーを〝ヒステリーの隠れた達人〟と呼んだことは、当時、彼がブロイアーのベルタ・パッペンハイムの治療を知っていたことを示している。もし彼がここ五〇年の数多の二次的文献が力説するように、そのときすでにこの症例は失敗だと考えていたとすれば、そうした格別の世辞を呈する動機など考えられるだろうか。後になってフロイトがこの治療の終わり方をどのように構成しようと、一八八六年、『ヒステリー研究』の出版九年前のその当時、彼の私的な見解は、ブロイアーは何か特筆すべきことを成し遂げた、ということだったと思われる。

こうしたバラバラの状況証拠を集めてみても、ブロイアーのベルタ・パッペンハイムの治療に関して述べているものは、ほとんど見つからない。そして、現代の多くの文献の中に描かれているもっとも共通の画像とぴったり一致するものもなかなか見つからない。それなのに、どうしてこの画像はかくも溌剌としているのだろうか。精神分析の起源についてのこの誤った概念は、どのようにして生み出され、かくも長い間、生き続けているのだろうか。その種を蒔いたのは、フロイトが私的公的におこなった回想的説明であった。だが、それを歪める魔法使いがビンから逃げ出したのは、ジョーンズがフロイトの説明をさらに歪めた形で引き継いだからである。この累積するフィクションの歴史は、単純な事実の誤りなのではない。精神分析の歴史に関わる問題は、主張と論争の政治的駆け引きと不可分であり、特にフロイトはこのことをよく知っていた。この有名な最初の患者には、性愛的要素が驚くほど発達していなかった、というブロイアーの主張を、フロイトは繰り返して、以下のように論じている。

> 私は批評家たちがなぜブロイアーの意見を、神経症の病因は性愛的なものとみる私の意見とは対立する議論として取り上げないのか、不思議に思っていた。そして、今日でさえ、私はこの無視を彼らの作為と見るべきか、不注意の証拠としてみるべきかわからないでいる。(Freud, 1914)

彼は予期される批評のためにこのように道を開けてから、この道をすばやく閉ざし、この症例には性愛的病因があった、しかしブロイアーはそれを認めることも扱うこともできなかったが、それは彼が転移関係の本質も意味も認識できなかったからだ、述べた。さらに内々では仲間たちに、この失敗の結果患者はその後もヒステリー性の危機的状態にあったが、ブロイアーはそれになんら手を出さなかった、と話した。当時の証拠は、フロイトが言ったようなことはまったくなかったことを示しているが、フロイトが数年後に伝えた治療の終結の説明が、ただ単に彼の側の欺瞞的な意図から出た行為であったとは思われない。治療の終了の時期はベルタ自身が決めたということと、そのときにはどんな種類であれ大きな危機的局面が隠されていなかったのはまず確かである。しかしだからといって、フロイトが後になって広めた話がただ悪意のある創作であったとは言えない。ブロイアーがその後この患者の治療を一切引き受ける気にならなかったこと、ベルタがブロイアーには扱えなかった重大な危機的状態に陥ったこと、その結果、数カ月間の入院をしたのは事実であり、そして医師と患者の間の情緒的関係《ラポール》がきわめて強かったと信ずる理由もある。しかしその当時も、フロイトが後年主張した状況のもとでも、こうした要因はすべてバラバラのままで、一つにまとまってはいなかったのだろう。また、ブロイアーとフロイトの関係を終わらせた鍵となる要因の一つが、性愛の病因的役割についての議論であったこともわかっている以上、フロイトが、必ずしもすべて信頼できるとは限らない細部の記憶を頼りにして、あらゆる歴史的小片を彼流のやり方でつなぎ合わせたとしても、決して驚くに当たらない。それは、必ずしも意図的な歪曲ではなかったが、一方で、精神分析の基本的教義、特に性愛の役割と転移について確証する上で貢献したのは疑いもない。それはまた同時に、それらの発見に重要な役割を果たしたフロイトを銘記させるものでもある。

ブロイアー失敗神話を流布したジョーンズの役割は、これとはまた少々異なっているが、精神分析の政治学に根ざす点は同じである。ジョーンズはこの問題に純粋な目撃者として接近したのでも、関心のない歴史学者として接近したのでもなく、フロイトをよく知っている内部の人間として、また、ほぼ公的な伝記作家として接近した。彼の仕事の発端と動機は、彼の著作の序言の冒頭の一文に明らかである――「本書はフロイトの一般向け伝記を目的としたものではない。そうしたものは重大な歪曲と偽りを含んだまま、すでにいくつか世に出ている」(Jones, 1953)。

さらに以下のように続く。

> 悪意のある人々が彼の性格を誹謗している。これを訂正するには、彼の内的外的生活をよりよく知らせるしかない。
>
> フロイトの家族は私生活を守りたいという彼の願望を理解し尊重し、そして、その思いを共にしていた。家族はしばしば、単なる詮索好きな大衆から彼を守り隠した。後になって家族の態度が変わったのは、彼をまったく知らない人々が虚偽の話を作り出しているのを知ったからであった。それらは次第に積み重なって、真実でない偽りの伝説を作り出して行った。そこで家族は、力のかぎりを尽くしてフロイトの真実の生活を語ろうとする私に、全面的支援を与えてくれたのである。(ibid.)

無論、この本は単にフロイトの人格への誹謗に対抗する闘いではなく、またそうなっているところはほとんどない。伝記的事柄に関する闘争は主として、精神分析の根本理論と、その強化やその深化の努力に関連しており、それらは精神分析が始まったときからずっと続けられている特有の努力である。ジョーンズはたしかに精神分析運動に献身的であった。彼の伝記は、運動の推進や、何としてもフロイトの評判を維持しようとする、単なる一片の宣伝と見なすことは決してできない。たとえばブロイアーとの諍いに関して言えば、ジョーンズは、個人レベルではこれはブロイアーよりフロイトの仕掛けたことで、ブロイアーに対するフロイトの反応は幾分神経症的な面さえあった、と彼自身の見解を述べている。しかしアンナ・O症例の性質という特定の問題に関しては、ジョーンズの説明は当時出ていたものの中でもっとも批判的であったにもかかわらず、フロイトが内密にしていた事件の様子を広く一般に知らせる直接的効果をあげ、それによって性愛と転移の重要さ、この発見におけるフロイトの立場についての潜在的メッセージを援護することになった。ジョーンズはまたベルタのその後の経過をもとに、ブロイアーの治療の効果を初めて問題にした（しかも誤って問題にした）箇所でも、転移を認め解決するべきだったのにそうしなかった失敗が、患者の繰返しおこる再発の重要な要因になったことを示唆し、このテーマをさらに一歩先に進めた。ジョーンズがそうとは知らずに初めて水門に切れ目を入れたこの一点が、結果的にアンナ・O症例は著しい失敗であったとする説を流布し、産み広める結果を生んだのである。なぜなら、ジョーンズが公刊されていた症例に加えたこの重要な改訂がそのまま残り、さらにエランベルジェの諸発見によって（再び誤って）強化されたからである。

ブロイアーによるベルタ・パッペンハイムの治療が、最終的には失敗であったという考えは、皮肉にもあらゆる学派の人々の関心をひいた。このことは親フロイト派には、ブロイアーの業績の意味がどうであれ、たとえベルタ・パッペンハイムの症状が解消しても、性愛の力と転移の支配力の認識をしなければ、それはただ表面的なものにすぎず、実際の解消はフロイトだけが達成できるのだ、と映った。また、反フロイト派には、治癒しなかったということは、たとえそれが精神分析のおぼつかない最初の一歩においてであれ、精神分析が失敗の淵に沈んだことを意味し、しかもその失敗は、一八九五年にブロイアーとフロイト自身が病歴を発表したその時点から始まり、しかも〝公的〟病歴からほとんど隠されていたことを示すものであった。

だが、精神分析の歴史編纂を、対立しあう勢力の競合という単純な歴史に矮小化するのは、誤りであろう。同志の中のとりわけ過激な人でも、もし事件の解釈に根拠がなく全体が見えない場合には、少なくとも説得力のある証拠が語る見解によって行動が抑制されるものだからである。それでも、通常は資料の選択や解釈や紹介には十分な自由度があり、そのためだいたいの場合は、明白な客観性と内的確信の間の必要な妥協が、あまり努力しないでも可能になる。つまり、精神分析運動の政治では、支持する者も中傷する者も、不明瞭で断片的な証拠であろうと、入手できる証拠を何でも利用して、自分たちの物語の語り方が唯一妥当なものだと確信するようになる。より客観的なアプローチをするには、証拠が不明瞭であいまいで矛盾している場合には断固とした結論に飛びつくのをやめ、また、こうあってほしいと願うことに証拠が直接に一致していないのに、歴史上の人物の個人的な動機づけについてあれこれ憶測しないようにすることである。歴史的証拠は人が望むようにすっきりと明白なことはめったになく、一見たしかに明白であっても実はあてにならないこともあるのを、当然として認めなければならない。どのような歴史的なテーマも入手可能なすべての証拠を、適切な文脈の中で検討する合理的な努力と、あらゆる解釈の可能性を熟慮することなしに、適切に支持されるということはありえない。

もし本書がその目的を達しているとすれば、それは精神分析領域で現在支配的な歴史的解釈の基準と、これらがアンナ・O症例の歴史に関する著作の中で演じた役割について、問題を提起したことであろう。今や、精神分析の歴史家たちがこの症例に新たな方法でアプローチするときであるが、それは逆説的であるが、アンナ・Oという神話的人物が、精神分析の核心をめぐる闘いの中で、人質となる以前の時代にまで、種々の方法で時計を巻き戻すことを意味している。これは無論、議論をよぶ提案であり、これを受け入れない人も多いだろう。しかし、ここでなされた議論と証拠が、精神分析の基礎を作った本症例のこれまでの歴史に、何らかの懐疑を若干なりと喚起したとすれば、いささか価値あることが達成されたことになるだろう。

訳者あとがき

本書は、Richard A. Skues, *Sigmund Freud and the History of Anna O.: Reopening a Closed Case*. Palgrave Macmillan, N.Y., 2006 の全訳である。

著者のリチャード・A・スクーズについては、ロンドン・メトロポリタン大学の社会科学講師という以外、残念ながら情報が得られていない。

本書の主人公、アンナ・Oについては、精神分析学の誕生に深く関わった症例としてすでに広く知られている。すなわち、彼女は多彩なヒステリー症状に苦しむ二三歳の若い女性であったが、ブロイアーによる催眠浄化法の治療を受け、忘れていた（無意識の）空想や記憶を物語ると、症状が消えることを経験した。彼女はこの方法を自ら「談話療法」（talking cure）や「煙突掃除」（chimney sweeping）と呼んだが、この方法は、忘れていた体験や記憶を十分な感情を伴って想起すると、それと関連のある症状が消失することを示しており、いわば無意識内容の意識化を重視する精神分析の最初の基盤となったのであった。

アンナ・Oの治療を担当したブロイアー（一八四二―一九二五年）については、現在はあまり一般には知られていない。しかし彼は、呼吸運動の自動調節機能や三半規管と平衡感覚について、すぐれた生理学的研究を成し遂げた、当時著名な生理学者であった。フロイトより一五歳年長で、フロイトと知り合ったころは、ウィーンで内科医として開業し、盛名をはせていた。彼は若くて貧しいフロイトを公私にわたって援助し、よく一緒に散歩しながら臨床経験を語り合っていたと伝えられている。因みに、一八八五年から八六年にかけてのフロイトのパリ留学も、ブロイアーの経済的援助によるものと言われている。このような二人の間の対話は、やがてフロイトが精神分析学を創始する契機となる二人の共著、『ヒステリー研究』（一八九五年）となって結実したのであった。

ジョーンズ（一八七九―一九五八年）は、フロイトに直接師事した弟子の一人で、トロント大学の精神科部長をした後、ロンドンで開業し、イギリス精神分析学会の会長を務めた。彼はナチスの迫害から多数のユダヤ人を避難させ、またフロイト一家をウィーンからロンドンに亡命させるために大いに力を尽したと言われている。彼の最大の功績は詳細かつ浩瀚な「フロイト伝」を完成したことにある。

エランベルジェ（一九〇五―九三年）はカナダの精神医学者で、大著『無意識の発見』（弘文堂刊）で広く知られている。メニンガー精神医学校、カナダのマギル大学、モントリオール大学などで教えた。研究活動は多岐にわたり、病跡学、比較文化精神医学、精神医学史などの分野で優れた業績をあげた。

さて、本書は、少し変わった精神分析学の本である。理論や技法を論じたものではない。著者は精神分析学の世界で共通認識となっている一つの「定説」は、誤っていると確信し、それを証明するために資料を渉猟し、精読し、資料間の食い違いを吟味していく。本書はいわば、「神話の皮を剝ぐ」ミステリアスな過程の報告なのである。

精神療法を学ぶ学生は、フロイトの思考の道筋を辿るように概念と技法を学んでいく。その入り口には、一八九五年にフロイトがブロイアーと共著で出したあの『ヒステリー研究』がある。そして奇妙なヒステリー症状に苦しむアンナ・Oという女性へのブロイアーによる治療――話すことによるこころの浄化――から精神分析学が始まったと教えられる。

だが、この五〇年来、フロイトとブロイアーが提示した輝かしい治療成果は、実はまやかしで、アンナ・Oは治癒していなかった、ブロイアーとフロイトは、偽りの報告をしたのだ、ということが広く信じられるようになってきた。いわく、

- ブロイアーはアンナ・Oの彼への恋愛転移に度を失い、治療を中断し、彼女の治療に没頭する夫に不満を持っていた妻とイタリア旅行に行ってしまう。
- 妻は旅行先で妊娠し翌年女児を生んだ。
- 治療を中断されたアンナ・Oはその後数年間症状に苦しみ続け、長い入院を余儀なくされた。
- フロイトはそれを知っていながら、公には治療は輝かしい成功であったという態度を崩さず、私的には、弟子たちにアンナは治っていなかったと語っていた。
- したがってアンナ・O症例は決して精神分析の栄えある勝利の一歩ではなかっただけでなく、フロイトは不誠実にも虚偽の主張を続けたのだ。

ということである。

精神分析学の学徒は、この「定説」に居心地の悪さを抱えながらも、それはそれとして、フロイトが思考を重ねて作り上げた偉業の光輝に魅了されて学び続け、その効力を信じて、実践してきたのではないだろうか。

ところが、本書の著者、リチャード・A・スクーズは、私たちがこころの片隅に置く居心地の悪さに、真っ向から挑む。彼はブロイアーとフロイトがヒステリー研究で示したアンナ・O症例の治療成功は偽りとする従来の定説を「神話」と呼び、その方こそ事実ではないことを証明しようとして、本書を以下のように書き始める。「一九五三年、アーネスト・ジョーンズはフロイトの伝記の初版を出すが、ここに彼がフロイト自身から

聞いた話として、本症例の結末には発表されていない側面が少なからずあり、ブロイアーは患者との間に生じた感情的なもつれから、時期尚早に治療を終わらせ、その結果患者は再発に苦しみ、入院を余儀なくされたと書いた。以後これをもとに、ブロイアーの治療は、ほとんど破滅的な大失敗だったらしいとする論評が、積み重なっていった」。続けて著者は、「破滅的大失敗神話」が創られていく道筋に、エランベルジェ、ヒルシュミュラー、カール・G・ユングが大きく関わっていたことを述べていく。

ジョーンズが創出した「神話」は決してそのまま罷り通っていったわけではない。ヒルシュミュラーは、ブロイアーの娘ドラは、アンナの治療が終了する以前にすでに誕生していたことを明らかにした。さらに彼は、ブロイアーの手になるアンナ・Oの病歴原本の写しを発見し、彼女はブロイアーの治療後、回復期の療養のためにサナトリウムに入っていたこと、それは三叉神経痛で用いたモルヒネ依存からの離脱が主目的であったことを指摘している。しかし彼はジョーンズの説から抜け出していなかった。

エランベルジェは新しい重要な証拠（ブロイアーの治療直後に写された、乗馬服をきた健康そうなアンナ・Oの写真も含め）を発見し、ジョーンズのいうヒステリー性の陣痛の話は確認されていない、と反論する。それでも彼は、ユングの談話を重視して「この有名な「浄化法による治癒の原型」は治癒も浄化もしていなかった。アンナ・Oは重篤なモルヒネ依存者となっており、顕著な症状の一部は続いていた」と結論した。

「神話」を創る上で重要な役を果たしたのは、ユングの談話である。彼はフロイトが転移の観点から再構成した治療の結末の話をフロイト自身から聞き、その意味で「アンナ・Oは治っていなかった」と話したのだが、それがエランベルジェにはアンナ・O治療全体の失敗と受け取られたのである。

著者はこうして固められていった「神話」を覆そうと、周辺にある膨大な資料を綿密に検討して、その誤りを一つ一つ確証していく。おそらく著者はフロイトと精神分析学を心から信奉しており、精神分析学の出発点につけられた小さな、しかし決して見逃せない重要な汚点を拭い去りたかったに違いない。その熱意は紙面を通して強く伝わってくる。ただ熱意のあまり、彼はしばしば発見したことを繰り返し記述するので、文章が冗漫になったきらいがある。諸家の論述、特にジョーンズとエランベルジェの説を語気強く糾弾して、感情が露わに出る場面もある。その他の諸家の繰り出す「破滅的大失敗説」に対してはさらに手厳しい。しかし彼の真実へ迫ろうと思考を重ねていく道には、推理小説さながらの興味深い追及が展開される。

著者が出した結論は以下の通りである。「フロイトがこの症例の結末にはきわめて疑問の余地があると考え、ユングを含め数人の弟子に、治癒について繰り返し云々したことは事実である。しかしそれは、後からの遡及的な診断にもとづいて、転移の観点からなされたものであり、『ヒステリー研究』出版当時は、彼はまだ転移の概念を持ち得ていなかった。ブロイアーが談話療法によって、アンナ・Oのヒステリーの症状を消したのは紛れもない事実であって、したがって、フロイトが、アンナ・Oを精神分析学の基礎をつくった患者とする態度を維持し続けたのは、何ら不思議ではなく、正当なことなのである」。本書のこの主張は明確で、読む者は目から鱗が落ちる思いをする。

著者は、自らの結論を強く主張しながら、これは「既存の資料を読み込んで得た結論であって、今後新しい資料が発見されれば反論されるかもしれない」とも述べている。この本が出てから、八年が経ち、最近では、事実は「神話」の通りではなかったことが伝えられるようになっているが、しかし「神話」はなお依然として残り、ブロイアーとフロイトの〝名誉回復〟は完全には果たされていないように思われる。本書の挑戦に対し、補強、あるいは反証の論評が現れるのを期待したい。

最後に本書の翻訳について。本書の序章、奇数章と結論の章は岡元、偶数章と年譜は馬場が担当して翻訳した。初訳完成後原稿を相互に交換し、不明点を正し合い、文章を調整して統一をはかったのはもちろんである。原文がかなり凝った文章で、意訳せざるを得なかった箇所がいくつかあったことをお断りしておきたい。

本書により、今まで何となく腑に落ちなかったアンナ・O症例の結末について、少しでも理解が深められたら、望外の幸せである。

二〇一五年　初夏

岡元彩子
馬場謙一

索　引

ア

アイスラー，クルト・R　Eissler, Kurt R.（1908-1999）　30, 35-6, 75-6
アイティンゴン，マックス　Eitingon, Max（1881-1943）　71-4, 76, 134, 199
アドラー，グイド　Adler, Guido（1855-1941）　43
アドラー（ベルガー），ベティ　Adler (Berger), Betti（1859-1933）　43
アブラハム，カール　Abraham, Karl（1877-1925）　71
アンダーソン，オーラ　Andersson, Ola　90
アンナ・O　→「パッペンハイム，ベルタ」の項を参照
イェケルス，ルートヴィッヒ　Jekels, Ludwig（1867-1954）　137-8
イスラエルス，ハン　Israëls, Han　7, 172-9
ヴィラレ，アルベール・H　Villaret, Albert H.（1847-1911）　48, 59
ヴェッターストランド，オットー・ゲオルグ　Wetterstrand, Otto Georg（1845-1907）　56-7
エディンガー，アンナ　Edinger (Goldschmidt), Anna（1863-1929）　203-4
エディンガー，ドラ　Edinger (Meyer), Dora（1890-1977）　141, 148-9, 204
エディンガー，ルートヴィヒ　Edinger, Ludwig（1855-1918）　203, 205-8
エランベルジェ，アンリ・F　Ellenberger, Henri F.（1905-1993）　4-5, 7-10, 19, 37, 51-2, 70, 82, 141-58, 159, 162-5, 169-72, 175-6, 179, 181-2, 185-8, 190, 200-1, 212
エーレンフェルス，クリスチャン・フォン　Ehrenfels, Christian von（1859-1932）　106-8
オッペンハイマー，ジークフリート　Oppenheimer, Siegfried（1882-1959）　206

カ

カプラン，ロバート　Kaplan, Robert　188
カールスルーエ　35, 38-9, 80
カルミンスキー，ハナ　Karminski, Hannah（1897-1942）　148-9
キャメロン，ローラ　Cameron, Laura　79
クラーク大学　1
クラフト－エビング，リヒャルト・フォン　Krafft-Ebing, Richard von（1840-1902）　23, 26
クレフト，ジェラルド　Kreft. Gerald　205-7
ゴールドシュミット，ルイーズ　Goldschmidt (Porges von Portheim), Emma Louise,（1851-?）　204
コンスタンツ　4, 154

サ

ジェンセン，エレン　Jensen, Ellen　9
ジャネ，ピエール　Janet, Pierre（1859-1947）　89
シャルコー，ジャン－マルタン　Charcot, Jean Martin（1825-1893）　56, 120, 208
シュヴァイクホーファー，フリッツ　Schweighofer, Fritz　12, 35, 37, 164-9, 182
浄化（カタルシス）法　37, 51, 52, 65, 196
症例ドラ　104-6, 118
ショーター，エドワード　Shorter, Edward　9, 12

ジョーンズ，アーネスト　Jones, Ernest (1879-1958)　2-6, 8-10, 42, 44, 69-70, 77-9, 81-3, 85, 97, 102, 119-39, 141-8, 150-2, 154-5, 157-61, 169, 171-3, 176, 178-9, 181-2, 186-7, 189-90, 200, 204, 206, 209-12
スウェイルズ，ピーター・J　Swales, Peter J.　9, 12
ストレイチィ，ジェームズ　Strachey, James (1887-1967)　70, 135-6

タ

タンズレー，アーサー　Tansley, Arthur (1871-1955)　79-81, 109
ツヴァイク，シュテファン　Zweig, Stefan (1881-1942)　69-70, 72, 78-9, 81, 84, 103, 105, 110-1, 161, 164, 172
ツェツィーリェ・フォン・M　Cäcilie von M.　61, 63
デュフレーヌ，トッド　Dufresne, Todd　188
転移　65, 67-8, 70, 74, 77, 80, 82, 87-8, 97-8, 100-5, 108-12, 118, 120, 123-6, 129, 132-3, 143, 153, 157, 176, 178, 186-7, 191, 198-9, 209-10, 212

ハ

パッペンハイム，ヴィルヘルム　Pappenheim, Wilhelm (1860-1939)　44
パッペンハイム，エマ　Pappenheim (Ruben), Emma (1853-1937)　43
パッペンハイム，ベルタ　Pappenheim, Bertha (1859-1936)
　欠神（アブサンス）　21, 23-4, 26-8, 38, 44-5, 55, 167, 183, 196, 200
　父親の病気と死　20-1, 27-9, 32, 36, 53, 72-3, 83-5, 118, 142, 144-5, 148, 162, 165, 194, 199
　ドイツ語の喪失　5, 29, 37-9, 45, 53, 55, 156-7, 195
　歯の手術　61, 165-8, 182, 196
　蛇の幻覚　21, 53, 72-3
パッペンハイム，レーハ　Pappenheim (Goldschmidt), Recha (1830-1905)　127-8
ハンセン，カール　Hansen, Carl (1833-1897)　180-1
ヒステリー
　診断と特性　21-7, 32-4, 41-3, 55-6
　精神障害との鑑別　24-7, 32
　貯溜——　93
ヒルシュミュラー，アルブレヒト　Hirschmüller, Albrecht　5, 8, 10, 19, 22, 26, 28, 38, 41, 71, 146, 161-4, 169-72, 218
ビンスワンガー，ロベルト　Binswanger, Robert (1850-1910)　31-2, 35, 38, 43, 127, 167, 203
フィヒトナー，ゲルハルト　Fichtner, Gerhard　36
フェレンチィ，サンドール　Ferenczi, Sāndor (1873-1933)　73
フォレスター，ジョン　Forrester, John　6, 79, 169, 171
フォレル，アウグスト　Forel, Auguste (1848-1931)　96, 177
ブジュール，プール　Bjerre, Poul (1876-1964)　74, 76
フリース，ヴィルヘルム　Fliess, Wilhelm (1858-1928)　91
フリース，エミール　Fries, Emil (1844-1898)　203
ブリル，アブラハム　Brill, Abraham Arden (1874-1948)　77-8, 134
ブレスラウアー，ヘルマン　Breslauer, Hermann (1835-?)　203
ブロイアー，アドルフ　Breuer, Adolf (1843-1874)　161
ブロイアー，ドラ　Breuer, Dora (1882-1942)　85, 146, 148-9, 218
ブロイアー，ベルタ　Breuer (Semler), Bertha,

(1817-1843)　161
ブロイアー，マチルデ　Breuer (Altmann), Mathilde (1846-1931)　85, 130-1
ブロイアー，ヨーゼフ　Breuer, Josef (1842-1925)
ヴェニス旅行　2, 84, 121, 143
逆転移　120, 124, 126, 129, 132-3, 186, 198
性愛　88, 95-100, 103, 161, 172, 175-7, 197-9, 209-12
ベルタ・パッペンハイムの治療方法　8, 28, 34, 48, 61, 109, 169, 180
ベルタ・パッペンハイムの症例報告原本　19-35, 53, 55, 58, 60, 63, 111, 124, 170
『予報』　49-50, 60, 62, 89, 98
類催眠状態　24, 50, 89-91, 93-4, 96, 118, 167
フロイト（ベルナイス），マルタ　Freud (Bernays), Martha (1861-1951)　2-3, 6, 41, 43, 122, 127-32, 143, 173, 176, 178, 186, 197-8
フロイト，アンナ　Freud, Anna (1895-1982)　122, 135
フロイト，エルンスト　Freud, Ernst (1892-1970)　122
フロイト，ジークムント　Freud, Sigmund (1856-1939)
アンナ・O症例についての遡及的説明　67-86, 173-5, 177-8
シャルコーの翻訳書のブロイアーへの献辞　208
神経症の性的病因説　68, 91, 97, 99-100, 108, 111-2, 118, 161, 209
『精神分析運動の歴史について』　98
ツヴァイクへの手紙　69, 72, 78, 81, 84, 134, 161, 164, 172
『転移性恋愛の考察』　102
ベルタ・パッペンハイムに関するマルタへの手紙　3, 6, 43, 83, 102, 125, 129, 131, 185-6
『防衛－神経精神病』　89
防衛理論　89, 95, 101
『自らを語る』　75, 135
フロイト，マルティン　Freud, Martin (1889-1967)　122
フロム，エリカ　Fromm (Oppenheimer), Erika (1909-2003)　205-6
ベッテルハイム，カール　Bettelheim, Carl (1840-1895)　41, 45, 203
ベネディクト，モーリッツ　Benedikt, Moriz (1835-1920)　23, 180-1
ベルナイス，ミンナ　Bernays, Minna (1865-1941)　41
ベルネーム，イポリト　Bernheim, Hippolyte (1840-1919)　56
防衛　89-96, 99-100, 101, 118
ボナパルト，マリー　Bonaparte, Marie (1882-1962)　8, 75, 77, 134, 186
ボルヒ－ヤコブセン，ミッケル　Borch-Jacobsen, Mikkel　8-10, 12, 77, 81, 137, 179-89
ポロック，ジョージ・H　Pollock, George H.　160-2, 169
ホンブルガー，フリッツ　Homburger, Fritz (1850-1920)　38-9, 45

マ・ヤ・ラ

マイネルト，テオドール　Meynert, Theodor (1833-1892)　23
マインツ　38, 41
マクミラン，マルコム　Macmillan, Malcolm　7, 170-1
ミケイル，マーク　Micale, Mark　2, 5, 22, 24, 157
ムロフ，メルビン　Muroff, Melvin　12
ユング，カール・グスタフ　Jung, Carl Gustav (1875-1961)　5, 8, 71, 74-6, 78, 124, 142-3, 196-7, 151-3, 156-7, 176, 186-7
ランク，オットー　Rank, Otto (1884-1939)　77-9, 98, 134
リーヴス，クリストファー　Reeves, Christopher　82-5

レビン，ケネス　Levin, Kenneth　94-5
ロウパス医師 Laupus, Dr.　31, 36-9, 42, 55, 183, 203
ローゼンタール，モーリッツ　Rosenthal, Moritz（1833-1889）　23
ローゼンバウム，マックス　Rosenbaum, Max　12

文　献

Alam, C. & Merskey, H. (1994) What's in a Name? The Cycle of Change in the Meaning of Neuralgia. *History of Psychiatry*. Vol.5, Part 4, No.20, pp.429–74.

Andersson, O. (1962) *Studies in the Prehistory of Psychoanalysis*. Norstedts: Svenska Bokförlaget, Scandinavian University Book.

Appignanesi, L. & Forrester, J. (1992) *Freud's Women*. London: Weidenfeld & Nicolson Limited.

Bernard, C. (1957) *An Introduction to the Study of Experimental Medicine*. New York: Dover Publications, Inc.

Bernheim, H. (1890) *Suggestive Therapeutics: A Treatise on the Nature and Uses of Hypnotism*. Edinburgh and London: Young J. Pentland.

Bjerre, P. (1920) [1916] *The History and Practice of Psychoanalysis*. Boston: Richard G. Badger, The Gorham Press.

Borch-Jacobsen, M. (1996) *Remembering Anna O.: A Century of Mystification*. New York and London: Routledge.

Borch-Jacobsen, M. (1997) Anna O. zum Gedächtnis: eine hundertjährige Irreführung. München: Wilhelm Fink Verlag.

Borch-Jacobsen, M. (1999) Is Psychoanalysis a Scientific Fairy Tale? *Narrative*. Vol.7, No.1, pp.56–70.

Borch-Jacobsen, M. (2005) La vérité sur le cas de Mlle Anna O. In Meyer, C. et al. (eds) *Le Livre noir de la psychanalyse*. Paris: les arènes, pp.25–30.

Breuer, J. & Freud, S. (1895) Studies on Hysteria. *Standard Edition Vol.II*. London: The Hogarth Press.

Brill, A.A. (1948) *Lectures on Psychoanalytic Psychiatry*. London: John Lehmann.

Charcot, J.-M. (1886) *Neue Vorlesungen über die Krankheiten des Nervensystems inbesondere über Hysterie. Autorisirte deutsche Ausgabe von Dr. Sigm. Freud*. Leipzig und Wien: Toeplitz und Deuticke.

Charcot, J.-M. (1991) *Clinical Lectures on Diseases of the Nervous System*. London: Routledge.

Cioffi, F. (2005) Épistémologie et mauvaise foi: le cas du freudisme. In Meyer, C. et al. (eds) *Le Livre noir de la psychanalyse*. Paris: les arènes, pp.306–27.

Cranefield, P.F. (1958) Joseph Breuer's Evaluation of his Contribution to Psychoanalysis. *International Journal of Psycho-analysis*. Vol.39, pp.319–22.

de Paula Ramos, S. (2003) Revisiting Anna O.: A Case of Chemical Dependence. *History of Psychology*. Vol.6, No.3, pp.239–50.

Dufresne, T. (2003) *Killing Freud: Twentieth-Century Culture and the Death of Psychoanalysis*. London; New York: Continuum.

Edinger, D. (Hg.). (1963) *Bertha Pappenheim. Leben und Schriften*. Frankfurt am Main: Ner-Tamid-Verlag.

Edinger, D. (1968) *Freud's Anna O*. Highland Park, Illinois: Congregation Solel.

Ehrenfels, C. von (2006) In Hemecker, W. (Hg.), *Briefwechsel zur Psychologie*. Graz: Leykam Buchverlag.

Eitingon, M. (1998) Anna O. (Breuer) in psychoanalytischer Betrachtung: Wien X. 1909. *Jahrbuch der Psychoanalyse*. Vol.40, pp.14–30.

Eisenberg, L. (1893) *Das Geistige Wien. Künstler- und Schriftsteller-Lexikon. Zweiter Band. Medicinisch-naturwissenschaftlicher Theil.* Wien: C. Daberkow's Verlag.

Eissler, K.R. (2001) *Freud and the Seduction Theory: A Brief Love Affair*. Madison, Connecticut: International Universities Press, Inc.

Ellenberger, H.F. (1966) Review of Edinger, D. (Hg.), Bertha Pappenheim, Leben und Schriften. *Journal of the History of the Behavioural Sciences*. Vol.2, pp.94–6.

Ellenberger, H.F. (1970) *The Discovery of the Unconscious: The History and Evolution of Dynamic Psychiatry.* New York, NY: Basic Books, Inc.

Ellenberger, H.F. (1972) The Story of 'Anna O': A Critical Review with New Data. *Journal of the History of the Behavioural Sciences*. Vol.8, pp.267–79.

Ellenberger, H.F. (1993) In Micale, M. S (ed.), *Beyond the Unconscious: Essays of Henri F. Ellenberger in the History of Psychiatry*. Princeton, New Jersey: Princeton University Press.

Ellenberger, H.F. (1994) *Histoire de la découverte de l'inconscient*. Paris: Fayard.

Forel, A. (1968) *Briefe. Correspondance*. Bern und Stuttgart: Verlag Hans Huber.

Forrester, J. (1990) *The Seductions of Psychoanalysis*. Cambridge: Cambridge University Press.

Forrester, J. & Cameron, L. (1999) 'A Cure with a Defect': A Previously Unpublished Letter by Freud Concerning Anna O. *International Journal of Psychoanalysis*. Vol.80, No.5, pp.929–942.

Freud, S. (1888) Hysteria and Hysteroepilepsy. *Standard Edition Vol.I.* London: The Hogarth Press.

Freud, S. (1892) Sketches for the 'Preliminary Communication' of 1893. *Standard Edition Vol.I.* London: The Hogarth Press.

Freud, S. (1893) On the Psychical Mechanism of Hysterical Phenomena: A Lecture. *Standard Edition Vol.III.* London: The Hogarth Press.

Freud, S. (1894) The Neuro-Psychoses of Defence. *Standard Edition Vol.III.* London: The Hogarth Press.

Freud, S. (1904) Freud's Psycho-analytic Procedure. *Standard Edition Vol.III.* London: The Hogarth Press.

Freud, S. (1905a) Fragment of an Analysis of a Case of Hysteria. *Standard Edition Vol.VII.* London: The Hogarth Press.

Freud, S. (1905b) Three Essays on the Theory of Sexuality. *Standard Edition Vol.VII.* London: The Hogarth Press.

Freud, S. (1910) Five Lectures on Psycho-analysis. *Standard Edition Vol.XI.* London: The Hogarth Press.

Freud, S. (1913) On Psycho-analysis. *Standard Edition Vol.XII.* London: The Hogarth Press.

Freud, S. (1914) On the History of the Psycho-analytic Movement. *Standard Edition Vol.XIV.* London: The Hogarth Press.

Freud, S. (1915) Observations on Transference-Love (Further Recommendations on the Technique of Psycho-analysis, III). *Standard Edition Vol.XII.* London: The Hogarth Press.

Freud, S. (1925) An Autobiographical Study. *Standard Edition Vol.XX.* London: The Hogarth Press.

Freud, S. (1926) The Question of Lay Analysis. *Standard Edition Vol.XX.* London: The Hogarth Press.

Freud, S. (1961) In Freud, E (ed.), *Letters of Sigmund Freud 1873–1939*. London: The Hogarth Press.

Freud, S. (1968) In Freud, E. & Freud, L. (Hsg.), *Briefe 1873–1939*. Frankfurt am Main: S. Fischer Verlag.

Freud, S. (1985) In Masson, J.M. (ed.), *The Complete Letters of Sigmund Freud to Wilhelm Fliess 1887–1904*. Cambridge, MA: Belknap Press of Harvard University Press.

Freud, S. & Abraham, K. (2002) In Falzeder, E. (ed.), *The Complete Correspondence of Sigmund Freud and Karl Abraham 1907–1925*. London: Karnac.

Freud, S. & Bernays, M. (2005) In Hirschmüller, A. (Hg.), *Sigmund Freud/Minna Bernays Briefwechsel 1882–1938*. Tübingen: edition diskord.

Freud, S. & Binswanger, L. (2003) In Fichtner, G (ed.), *The Freud-Binswanger Correspondence 1908–1938*. London: Open Gate Press.

Freud, S. & Ferenczi, S. (1993) In Brabant, E., Falzeder, E. & Giampierini-Deutsch, P. (eds), *The Correspondence of Sigmund Freud and Sándor Ferenczi. Volume 1*, 1909–1914. Cambridge, MA: Belknap Press of Harvard University Press.

Freud, S. & Jones, E. (1993) In Paskauskas, R. A (ed.), *The Complete Correspondence of Sigmund Freud and Ernest Jones*. Cambridge, MA: Belknap Press of Harvard University Press.

Freud, S. & Jung, C.G. (1974) In McGuire, W. (ed.), *The Freud/Jung Letters*. Cambridge, MA: Harvard University Press.

Goshen, C.E. (1952) The Original Case Material of Psychoanalysis. *American Journal of Psychiatry*. Vol.108, pp.829–34.

Hirschmüller, A. (1978) *Physiologie und Psychoanalyse in Leben und Werk Josef Breuers*. Jahrbuch der Psychoanalyse/Beiheft 4. Verlag Hans Huber.

Hirschmüller, A. (1989) *The Life and Work of Josef Breuer: Physiology and Psychoanalysis*. New York: New York University Press.

Hirschmüller, A. (1998) Max Eitingon über Anna O. *Jahrbuch der Psychoanalyse*. Vol.40, pp.9–13.

Hodgkiss, A.D. (1991) Chronic Pain in Nineteenth-Century British Medical Writings. *History of Psychiatry*. Vol.2, Part 1, No.5, pp.27–40.

Israëls, H. (1999) *Der Fall Freud: Die Geburt der Psychoanalyse aus der Lüge*. Hamburg: Europäische Verlasgsanstalt/Rotbuch Verlag.

Jackson, J.H. (1931) Lectures on the Diagnosis of Epilepsy. (1879) In Taylor, J. (ed.), *Selected Writings of John Hughlings Jackson. Vol.1*. London: Hodder & Stoughton, pp.276–307.

Jensen, E. (1961) Anna O. Ihr Späteres Schicksal. *Acta Psychiatrica et Neurologica*. Vol.36, pp.119–31.

Jones, E. (1953) *Sigmund Freud: Life and Work. Volume I: The Young Freud 1856–1900*. London: The Hogarth Press.

Jones, E. (1955) *Sigmund Freud: Life and Work. Volume II: Years of Maturity 1901–1919*. London: The Hogarth Press.

Jung, C.G. (1989) In McGuire, W (ed.), *Analytical Psychology: Notes of the Seminar Given in 1925*. Princeton, New Jersey: Princeton University Press.

Kaplan, R. (2004) O. Anna: Being Bertha Pappenheim - Historiography and biography. *Australasian Psychiatry*. Vol.12, No.1, pp.62–68.

Karpe, R. (1961) The Rescue Complex in Anna O.'s Final Identity. *Psychoanalytic Quarterly*. Vol.30, pp.1–

27.

Kreft, G. (1996) In Plänkers, H. et al. (Hg.), Zur Archäologie der Psychoanalyse in Frankfurt: Fundstücke und Perspektiven um Ludwig Edinger. *Psychoanalyse in Frankfurt am Main. Zerstörte Anfänge. Wiederannäherungen. Entwicklungen*. Tübingen: Edition Diskord, pp.195-234.

Kreft, G. (1999) Anna O. und/oder Bertha Pappenheim... Umschreibung eines Desiderats anläßlich der Edition des nachgelassenen Manuskripts (1959) von Max M. Stern (1895-1982) In Lilienthal, U. & Stiehm L. (Hg.). *Den Menschen zugewandt leben. Festschrift für Werner Licharz*. Osnabrück: secolo Verlag, pp.205-37.

Levin, K. (1978) *Freud's Early Psychology of the Neuroses*. Hassocks, Sussex: Harvester Press.

Macmillan, M.B. (1977) The Cathartic Method and the Expectancies of Breuer and Anna O. *International Journal of Clinical and Experimental Hypnosis*. Vol.25, No.2, pp.106-18.

Macmillan, M.B. (1997) *Freud Evaluated: The Completed Arc*. Cambridge, MA: MIT Press.

Makari, G. (1992) A History of Freud's First Concept of Transference. *International Review of Psycho-analysis*. Vol.19, Part 4, pp.415-32.

May-Tolzmann, U. (1996) *Freuds frühe Klinische Theorie (1894-1896). Wiederentdeckung und Rekonstruktion*. Tübingen: Edition Diskord.

May-Tolzmann, U. (1998) 'Obsessional Neurosis': A Nosographic Innovation by Freud. *History of Psychiatry*. Vol.9, Part 3, No.35, pp.335-353.

Merskey, H. (1992) Anna O. Had a Severe Depressive Illness. *British Journal of Psychiatry*. Vol.161, pp.185-94.

Meyer, C. (ed.) (2005) *Le Livre noir de la psychanalyse*. Paris: les arènes.

Micale, M.S. (1995) *Approaching Hysteria: Disease and its Interpretations*. Princeton, New Jersey: Princeton University Press.

Nunberg, H. & Federn, E. (eds) (1967) *Minutes of the Vienna Psychoanalytic Society. Volume II: 1908-1910*. New York: International Universities Press, Inc.

Orr-Andrawes, A. (1987) The Case of Anna O.: A Neuropsychiatric Perspective. *Journal of the American Psychoanalytic Association*. Vol.35, No.2, pp.387-419.

Pollock, G.H. (1968) The Possible Significance of Childhood Object Loss in the Josef Breuer-Bertha Pappenheim (Anna O.) - Sigmund Freud Relationship. I. Josef Breuer. *Journal of the American Psychoanalytic Association*. Vol.16, pp.711-39.

Pollock, G.H. (1972) Bertha Pappenheim's Pathological Mourning: Possible Effects of Childhood Sibling Loss. *Journal of the American Psychoanalytic Association*. Vol.20, pp.476-93.

Pollock, G.H. (1973) Bertha Pappenheim: Addenda to Her Case History. *Journal of the American Psychoanalytic Association*. Vol.21, pp.328-32.

Pollock, G.H. (1984) Anna O.: Insight, Hindsight and Foresight. In Rosenbaum, M. & Muroff, M. (eds), *Anna O. Fourteen Contemporary Reinterpretations*. New York: The Free Press.

Rank, O. (1958) *Beyond Psychology*. New York: Dover Publications, Inc.

Rank, O. (1973) *The Trauma of Birth*. New York, Evanston, San Francisco, London: Harper Torchbooks.

Rank, O. (1996) In Kramer, R (ed.), *A Psychology of Difference; The American Lectures*. Princeton, New Jersey:

Princeton University Press.

Reeves, C. (1982) Breuer, Freud and the Case of Anna O: A Re-examination. *Journal of Child Psychotherapy.* Vol.8, pp.203–14.

Reicheneder, J.G. (1990) *Zum Konstitutionsproze der Psychoanalyse.* Jahrbuch der Psychoanalyse, Beiheft 12. Stuttgart-Bad Cannstatt: Frommann-Holzboog.

Rosenbaum, M. (1984) Anna O. (Bertha Pappenheim): Her History. In Rosenbaum, M. & Muroff, M. (eds), *Anna O. Fourteen Contemporary Reinterpretations.* New York: The Free Press, pp.1–25.

Rosenbaum, M. & Muroff, M. (eds) (1984) *Anna O. Fourteen Contemporary Reinterpretations.* New York: The Free Press.

Rosenzweig, S. (1992) *Freud, Jung and Hall the King-Maker: The Historic Expedition to America (1909) with G. Stanley Hall as Host and William James as Guest.* St. Louis, MO: Rana House Press.

Schweighofer, F. (1987) *Das Privattheater der Anna O.* München; Basel: Ernst Reinhardt Verlag.

Shorter, E. (1990) 'Private Clinics in Central Europe' 1850–1933. *Social History of Medicine.* Vol.3, pp.159–95.

Shorter, E. (1992) *From Paralysis to Fatigue: A History of Psychosomatic Illness in the Modern Era.* New York: The Free Press.

Shorter, E. (1997a) *A History of Psychiatry; from the Era of the Asylum to the Age of Prozac.* New York: John Wiley & Sons Inc.

Shorter, E. (1997b) What was the Matter with 'Anna O.': A Definitive Diagnosis. In Dufresne, T. (ed.) *Freud Under Analysis: History, Theory, Practice. Essays in Honor of Paul Roazen.* Northvale, New Jersey: Jason Aronson Inc, pp.23–34.

Swales, P.J. (1986) *Freud, Breuer and the Blessed Virgin.* Privately circulated typescript of a lecture given in 1986.

Swales, P.J. (1988) Anna O. in Ischl. *Werkblatt. Zeitschrift für Psychoanalyse und Gesellschaftskritik.* Jg.5, Nr.1/2, pp.57–64.

Swales, P.J. (1989) Freud, Cocaine, and Sexual Chemistry; The Role of Cocaine in Freud's Conception of the Libido. In Spurling, L. (ed.) *Sigmund Freud: Critical Assessments. Vol.1.* London; New York: Routledge 273–301.

Tanner, T.A. (2002) Sigmund Freud and the *Zeitschrift für Hypnotismus. Arc de Cercle.* Vol.1, No.1, pp.75–142.

Thornton, E.M. (1986) *The Freudian Fallacy: Freud and Cocaine.* (Revised edition.). London: Paladin Books.

Villaret, A. (ed.) (1888) *Handwörterbuch der Gesamten Medizin. I. Band.* Stuttgart: Verlag von Ferdinand Enke.

Villaret, A. (ed.) (1891) *Handwörterbuch der Gesamten Medizin. II. Band.* Stuttgart: Verlag von Ferdinand Enke.

Wetterstrand, O. G. (1890) *Hypnotism and its Application to Practical Medicine.* London: G.P. Putnam's Sons.

Woodhouse, C.M. (1965) *The Battle of Navarino.* London: Hodder and Stoughton.

Zweig, S. (1933) Mental Healers: Franz Anton Mesmer, Mary Baker Eddy, Sigmund Freud. London: Cassell and Company Limited.

年　譜

年月日	事件	出典	本書言及ページ
1880 年 6 月 23 日	イシュルへの家族旅行	Swales (1988) p.59	
1880 年 7 月 17 日	病気の第 1 段階（潜在性萌芽期）の開始．ベルタは夜間，父を看病	Hirschmüller (1989) p.59	pp.20-1
1880 年 9 月初め	家族はウィーンに戻る	Hirschmüller (1989) p.280	
1880 年 11 月末	ベルタが神経性の咳に罹り，ブロイアーが最初の往診をする	Hirschmüller (1989) p.280	pp.24-6, 193
1880 年 12 月初旬	ベルタの両目の内斜視が現れる	Breuer & Freud (1895) p.23	
1880 年 12 月 11 日	病気の潜在期の終了．ベルタは床に就く．病気の第 2 段階（顕在期）が始まる	Breuer & Freud (1895) p.23	pp.20-1, 26, 31
1881 年 3 月	ベルタは失語症を克服し，動けるようになり，英語で話し始める	Breuer & Freud (1895) p.25	
1881 年 4 月 1 日	ベルタは 12 月以来，初めて床を離れる	Breuer & Freud (1895) p.25	p.28
1881 年 4 月 5 日	父死亡．病気の第 2 段階（顕在期）が終わる 第 3 段階（持続性の夢遊病）が始まる	Breuer & Freud (1895) pp.22, 25	p.20, 28-32, 72-3, 84, 142,162,194
1881 年 4 月 15 日ごろ	クラフト－エビングの診察を受ける	Hirschmüller (1989) p.289	p.26
1881 年 6 月 7 日	ベルタ，インツェルスドルフに入院	Breuer & Freud (1895) p.28	pp.28-9, 39, 54, 83, 127
1881 年 7 月第 1 週	ブロイアーが 5 週間の休暇旅行に出発	Hirschmüller (1989) pp.287-8	
1881 年 8 月中旬	ブロイアーが休暇旅行から帰宅	Hirschmüller (1989) p.287	
1881 年 8 月末	ベルタはブロイアーと 8 日間ウィーンに行く	Hirschmüller (1989) p.287	p.29

1881年11月初め	ベルタ，ウィーンで母と暮らすためインツェルスドルフを離れる	Hirschmüller (1989) p.289	pp.29-31, 184-5
1881年11月4日	ベルタが家族との生活に順応できない場合，ベルビューに入院させて回復期を過ごさせたい旨，ブロイアーがビンスワンガーへ宛てて手紙を書く	Hirschmüller (1989) p.292	p.31, 185
1881年12月初め	病気の第3段階（持続性夢遊病）が終わる	Hirschmüller (1989) p.278	p.20
1881年12月	ベルタ，過去1年間を想像によって再体験し始める	Breuer & Freud (1895) pp.32-3	pp.83-5
1882年2月	左上あごの歯科手術	Hirschmüller (1989) p.302	pp.165-7, 182
1882年3月11日	ドラ・ブロイアーの誕生	Ellenberger (1970) p.483	p.83, 85
1882年3月中旬	重い顔面神経痛が始まる	Hirschmüller (1989) p.301	pp.166-7
1882年6月7日	インツェルスドルフへの入院の記念日にヒステリーは消失し，ブロイアーの治療は終わる	Breuer & Freud (1895) p.40	p.35, 39, 53, 80,117, 126, 128
1882年6月19日	ベルタ，親戚と滞在するためにカールスルーエに行く．ブロイアーはベルビューに入院できるか問い合わせの手紙をビンスワンガーに送る	Hirschmüller (1989) p.294	p.35, 38, 39, 80
1882年7月12日	ベルタ，ブロイアーの治療終了後，ベルビューに5週間入院	Hirschmüller (1989) p.112	pp.35-6, 80
1882年7月21日	ロバート・ビンスワンガーからレーハ・パッペンハイムへ手紙．ベルタの母国語の喪失は夕方の数分間，時々生じるだけである，と報告	Hirschmüller (1989) p.300	

1882年7月23日	フリッツ・ホンブルガーからロバート・ビンスワンガーへの手紙．ベルタは日中，顔面痛を訴え，毎晩きまって言語障害を起こす，と報告	Hirschmüller（1989）p.298	
1882年8月中旬	ロバート・ビンスワンガーからレーハ・パッペンハイムへ手紙．ベルタの顔面神経痛に外科的治療を検討中と	Hirschmüller（1989）p.301	p.32, 166-7
1882年8月27日	カールスルーエのレーハ・パッペンハイムからロバート・ビンスワンガーへの手紙．神経痛は精神的問題と密接に関連しているので，外科的治療には反対であると	Hirschmüller（1989）p.301	p.31
10月初め	ドイツ語を話せないことについてベルタの報告	Hirschmüller（1989）pp.296-7	pp.37-9, 42
1882年10月5日	ロバート・ビンスワンガーからレーハ・パッペンハイムへの手紙．ベルタはかつてないほどモルヒネに依存していると報告	Hirschmüller（1989）p.303	p.127
1882年10月7日	カールスルーエのレーハ・パッペンハイムからロバート・ビンスワンガーへの手紙．ブロイアーは治療を引き継ぐことはできないとのこと	Hirschmüller（1989）pp.303-4	pp.127-8
1882年10月15日	ウィーンのレーハ・パッペンハイムからロバート・ビンスワンガーへの手紙．ベルタは顔面神経痛がよくなるどころか一層悪化しており，モルヒネ服用量が増えている，と言っているとのこと	Hirschmüller（1989）p.304	

1882年10月29日	ベルタはベルビューを離れ，カールスルーエに移る	Hirschmüller（1989）p.290	p.35, 38-9
1882年11月8日	カールスルーエのベルタ・パッペンハイムからロバート・ビンスワンガーへ感謝の手紙．その中で，まだモルヒネに頼っていると報告	Hirschmüller（1989）p.306	p.38
1882年12月25日	家族に会いにフランクフルトへ	Hirschmüller（1989）p.307	p.38
1882年12月28日	家族に会いにマインツへ	Hirschmüller（1989）p.307	p.38
1883年1月4日	フリッツ・ホンブルガーからロバート・ビンスワンガーへの手紙．到着後2週間から，ベルタが時折晩になると1時間ほど英語を話すようになり，神経痛も持続している，と報告	Hirschmüller（1989）p.307	p.38, 44
1883年1月22日	マルタ・ベルナイスからミンナ・ベルナイスへの手紙．ベルタが完全に治ったと言っていた，と報告	Freud, Bernays（2005）p.47	pp.41-2
1883年7月13日	フロイトからマルタへの手紙．ベルタ・パッペンハイムについてブロイアーと議論したことについて	Freud, Bernays（1961）p.55	
1883年7月30日	ベルタ，インツェルスドルフのサナトリウムに入院	Hirschmüller（1989）p.115	pp.41-2
1883年8月5日	フロイトからマルタへの手紙．ベルタは死んだら苦しみから解放されるだろうに，とブロイアーが言っていた，とのこと	Forrester（1990）p.26	p.42, 176, 190
1883年10月31日	フロイトからマルタへの手紙．ベルタはサナトリウムにおり，痛みが軽減しモルヒネから離脱しつつあること，ブロイアーがベルタの主治医を辞したことの説明をする	Borch-Jacobson（1996）pp.40-1	p.43, 124-5, 129

1883年11月2日	マルタ・ベルナイスからフロイトへの手紙.「私がブロイアーの奥さんだったら」との想像について	Appignanesi, L., Forrester, J.（1992）p.82；Library of Congress	pp.129-31
1883年11月4日	フロイトからマルタへの手紙. 自分はブロイアーとは異なると婚約者を安心させる内容	Appignanesi, L., Forrester, J.（1992）p.82；Library of Congress	pp.131-2
1884年1月13日	ブロイアーからロバート・ビンスワンガーへの手紙. ベルタは良好な健康状態にある, 疼痛その他の障害はなくなっているとのこと	Hirschmüller（1989）p.310	p.43
1884年1月17日	ベルタ, インツェルスドルフ・サナトリウムを退院	Hirschmüller（1989）p.115	p.41
1885年3月4日	ベルタ, インツェルスドルフ・サナトリウムに入院	Hirschmüller（1989）p.115	p.41
1885年7月2日	ベルタ, インツェルスドルフ・サナトリウムを退院	Hirschmüller（1989）p.115	p.41
1886年11月28日	マルタ・ベルナイスからミンナとエメリーン・ベルナイスへの手紙. ベルタがとてもよくなっている, と	Library of Congress	p.43
1887年2年1日	マルタ・ベルナイスからエメリーン・ベルナイスへの手紙. ベルタが来訪してくれたが, 病気でやつれいてることなど	Library of Congress	p.44
1887年5月31日	マルタ・ベルナイスからエメリーン・ベルナイスへの手紙. ベルタは惨めな状態で, 夕方5時を過ぎるといつもの状態に落ち込んでしまう, とのこと	Library of Congress	p.44
1887年6月30日	ベルタ, インツェルスドルフ・サナトリウムに入院	Hirschmüller（1989）p.115	p.41

1887年7月18日	ベルタ，インツェルスドルフ・サナトリウムを退院	Hirschmüller (1989) p.115	p.41
1888年11月14日	フランクフルトに住所登録	Hirschmüller (1989) p.372	pp.148-9

原　注

序

1　原文ドイツ語．Die größten Schwierigkeiten liegen da, wo wir sie nicht suchen. J. W. von Gothe, *Maximen und Reflexionen* (1829).（各章の冒頭部分のゲーテの引用の英訳は Elizabeth Stopp, edited by Peter Hutchinson, Goethe: *Maxims and Reflections*. Penguin, 1988 による．）

緒論　アンナ・O 症例の来歴

1　原文ドイツ語．Das eigentlich Unverständige sonst verständiger Menschen ist, daß sie nicht zurechtzulegen wissen, was ein anderer sagt, aber nicht gerade trifft, wie er's hätte sagen sollen. J. W. von Gothe, *Maximen und Reflexionen* (1824)

2　これらは以下で議論する．

3　ミケイル（1995, pp.59–62）はこの文献について短いが有益な概説を述べている．マキシミリアン（1997）も同様にこれに関連するいくつかの諸問題について，慎重に検討している．

第 1 章　1882 年の症例報告

1　原文ドイツ語．Der Augernblick ist eine Art von Publikum: man muß ihn betrügen, daß er glaube, man tue was, dann läßt er uns gewähren und im Geheimen fortführen, worüber seine Enkel erstaunen müssen. J. W. von Goethe, *Maximen und Reflexionen* (Posth.)

2　ブロイアーがここで用いたラテン語の "*hystericis*" は，ほぼ文字通り "hysterics" と翻訳可能である．これは英語では，ブロイアーが意図した一連のヒステリー症状というより，全身性の発作，痙攣の意味である．引用文はドイツ語を修正して，訳したものである．公刊された英語版の表現では，原文でより明確になっている欠神発作とヒステリー症状の区別がはっきりしない．原文は以下の通りである．"このようにして，たくさんの histericis が，最初は欠神発作の中に現れ，ついでそれらが次第に頻繁に反復した．In solcher Weise traten eine ungemeine Menge von hystericis immer zuerst im Affect oder in der Absence auf, die sich dann immer häufiger wiederholten..."（Hirschmüller, 1978, p.351）．

3　ブロイアーの仕事におけるこの基本的な区別を指摘している点で，フリッツ・シュヴァイクホーファーは二次的文献の中で貴重に思われる．「類催眠状態 hyponoid states と催眠（状態）hyponosis は，ブロイアーの提示の中核部分を占めている．それらは実際，ベルタのヒステリーの症状ではなく，ブロイアーの考えでは，記述された症状とその病因がそこに現れ出てくる，いわば要素 elements なのである」（Schweighofer, 1987）．

4　ベルタが示した症状が，軽い癲癇発作にみられる現象にきわめてよく似ていたのは興味深

いことである．1879年イギリスの偉大な神経学者ジョン・ヒューリングス・ジャクソンは，自身の患者の症例を基に“夢幻様状態 dreamy states”を詳細に記述したが，それはしばしば癲癇発作に先だって現れ，また軽度の癲癇性放出の結果としても自動的に起こることがあるという．患者たちは道に迷ったような，どこか別の場所にいるような感じに襲われ，時には過去の観念が現在と混じり合うこともあったと表現している．一人の患者は二つの心があるような感情を報告し，そこからジャクソンは，“二重意識 double consciousness”はそうした経験を説明するのに実に適切であると述べている．そのような症例の中に共通する感覚は，以前同じ立場，あるいは状況にいたような感情であり，ジャクソンはこれを“回想 reminiscence”と記述した（Jackson, 1931）．これはブロイアーとフロイト（1895）が『予報』の中でこの言葉を使ったのと同じ使い方ではないが，これについて以前に書いたものと照らし合わせると，ジャクソンの指摘は彼らにより近いといえる．たとえば，彼はフランスの大家を引用する――「ファルレはなんらかの強い情緒，あるいは強い恐怖の後に癲癇を起こすことはよくあるという．彼らは発作のたびに心内に，あるいは眼下に，最初にその病にかかったときの苦痛な状況や恐ろしい場面を見ると言っている」(Jackson, 1879)．ジャクソン自身は夢幻様状態に関して“回想”という言葉を用いるのが正当として，以下のように述べる――「必然的に，陽性の精神状態同様に――また通常の夢を見ている状態や，通常の狂気に見られる陽性の精神状態同様に――，たとえ目新しくグロテスクな合成であったとしても，以前に獲得した何らかの状態の復活であるにちがいない」(傍点の箇所は原文通り)．

ジャクソンによるフランスの大家たちについての言及は，現在の文脈で意味がある．なぜなら彼は，自分が記述した夢幻様状態は，ずっとフランス人が記述してきたが，ほとんど注目されていないと指摘しているからである．したがってブロイアーがベルタの奇妙な状態を記述するのにフランス語を使ったとしても，おそらく驚くには当たらない．1888年に出版されたヴィラレの『全医学辞典 *Handwörterbuch der Gesamten Medizin*』にある癲癇の項目では，フランス語の言葉が軽度の癲癇発作，pétit malの説明の中で用いられている（Villaret, 1988）．19世紀後半の医学においては，ヒステリーと癲癇とが混同されていたが，それは同じ病像に同じ用語を用いていたためであって，おかしくはない．

5 19世紀末におけるこうした病のカテゴリーの相違は，精神医学史の二次的文献に広く記録されている．最近のものでは，ショーター（1992, Ch.8 ; 1997a, Ch.4）を参照されたい．ウルリケ・メイ－トルツマンが指摘するように，神経症と精神病の関係は，19世紀後半，神経症の精神症状に注意が向けられるようになったために，一層複雑になったが，その一方で，逆に精神病の原因を身体状態に見出そうする傾向が次第に強まった．このため，この二つの用語は，元々の意味を取り換え始めた．そしてこの変化の時期に，ヒステリー，神経衰弱など主要な神経症と癲癇の心的要素が強調されるにつれて，精神神経症と神経精神病といった混種語が現れるようになった（Ulrike May-Tolzmann, 1998）．ヒルシュミュラー（1989）とウルリケ・メイ－トルツマン（1996）を参照されたい．

6 ミッケル・ボルヒ－ヤコブセンのこの箇所の読み方は，ヒステリーと精神の病について当時重要な区別がなされていたことに，まったく気づいていないことを示している．彼は以下のように書いている――

この“しかしながら”の奇妙さに注意したい．最初はブロイアーの説明と矛盾するように見える――なぜベルタ・パッペンハイムはヒステリーであるのに，精神的に病んでいるのだろうか――，しかし以下の文脈で意味が明らかになる――「彼女のまわりの人たちは，これをまだ一切見ていなかった」．明らかに，ブロイアーはパッペンハイム家が懐疑的であったにもかかわらず，そしておそらくこの問題について家族の意見に対立しながら，この診断に固執した（Borch-Jacobsen, 1996，傍点は原文による）．

ボルヒ－ヤコブセンは，ヒステリーが精神の病であるという今日的概念に依りかかっているために，彼の指摘はブロイアーが言わんとすることの要点を見失い，そのために，家族の思惑について支持できないような構成をするまでに至った．家族がブロイアーの診断に懐疑的であったとか，信じていなかったとかの証拠はまったくない．ブロイアー自身はすでに明らかにしていたが，この段階では症状が彼らの目に入らなかったために，彼らは何も知らなかっただけなのである．彼の“しかしながら”は，実際，今日のヒステリーと精神病の区別からみれば，これについてヒルシュミュラーが当初コメントした以上の意味を含んでいる（1989）．彼は，フロイトが初期の論文でこの問題について触れた箇所を引用する．「精神科医の言葉の感覚にある精神病は，たとえそれがヒステリー的な状態を基にして発展しうるとしても，そして一つの合併症と見なされるとしても，ヒステリーの一部ではない」（Freud, 1888）．

7　1882年から1895年の間，シャルコーはヒステリーの素因として遺伝性の要因が特に重要であるという考えを強め，それを従来からある変質（degeneration）の観念と結びつけるようになっていた．フロイトによる症例史では，患者の遺伝的背景にはそれほどの注意が向けられていない．この事実は，おそらく，フロイトが自身の防衛理論に影響されて，シャルコーの観点からすでに遠く離れていた（ブロイアーと対比して）ことを示している．

8　おそらくブロイアーは，ベルタのヒステリーと，時として現れるその他の状態について，より明確な区別をしていたと思われる証拠がある．その年，ベルタがインツェルスドルフから戻った後の1881年11月に，ブロイアーはロバート・ビンスワンガーに宛て手紙を書き，ベルビュー・サナトリウムに入れるかどうか，問い合わせている．この手紙で彼は「彼女の病気は，父親の死が原因である」と言っている（Hirschmüller, 1989）．ベルタは父が死ぬまでに少なくとも6カ月間は彼の治療を受けていたので，ここでの病気についての言及は，彼女が1881年4月に陥った危機的状況を指していると理解しないかぎり，意味が通じない．

9　“Affection”はドイツ語の“Affect”の読み間違えを導きやすい．“Affect”は英語ではただ“affect”とするのが自然である．

10　のちにカタルシス理論で重要な役割を果たす抑圧された情動の意味は，ブロイアーが1882年の説明で指摘している．しかし，彼がこの現象について，この時点ですでに理論的に理解していたとは考え難いという警鐘をならすヨハン・ライヒェネーダー（1990）はたしかに正しい．1882年のベルタ・パッペンハイムについての報告が，どのようにして1885年の『ヒステリー研究』へと発展していったかという問題は，さらなる考察と分析を要する．

11　眼窩下神経と頬骨神経は，三叉神経の上顎（上あご）部分の二本の枝である．この意味は後に述べる．

12 ブロイアーの1882年の報告は，単に患者の1881年までの話であり，第四病期と最後の病期の詳細は触れられていないことを忘れてはならない．ブロイアーが公刊版でふれているこの最終段階の特性は，1882年報告には対応する箇所がない．

13 “精神病”は，上で論じられた“精神障害 psychic disturbances”という当時の意味で理解されるべきであって，今日の含意はない．

14 ベルタが毎夜母国語を話せなくなることについてのロウパスの観察は，注目に値する．「ここでも観察される毎夜に起こる母国語の喪失は，しかしながら，まったく通常のヒステリーの範囲外にある」(Hirschmüller, 1989)．このようにロウパスはベルタのヒステリー症状が，通常の範囲内にはないと述べているのだが，一方彼はまた，この奇妙な現象が完全にヒステリーという診断によって説明できるものかどうか，その点についての疑いも表していると思われる．

15 ヒルシュミュラー（1989）はこの時期を“1882年中ごろ”とするが，証拠からみるとむしろこれより後と思われる．ベルタはサナトリウムに7月12日に到着し，入院後2カ月間は“時間がなくなる”経験をしたと記録している．したがって彼女がこれを書いたのは9月半ばより後ということになる．しかし彼女は続けて，このような期間は“数週間”はなかった，と書いているので（ibid.），これを書いたのが10月以前ということはありえないと思われる．もしこれが正しければ，それは，ドイツ語がまったく話せなかったのは，以前の4カ月間であり，それ以後は彼女が記述しているような状況下で，夕方だけ話せなくなった，という書き出しの部分と一致する．4カ月前とはブロイアーの治療が終わったころとほぼ同じである．ヒルシュミュラーは，この文書を彼女が自分の病気について報告しているものとし，理由もなくあげているのではないと思われるが，これはおそらくやや大雑把で誤解を招きやすい．ベルタ自身はドイツ語でコミュニケーションできないことについて，以下のように書いている．「医師たちは，これを何か非常に奇妙なことで，めったに見られないことだ，と言う．だから私は，医学の勉強はまったくしたことがないけれど，この恐ろしい生活状態を私自身で考えながら，観察し，経験したことを説明してみたい」(Hirschmüller, 1989)．この記述（おそらく医師たちに勧められての）は，症例の全体的説明というより，現実にその状態の中にいる間に，その状態のもっとも奇妙な側面を主観的に説明することを意図していた，と思われる．

第2章　その後の証言

1 原文ドイツ語．Diejenigen, welche widersprechen und streiten, sollten mitunter bedenken, daß nicht jede Sprache jedem verständlich sei. Es hört doch jeder nur, was er versteht. J. W. von Goethe, *Maximen und Reflexionen* (Posth.)

2 ベッテルハイム――ブロイアーの学生時代からの友人（Hirschmüller, 1989）――が，関連する事柄を示唆しており，実際にブロイアーが数年間パッペンハイム家の家庭教師だったとしたら，彼はこの地位にはついていなかった，と述べている．内科医のカール・ベッテルハイム（1840年9月28日～1895年7月26日）は，プレスブルグ（ベルタの父と祖父の生地）に生まれ，1866年医学部を卒業したのち，1868～70年の間，ヨハン・オプホルツァーの助

手として働いた（Eisenberg, 1893）．同じ期間，ブロイアーは同じ地位にあり（Hirschmüller, 1989），二人はブリュッケの下でも研究に従事した．

フロイトもベッテルハイムを知っていて80年代半ばに彼と一緒に生理学的研究に携わり，ベッテルハイムが1895年に死ぬまで交友関係を続けたと思われる．1895年7月29日付けの新自由新聞の夕刊に，フロイトとブロイアーが，前日デブリンクの墓地でのベッテルハイムの葬儀に出席したことが報じられている．もしベッテルハイムがベルタ・パッペンハイムをよく知っていたら，ブロイアーは彼からベルタの容態を絶えず聞いていただろうし，フロイトも同様だったろう．もちろん，ベッテルハイムがベルタの父に頼まれて家庭医を引き受けていて（二人の出生地は同じだった），1880年にベルタをブロイアーに紹介したということも，ありえない話ではない．ブロイアーがこの一家について詳しく知っていた（Hirschmüller, 1989）のは，この推測を支持しないけれども．

3　フロイト（または情報提供者）は，インツェルスドルフと取り違えている．

4　'Auch bei Bertha bin ich gewesen diese Woche, hab aber nur ihre Mutter getroffen, die sehr freundlich war, B. soll es außerordentlich gut gehen, sie lernt jetzt zum Zeitvertreib Schneidern.'（アメリカ議会図書館）

5　'Bertha meldete sich gleich für den andern Nachmittag bei mir zur Jause an und war auch gestern da mit der Cousine Anna, beide waren sehr gemütlich und der dicke Willi hat sie abgeholt. Bertha ist ganz wie früher in ihrem Wesen; in der Erscheinung hat sie sehr gealtert, das Haar ist beinahe ganz grau und die Frische der Augen ganz eingebüßt'（アメリカ議会図書館）

6　'Gestern mittag besuchte Bertha mich auf einen Augenblick, sie ist doch wieder ganz elend, nach 5 Uhr abends bekommt sie ihre Zustände und ist dann ganz unbrauchbar, den ganzen Tag über ist sie fesch und wohl, soll aber wieder gar nichts essen, das ist doch ganz furchtbar trauring, nicht wahr?'（アメリカ議会図書館）

第3章　症例研究の出版

1　原文ドイツ語．Wenn ein paar Menschen recht miteinander zufrieden sind, kann man meistens versichert sein, daß sie sich irren. J. W. von Goethe, *Maximen und Reflexionen* (Posth.)

2　アンナ・O症例では，無論，これはブロイアーが当初記述した“欠神 absences”を指す．

3　この論文の表題全体は『ヒステリー現象の心理的機制について――予報 *On the Psychical Mechanism of Hysterical Phenomena: Preliminary Communication*』であることを念頭に置くことが必要であろう．これはヒステリー状態（historical condition）の心理的機制についてではなく，現れている症状の一カテゴリーについて書かれたものである．「これは私たちをヒステリーの内的な原因にではなく，ヒステリー症状のメカニズムの理解にのみ近づけてくれるものであることを隠すことはできない」（Breuer & Freud, 1895）．フロイトがヒステリーに関してさらに野心的な主張をするのはこの後のことである．

4　“カタルシスによる治癒の原型”という言葉を，エランベルジェはしばしば“　”をつけて示している．彼はあたかもブロイアーやフロイト，その弟子たちによって誇大な主張がなされたと言っているかのようである．実際，この言葉はエランベルジェが使い始めた言葉の

ように思われる（Ellenberger, 1966）．興味深いことに，二次的文献ではほとんど顧慮されていないが，“catharsis”，“cathartic” はブロイアーのもとのノートにも，『ヒステリー研究』中のアンナ・O 症例自体にも，またその中で彼が担当した理論部分のどこにも出ていない．ブロイアーはこの言葉を『予報』以外では，どこにも書き残していない．

5 フォレスターとキャメロンは，フロイトが後にアンナ・O 症例についてコメントした中に，ヒステリー症状と，それ自体が経時的に進行する異なる疾患との間には，比較可能な隔離があることを指摘している．彼らはまたこの点は，フロイトの後年の説明と一致していること，そしてそこでは疾患自体の治療よりも症状とその除去が強調されていることも指摘している（Forrester & Cameron, 1999）．

6 翻訳は修正されている．ストレイチィはここで無数の誤訳を犯している．ドイツ語の原文ではこの箇所は “Auf diese Weise schloß auch die ganze Hysterie ab.” である．これを彼は “このようにして，また，病全体 whole illness が収まった” とした．

7 この唐突さは原書のドイツ語では一層断定的である．そこでは “最終日において” から “以前に呈した” までが一つのセンテンスで書かれており，息もつかず報告を終えようとしているかの印象を与えている．

8 フロイトは医学の臨床家のためのハンドブックの “回復期 convalescence”（Rekonvaleszenz）の項に，ヒステリーについて，以下のように書いている――

> 回復期は全快へ向かう時期であり，患者が病を経て，最後の症状が消退した後，病期中に失った体力を回復するために必要とする期間である．したがって回復期の患者は健康ではあるが，まだ虚弱で通常の能力はない．真の回復期は重篤な病の後にのみあるものである（Villaret, 1981）．

第 4 章　フロイトの説明

1 原文ドイツ語．Was man mündlich ausspricht muß der Gegenwart, dem Augenblick gewidmet sein; was man schreibt widme man der Ferne, der Folge. J. W. von Goethe, *Maximen und Reflexionen* (Posth.)

2 この句の原文は英語である．これはウェリントン公によって作り出されたものであり，公は 1828 年の議会での国王の演説を媒介にして，前年 11 月に起こったナヴァリオの戦いに触れたこの句を用いた（Woodhouse, 1965）．この戦いでは，英，仏，露の連合艦隊が，トルコとエジプトの連合艦隊を破った．地中海のこの領域に艦隊を派遣したのは，オットマンとギリシャ反乱軍を威嚇して彼らの敵意を失わせるためで，トルコ軍にかくも破滅的な一撃を加えることは計画していなかったし，予期してもいなかった．トルコ海軍に与えた損害は，次の 10 年間に及ぶ大きな結果をもたらした．ウェリントンは，地域の安定が失われるのを見て，ぞっとした．それは，ギリシャの反乱に対するトルコの抵抗を絶望的にし，ギリシャがオットマン帝国から独立する道を開いた．それはまた，英国とトルコとの伝統的な友好関係を壊し，トルコをこの地域でロシアの野心に翻弄されるままにして，ヨーロッパの力の均衡を根底から覆してしまった．ブロイアーがアンナ・O の治療中にふと洩らしたとフロイトが主張する隠喩の言葉であるが，この句の使用は適切に見える．しかし，この意味がどの程

度彼にわかっていたかは，疑問のままである．

3　ストレイチィは，治療の終結の話をフロイトから直接聞いて，これらの文章を構成し，直接ジョーンズの説明に言及しているが，ヒステリー性出産のエピソードには，はっきりとはどこにも触れていない．この省略が些細なことだからかどうか，フロイトが彼に話さなかったからか，あるいは単に彼がその話を信頼できないと思ったからか，その点は明確でない．

4　フロイトは11月21日付けユング宛の手紙に，「煙突掃除」は性愛の象徴なので，よい前兆（omen）と見なされると説明した，と書いている（Freud & Jung, 1974）．これの元になったのは，アイティンゴンの論文で，そこには，アンナがお話療法を「煙突掃除」と表現したことの性的象徴が論じられているだけでなく，明らかにブロイアーを煙突掃除夫の役割に擬している（Eitingon, 1998）．

他の方向で影響があった痕跡は，アイティンゴンが論文の終わりの部分で指摘した奇妙な点の中に発見されるだろう．アンナが治療の終わりごろに苦しめられていた蛇幻視を，演劇的に再演したことに言及した後で，アイティンゴンはその結果について疑問を提示した．「この断念の成果は，そのまま治癒に繋がったのだろうか．不確実であり，過去に遡る資料が不足しているが，アンナがその後まもなく完全に健康になったというこの本の宣言には，疑問の呈しようもない（？）」

しかしアイティンゴンが疑う根拠がないと言っている一方で，ヒルシュミュラーは当該箇所の編集者脚注で，カッコの中の疑問符は，著者が実際はその主張に疑問を抱いていたことを示している，と述べている．アイティンゴンはこの文章を書いた後で，自分の別の考えを示したくて，カッコを書き入れたと思われる．この文章と，書き加えられたカッコは，この論文の印刷版にそのまま載せられた．一方，ドイツ語の文章構成では，英文と違って，疑問符をつけただけのものが，率直な疑問文に変わっている．ここから言えるのは，カッコは後で考えて付け加えられたものだろう，ということだけである．

さらにまた，ブロイアーは患者の既往歴ないしフォローアップ資料をほとんど残していないが，二つのことを述べている．第一は彼女が以前に示していた障害から解き放されたということであり，第二は，彼女が精神のバランスを完全に回復したのは少し前のことだ，と述べている点である．差しあたってブロイアーの意図は別にして，アイティンゴンがどうやら否定するか受け入れられないと思っているらしい治療の成果について，ブロイアーがある種の主張をしているということである．ブロイアーは，たしかに治療は成功したということを示唆しているが，精神的バランスの欠落に言及しているのは，アンナが全面的に健康を回復したという印象に疑問を投げかける．しかし，アイティンゴンはなぜこの文章を否定して，ブロイアーがアンナに健康という白紙手形を与えたというのだろうか．実際，彼は本症例のこの部分を，あたかもブロイアーが隠しているものがあるかのように取り扱っている．アイティンゴンが論文中で表現している疑念は，症例研究を読んで自然に湧いたものではなく，何があったか正確にわからぬままにフロイトが仄めかしただけの内部情報を，内々に知った結果のように思われる．このような疑問は，差し当たり推測以上のものではないし，風変わりな句読も，この問題を結論づけるのには十分ではない．マイケル・シュレーター氏には，アイティンゴンのタイプ原稿の重要部分の検索に協力していただいた．また，同氏とエルンスト・ファルツェダー氏には，本文を明確にする上で協力をいただいた．

5 アイスラーの多くのインタビュー同様，文章は会話体であり，その筆記は明らかに正確ではないし，句読も不規則である．その上に，この場合のユングのためらいと言葉の省略が，正確な細部を伝え難くしている．しかし全般的な意味はかなり明確で，ここで示した翻訳では，原文よりもさらに意味を明瞭に伝えるために，句読などに修正を加えてある．特に「私の両手」への奇妙な言及は，ユングがフロイト自身の説明と思い込んでいたのではないか，と推測させるものがある．ユングの 1925 年のセミナーの注釈に書かれているように，ユングはフロイトがアンナの危機を実際にその場にいて目撃した，と間違って思い込んでいたからである．あるいはまた，「私の両手」は「彼の両手」の誤記だったとも考えられる．ユングが正確に何といったのか，さらに明確にするには，テープレコーダーの原記録を分析する必要があるのはもちろんであるが．概して言えば，ユングがリポートに反対して引用していることは，まさに完全に明瞭であるとは言えないし，翻訳文に付された引用記号は決定的なものではない．

公的には，もとの（未修整の）原稿は，次のごとくである．

J (...) Und, zum Beispiel: Die, die, Breuer und Freud, Die Studien über Hysterie — am Schluss heisst es also: Sie war geheilt, nicht wahr, --die mit dem chimney-sweeping

E Ja

J Es heisst, sie sei geheilt worden. Ach, sie war doch nicht grheilt! Wie sie in mein Hände kam, da hat sie, hat sie ja gleich wie Breuer als geheilt sie entlässt, da hat sie einen grossen hysterischen Anfall gemacht, worin sie, und hat dazu geschrien: jetzt kommt das Kind des Dr. Breuer! Wir brauchen das Kind, nicht!? Ja, aber das gehört doch in die Krankengeschichte! (*lacht*)

E Ja

J Nein!?

E Ja

J No ja, sagt er, das macht einen schlechten Eindruck, und so weiter, nicht wahr!

この写本は，アメリカ議会図書館で閲覧できる．ここに引用した細部を提供してくださったことに対し，ピーター・スウェイルズ氏に感謝する．また，この文章の翻訳上の困難を助けてくださったエルンスト・ファルツェダー，ヴィルヘルム・ヘメッカー，ヨハネス・ライヒマイヤー，ジュリア・スウェイルズの各氏に感謝する．

6 タンズレー宛の手紙で，彼はブロイアーの最初の患者の推移（Hergang）について，自分の推測（Vermutungen）がたしかに当たっていたと主張している（Forrester & Cameron, 1999）．

7 自身の著書について後に書いた要約の中で，ボルヒ－ヤコブセンは，アイティンゴンのアンナ・O 論文に啓発されて，意見を変えて物語全体の起源は，アイティンゴン自身にあると確信を持って述べ，フロイトは不用意な作り話をしたという評判を免れることとなった（Borch-Jacobsen, 2005）．しかしフロイトがアイティンゴンの話の細部に関係していないという推測（さらに彼がアイティンゴンの名のスペルを間違え，自分が論文を発表したセミナーの日付を誤って，一年後の 1910 年 12 月に繰り下げ，その出版日も間違えた事実）は別にしても，ボルヒ－ヤコブセンは論文自体から，説明の全体にある種の論理が見て取れることを

見逃している．アイティンゴン同様に，近親姦的性交の空想から出発して，妊娠と出産という一連の結果に至るのは，でたらめな考えとは言い難い．これは，事件がフロイトの伝える通りに起こったと考えることでも，またフロイトとアイティンゴンの遡及的解釈を信用することでもない．ただアンナ物語が，恣意的ないしでたらめな一片の精神分析的ゴシップとは遥かにかけ離れたものであることを指摘しておきたいだけである．

もしボルヒ－ヤコブセンがツヴァイク宛の手紙にあるフロイト物語を疑っているだけだとしたら，クルト・R・アイスラーが全シナリオを否定したのは，特に激烈であった．彼はフロイトの構成の真実性を否定して，「根拠のない空想の産物」（Eissler, 2001）と決めつけただけでなく，フロイトを「不愉快な，軽率かつ中傷好き」な人物と言っている．アイスラーのこのいささか過剰な非難も，彼がなぜそう考えたか，そのもっともな理由を述べてくれたら，一部は説得力があったかもしれない．しかしアイスラーが挙げているのは，次の 2 点だけである．すなわち，フロイトのブロイアーに対する明らかな敵意はまず隠された自己非難であった，なぜなら，ドラ症例で転移を発見するまでは，彼自身ブロイアーの発見の持つ意味から逃避していたからだ，第二にブロイアーに対する敵意は，彼自身の父親に対する表現されざるアンビヴァレンスの産物であった，ということである．しかし，これらが真の精神分析的洞察であるとしても，もう少ししっかりと歴史的資料に基づいて議論してくれないと，それらが説明の不備を補うことにはなりえない．

8　リーヴスは，この点についてジョーンズを誤読して，ベルタはブロイアーの面前で出産空想を行動化した直後に，「グロス・エンツェルスドルフ」の施設に入院させられた，と示唆している．実際は，ジョーンズは，ベルタが治療直後にいかなる施設にも入院したとは言っていない．そうではなくて，後にウィーンに戻ってからの入院の一つについて述べているのである．彼はベルタのクロイツリンゲン時代については，何も知らないように思われる．ジョーンズは彼の言う入院がいつのことか触れていないので，リーヴスはそれが治療終了時と単純に考えたのだった．フロイトかジョーンズがクロイツリンゲンをインツェルスドルフと取り違えたのだろう，そのために偽の妊娠が実際よりも一年遅く起こったと思ってしまったのだろう，という彼の憶測は，それゆえ，間違っているが，これは彼の議論の筋道にさして影響するものではない．以下に見るように，エランベルジェ（1966）は同様の誤りを犯したが，その結果はきわめて重大である．

9　フロイトにこのような可能性があったことを，遡及的に示唆する状況証拠がある．本症例についてのアイティンゴンの議論に見られるように，彼は性交空想をアンナが父親の病床の傍らに座っていた 1880 年のこととし，続いて同年の終わりに向かって数ヵ月間寝たきりになったときに，妊娠空想を抱いた，と考えた．アンナが「妊娠空想」に結末をつけてようやくベッドから離れたのは，父親の病床傍らのシーンからほぼ正確に 9 カ月経った，1881 年 4 月 1 日のことだった（Freud & Breuer, 1895）．フロイトとアイティンゴンは，二人ともこの種のメカニズムを知悉していたと思われるが，それはドラの症例でも同様のことが起こっているからである．ドラ症例では，フロイトは処女喪失空想の 9 カ月後に生じた虫垂炎は，出産空想を現実化したものだ，と患者に告げている（Freud, 1905）．アイティンゴンは，アンナ・O とドラの間の類似点をいくつか見出しており，ドラ症例のこの部分は，アンナの症状について彼が（そして多分フロイトが）再解釈する際に，対応する要素があるためにイン

スピレーションを与えていたかもしれない.

10 ブロイアーは1882年の報告の中に，1881年8月半ばに休暇を終えてもどったこと，5週間留守にしていたことを記している（Hirschmüller, 1989）．グムンデンの滞在者リストには，マチルデ・ブロイアーが他の人々（子供と召使い）と一緒にそこに休暇用の部屋を借りたのは，7月16日，つまりほぼ4週間前と記録されている．そのため，ブロイアーと妻が一週間程度，この日付の前にヴェニスに旅行した可能性は残る．ただし，それについての唯一の証拠がジョーンズの説明であるので，以下に述べるように，他の留保すべき理由がある．滞在者リストからの資料を提供していただいたピーター・スウェイルズ氏に感謝する.

11 ベルタが激しい痙攣のためモルヒネ注射を受けたというブロイアーの奇妙な言及も考慮しなければならない（Hirschmüller, 1989）．彼女がクロイツリンゲンにいたとき，モルヒネ離脱のために何度も痙攣発作を起こした．フロイトがこのことを知っていたら，ヒステリー性出産という遡及的診断の根拠に取り入れていたかもしれない.

第5章　防衛と性愛

1 原文ドイツ語．Wenn sie wüssten, wo das liegt, was sie suchen, so suchen sie ja nicht. J. W. von Goethe, *Maximen und Reflexionen* (Posth.)

2 フロイトとブロイアーの理論的，個人的な側面における断絶に関しては，ジョーンズ（1962），アンダーソン（1978），ヒルシュミュラー（1989）が十分に議論している.

3 翻訳は修正されている．ブロイアーの責任は，第二センテンスの冒頭で名前を繰り返すことによって，文体から見ても強調されている．しかしストレイチィはその訳文中，Breuerの名前を“him”と置き換えて，これを和らげている．彼はまた，“sine quâ non”でなく，“histeria”の後に引用符を誤ってつけている.

4 翻訳は修正されている．クレインフィールドは“sich lösen”（Forel, 1968）を“be resolved”と訳しているが，これは私たちがすでに指摘したこの症例についてのブロイアーの議論，「病は治療の直接の結果として積極的に消えていったというより，それ自身の経過を辿った」という中に含まれる意味を幾分か失わせるものである.

第6章　転移とファウスト的命題

1 原文ドイツ語．Was nicht originell ist, daran ist nichts gelegen, und was originell ist, trägt immer die Gebrechen des Individuums an sich. J. W. von Goethe, *Maximen und Reflexionen* (Posth.)

2 転移の初期概念の起源についての広範囲にわたる議論は，マカリ（1992）を参照されたい．そこでは，“誤った結びつけ false connection”という考えや，それが催眠の伝統から由来するものであることが述べられている．フロイトの後期の転移に関する著作は，明らかにこの段階の仕事に根差しているが，歴史的に正確であるためには，私たちはこの主題に関する彼のすべての著作を唯一の見解に要約してしまわないよう注意しなければならない．ヒルシュミュラーが述べているように，この時点でフロイトは，神経症の性的病因論と，必然的に性愛的な転移関係の間のつながりについて，考え付いていなかった――これは後期の仕事の中で

初めて詳細に述べられた（Hirschmüller, 1989）．しかし，この点についての彼の見解が明らかになるにつれて，ブロイアーの失敗の性質と意味とが，ますます強く確信されるようになったのは当然である．

3　フロイトがなぜブロイアーに対する批判を1914年になって初めて公表したか，アンナ・O症例も相当詳しく議論された1909年の合衆国のクラーク大学での講演でなぜ公表しなかったのか，この点では興味深いものがある．結局，ブロイアーの治療が失敗だったというフロイトの結論は，1890年代の二人の訣別に始まっている．1909年フロイトは，ブロイアーと一緒にした仕事と，それに次いで神経症の性愛的基礎についての自らの理論の間の差異を明確にするだけで満足した．後になって発表される転移問題については，まったく触れられていない．アメリカの聴衆には，入門的な講演の中であまり詳しく話してもわかりづらいのではないか，と考えたからかもしれないが，しかしこの欠落は聴衆の特質からだけで説明できるものではない．なぜなら，後に出版のための講演ノートを執筆する際に，フロイトはある重要な改訂を行い，1909年11月21日付けのアメリカ側の招待主スタンレー・ホール宛の手紙に，改訂をしてよいか許可を求め，ウォーチェスターで（プログラム記事として）“概要”を書いた講演のドイツ語版の出版を，ウィーンの出版社に委ねてよいかと問い合わせた（Rosenzweig, 1992）．フロイトは明らかにある考えをもって，自らのドイツ語を解する聴衆に向かって自分の講演を公表したのであり，同じ日付のユング宛の手紙で，自分のおこなった改訂について，次のように記している．「私は若干の防衛的な，いやむしろ攻撃的な文言を書き加えました」（Freud & Jung, 1974）

ボルヒ－ヤコブセンは，本症例が性的基盤を持つことを示すことがフロイトには重要だったと主張する．なぜなら精神科医アウグスト・ファレルに率いられたライヴァルの批評家たちが，フロイトが通痢《カタル》療法を放棄したと言って非難しているだけでなく，ブロイアーが完全に非性的と言っているアンナ・O症例を，フロイトに逆らって奉じているからであった（Borch-Jacobsen, 2005）．フロイト自身は，この第一の点について，次のように述べている．

> ……ある種の精神分析の反対者たちは，精神分析の技法は，結局私ではなくて，ブロイアーによって創案されたのだ，ということを時折思い出す習慣がある．これはもちろん，彼らの見解に従って精神分析の中に注目に値する何かがあると思われたときにのみ起こることであって，彼らが精神分析の拒絶にこのように限界を設けない場合には，精神分析は何の疑いもなく私一人の仕事とされるのである．（Freud, 1914）

しかしボルヒ－ヤコブセンは，アンナ・O症例が反フロイト的な目的で真剣に利用されたという主張に，何の根拠もあげていないし，そのような考えに自分が影響されたとも言っていない．実際，これは要因としては働いていなかったようである．アンナにおいては，性的要素は驚くほど未発達だったというブロイアーの主張に関連して，フロイトが次のように述べているからである．「私はいつも不思議に思ってきたが，批評家たちはブロイアーのこの主張をなぜもっと頻繁に，私の神経症性的病因説に対する反論として引用しないのだろうか」

フロイトは1914年に，ようやくアンナ・O症例の性的要素に関するブロイアーの考えは

誤っているという自説を公表する決心をしたが，それは主としてユングの離反と関係していたと思われる．離反の政治学が動機となって，フロイトは，『精神分析運動の歴史について』を書いたが，これは1914年の最初の2カ月間に執筆された．1913年12月26日付けのアブラハム宛ての手紙に，フロイトは次のように書いた．「昨日の最初の講演で，私は神経症の背後に潜む性の発見からブロイアーが最初に逃走したのと，最近ユングが逃走したことの間に完璧な類似があることに気づきました．このことは，性がΨαの核心であることを，一層確信させてくれます」(Freud & Abraham, 2002)．性と転移は，フロイトが『精神分析運動の歴史について』の結論部分でスイス学派に向かって書いた明白な批判の主題であったが，彼は自分にとって精神分析のエッセンスとなったものをブロイアーとユングが共に拒絶していると感じとり，それを明らかにしようとしたのであった．アブラハム宛てのコメントから，推測できるのは，フロイトはアンナ・Oの治療の終結について初めて自分の考えを公表したわけだが，それは以前の共同研究者に対する批判であると同時に，ユングとスイス学派に対する攻撃でもあり，ユングにブロイアーの新版の役割を振り当てていることであった．ユングはもちろんフロイトから，数年前に，治療の終わりについてフロイトがここで述べているよりも詳しい話を聞いていたであろう．彼はまた，フロイトがこの問題を重視していたことや，これがこの特別な時期に出版目的で作られたフィクションでもないことを知っていたと思われる．

4 フロイトが発表したときに最初思い描いていた聴衆は，たぶん，ブルクヘルツリ学派の精神科医たちで，この派の人たちのフロイトへの興味は，1904年4月のオイゲン・ブロイアーの論評によって一般に知られていた（Freud, 1985)．ドラ症例の発表をめぐる類似の状況を再構成するためには，タナーを参照されたい（Tanner, 2002)．

5 マックス・アイティンゴンは，1909年の論文で，ドラとアンナ・Oの間に見られる数多くの明白な類似点を挙げて，ドラは譬えて言えば，アンナの妹のようなものだ，とまで言っている（Eitingon, 1998)．彼が挙げる一つの特殊な類似点は，治療をやめてしまう時点についてであり，彼はそれについて，ブロイアーの書いた症例史に論拠を求めず，これはアンナの側の報復行為であって，フロイトがドラに対しておこなったものとまったく同じだ，と結論づけた．

6 正常なものの病態化は，もちろん誰もが好まぬところだが，それとは逆の命題も当然あり，フロイトと精神分析の中には，病的なものを正常とする相互的傾向がある．フロイトの仕事においては，正常と病態についての慣習的なカテゴリーは保持されているが，臨床の中では，これらの用語は根本的な違いを無視されている場合がある．これがもっとも明瞭に現れているのは，“正常な”性と，“異常な”性の間の単純な区別がなされていない点であるが，それは『性に関する三つの論文』(Freud, 1905) の全体に認められ，後の神経症理論の中でも引き継がれている．たとえばフロイトは，次のように書いている．

> ……正常な人たちの精神生活と神経症患者や精神病患者の精神生活の間には，基本的な差異はなく，ただ程度の差異があるだけである．このことは，精神分析が示してきたところである．正常な人々は，同じ抑圧を通り抜けなければならず，また同じ代理構造と戦わねばならない．唯一の違いは，正常者はこれらの事象を比較的やすやすと（トラブルもな

く）取り扱って，より大きな成功を収めるということである．（Freud, 1913）

心理学的に，“病的”とはどのようなことか，これは精神分析に関するかぎり，事実上きわめて実際的かつ実践的問題である．しかしその場合，これはすべての研究分野（いわゆる伝統的医学も含めて）において，正常と病態の区別は標準的なものであって，病態は，決して現象それ自体の中に“客観的に”刻み込まれているわけではない，という原則を応用したものに過ぎない．このことは，フロイトの，タンズレー宛の手紙中の性格分析に，それとなく認められる．「性の断念はある意味で明らかに異常であるが，それは逆説的だが，他の面での残された健康の代償である」．フロイトは，正常と病態を現実の異なる秩序として区別するのを拒否し，そこに自らの治療の基礎を置かなかったが，そのような立場をとったのは彼が最初ではなかった．この立場の“古典的位置”を示すのは，19 世紀の偉大な生理学者クロード・ベルナールの著作である．1865 年に発表した実験医学研究の中で，ベルナールは次のように書いている．

> 医学は必然的に臨床から始まる．臨床が医学の対象，すなわち医学的問題を決定し，限定するからである．しかし，臨床は医師の最初の研究に値するものだが，科学的医学の基礎ではない．生理学こそが，科学的医学の基礎なのである．生理学は病的な諸現象と正常状態の関係を示すことによって，病的諸現象を解明してくれるに違いないからである．われわれが病的な現象の説明と，正常な生命現象の説明を切り離しているかぎり，医学という科学を持つことはないだろう．（Bernard, 1957）

ベルタ・パッペンハイムの後年の性格の起源と本質について，フロイトの考えが正しかったかどうかは，もちろん別の問題である．

7　『自伝的研究』（Freud, 1925）の中のフロイト自身の説明と比較すると，これが本症例のツヴァイク版の主要な源であることがわかる．

8　ドイツ語原文には，英文の翻訳と異なり，ここに文章の切れ目はない．（Freud, 1968）

第 7 章　伝説の誕生

1　原文ドイツ語．Man geht nie weiter, als wenn man nicht meher weiß, wohin man geht. J. W. von Goethe, *Maximen und Reflexionen* (Posth.)

2　1928 年ジョーンズは，パッペンハイム事例についてブロイアーから話を聞いたのはいつだったのかと，フロイトに尋ねたことがあった．それに対してフロイトは年月日を誤って答えていた——「君がブロイアーから症例報告を聞いたのは 1884 年ごろからと考えているのはその通りだよ．私たちの関係は 1882 年ころから始まった．1885 年には私はパリに行ったからね」（Freud & Jones, 1993）．フロイトは概して年月日についてまったく信用できないことが多いが，特にこの誤りは，おそらく彼が細部にあまりこだわらない人柄だったことを示している．アンナ・O 症例の説明を彼から直接聞いた弟子たちが，いろいろと異なった受け取り方をしていたことは驚くに当たらない．なぜジョーンズが，彼の最初の草稿で，「フロ

イトはおそらく，ブロイアーがまだアンナ・Oを治療していたころから，本症例についてすでに知っていた」と書いたのか，その理由は現在確認されていない.

3 アンナ・フロイトからジョーンズに宛てた1952年3月19日，3月30日付けの手紙は，ロンドンの精神分析研究所（the Institute of Psychoanalysis）のジョーンズ部門にある.

4 フォレスター（1990）の本では，ジェフリー・M・マッソンによる異なる訳が載せられているが，これはボルヒ－ヤコブセンが使ったピーター・スウェイルズの訳ほど満足のいくものではない．現在出版されているマルタとフロイトの1883年8月5日，10月2日，11月2日，4日付けドイツ語版書簡には多少信頼できない箇所があるので，注意を要する．フォレスターは12月2日付け手紙のドイツ語原文中の一文章をやや誤った訳で載せている（Forrester, 1990）．それを使ったボルヒ－ヤコブセンは，脚注で一つ一つ検討しているが，必然的にそれに続く残りの部分では不正確な記載を繰り返すことになっている（Borch-Jacobson, 1997）．彼の11月4日付けフロイトの返信の訳は，原文が手に入らないという同様の理由から，言い換えになっている．イスラエルスは，フォレスターに8月5日の手紙からの抜粋の代わりに，ドイツ語原文を渡したと認めている（Israëls, 1999）が，しかし彼自身のドイツ語版10月31日付け手紙は同様に正確ではなく，フロイトのテキストからマッソンが訳した英語版からまたドイツ語に訳し直した重訳であることを明らかにしていない．一方で，11月2日，4日付け手紙からの抜粋についての彼の翻訳は，ほぼ正確である．これらの手紙はすべて，ワシントンのアメリカ議会図書館の原稿部門（Manuscript Division），ジークムント・フロイト・コレクションで閲覧可能である.

5 Es ist merkwürdig, der armen Bertha ist nie ein anderer Mann näher getreten als ihr jeweiliger Arzt, ach die hätte als Gesunde schon das Zeug dazu, dem vernünftigsten Manne den Kopf zu verdrehen, ist das ein Unglück mit dem Mädchen, nicht wahr — Lach mich nur recht aus Liebster, mich hat die Geschichte heut Nacht kaum schlafen lassen, ich hab mich so lebhaft in die verschwiegene Frau Mathilde hineinversetzt bis ich halb wachend empfand halb träumte, an ihrer Stelle zu sein und in der Lage von der Du gestern geschrieben, was mich in solche Aufregung gebracht daß ich eine brennende Sehnsucht nach Dir empfand [...].

6 Du hast ganz Recht zu erwarten, dass ich Dich recht auslachen werde. Ich thue es hiemit auf's Kräftigste. Bist Du so eitel zu glauben, daß Dir die Leute Deinen Geliebten, oder später Deinen Mann streitig machen werden? O nein, der bleibt ganz Dein u. Dein einziger Trost muß sein, daß er es selbst nicht anders will. Um Schicksale zu haben wie Frau Mathilde, muß man die Frau eines Breuer's sein, nicht wahr? Wenn Du mich aber recht lieb hast, freue mich ganz ungeheuer, ich brauche keine andere Neigung als die Deine. この引用の最後のセンテンスは，公刊されているこの手紙の抜粋から，前もって削除されている.

7 ヒステリー性の出産話の，今一つのよく知られた源は，一見ジョーンズの説明の元になったように思われるが，それはあらゆる点から見て，不適格である．フロイトのシュテファン・ツヴァイク宛の手紙をジョーンズが見た可能性は，ロンドンの精神分析研究所のジョーンズ部門にある往復文書により否定される．ジョーンズはフロイト伝の初版が出た後の1954年4月に，ツヴァイクの二番目の妻（1942年に彼とともに自殺）の兄弟マンフレートと義理の姉妹であるハンナ・アルトマンからの手紙を受け取ったが，その手紙には，フロイ

トからツヴァイクに宛てた手紙を見たいという，エルンスト・フロイトの依頼が書かれていた．事実，ジョーンズはアンナ・フロイトに宛てた手紙（現在アメリカ議会図書館にある）で，ツヴァイクの義理の姉妹から手紙を受け取ったばかりであると書き，さらに 1954 年 12 月 3 日のストレイチィ宛ての手紙（ジョーンズ部門にあり）には，この時点までにそれらを読み終わったことを示唆している．可能性はやや乏しいのだが，クルト・R・アイスラーは，1953 年 8 月にユングとインタビューをしたときに聞いたこの話に，ジョーンズの注意を促したかもしれない．このため 1953 年末に出版されたジョーンズの本に，きわめて遅い改訂が施されることになったのかもしれない．しかし，ジョーンズの論文の最終版は，一片の紙に手書きされて，もっとも初期の手書きの草稿の中に挟まれて存在していた．この事実は，出典がもっと古いことを暗示している．

8　ちなみに，指摘しておくと，もしこれがアンナ・O 物語の原型の損なわれた誤った説明であるとすれば，それには，フロイトがこの重大局面に同席していたという治療の終わりについてのユング版の考えと共通したところがある．イェケルスの論文からこの文をコピーしてくれ，これは間違ったアンナ・O 物語だという示唆を確かなものにしてくれたことに対し，ピーター・スウェイルズ（Swales, 1986）に感謝したい．

第 8 章　伝説の発展

1　原文ドイツ語．Wer das erste Knopfloch verfehlt, kommt mit dem Zuknöpfen nicht zu Rande. J. W. von Goethe, *Maximen und Reflexionen* (Posth.)

2　エランベルジェは，1963 年夏のウィーン旅行の際に，ベルタ・パッペンハイムの家族背景について情報を集めた（Ellenberger, 1993）．ベルタの死について公表された伝記的資料と精神分析文献の中で公表されたものとの間の矛盾は，すでにカープによって指摘されていた（Karp, 1961）．ジョーンズは伝記の中で次のように述べている．「幾分支配的だった母親は，フランクフルトから出て来て，80 年代の終わりに娘を連れ戻り，ベルタはそれ以後戻ることはなかった」（Jones, 1953）．これは，ジョーンズが比較的後年に書き加えた，ベルタに関する伝記的資料の一文である．これに含まれる情報の一部は，1936 年のベルタの死亡時に公表された追悼文に基づいているが，80 年代遅くフランクフルトに戻ったという文章は明らかに間違っており，ブロイアーも症例史の中にそうは書いていない．ジョーンズの情報源は，追悼文について知らせてくれたエナ・レヴィゾーンを介して接触した家族の一人だったと思われる．エレン・イェンゼンも，カープ同様，ベルタの後年の生活について書いた文章の中で，1936 年の死亡記事の 1881 年という年号とブロイアーの症例史との間の食い違いについて指摘しているが，エランベルジェと違って，彼女はあえてこの矛盾をどの方向からも解決しようとしていない．

3　この場合もエランベルジェは，これはジョーンズがフロイトから受け継いだ誤解であった公算が大であることに気づくべきであった．フロイトは 1932 年のシュテファン・ツヴァイク宛の手紙に，治療終了のすぐ後にブロイアーの娘が生まれたことを記載しているからである（Freud, 1961）．

　ボルヒ－ヤコブセン（1996）は，ジョーンズ版の家族間の手紙にある言及に基づいて，ド

ラ・ブロイアーの誕生の誤りは，ブロイアーの近親者によってすぐに指摘されたが，ジョーンズは次の版で修正すると約束しながら，修正しないままにしてしまった，と述べている．問題の手紙には，その誤りがどのようなものだったか，明白には書いていないし，ボルヒ－ヤコブセンは，確たる証拠もなしに，結論に跳びついた．事実，ここで非難したことは，ほぼ確実に誤りであった．ジョーンズが犯したとされる誤り（後の版でたしかに修正した誤り）は，ドラ・ブロイアーがニューヨークで自殺したと述べた点であり，事実は，彼女は1942年1月15日にナチスから逃れるためにウィーンで自殺したのであった（1966）．

4　この二つのセクションにも些細なミスがある．ベルタ・パッペンハイムの誕生日の誤り（1860年でなく，正しくは1859年），ベルタのサナトリウム入院中にブロイアーが3日ないし4日ごとに往診していたという主張（ブロイアーはどの程度往診していたか何もしるしていない），患者が「夏休みに間に合うように，1882年6月末までには治るのだ」とあらかじめ宣言していたという主張（事実は7月7日，彼女の入国記念日までには治ろうと決めていた）である．これらの小さなミスは，エランベルジェの議論の本旨に何ら影響するものではない．

5　エディンガーは，英語版のために本書の伝記的序文を書き直している．そのため，始めのドイツ語版とは重要な点で異なっている．

6　ボルヒ－ヤコブセンが，この写真発見に触れて書いた要旨は，エランベルジェ自身の混乱に輪をかけている．彼は，この写真はアンナ・Oが入院させられたと推測されるときに撮影された，と報告した（Borch-Jacobsen, 2005）．しかし，一体誰によってか．ブロイアーでないのは確かだし，この時期エランベルジェでもない．ジョーンズが入院に言及したのは，彼女が一年後にインツェルスドルフに入院した時期についてだけだし，そもそも彼はクロイツリンゲンに入院した時期については何も知っていなかった．以下に注釈するように，エランベルジェはベルタが1882年ウィーン近郊のサナトリウムに入院していたと，後になってまったく間違った考えを述べているが，これがボルヒ－ヤコブセンの説明に影響をしたのであろう．

7　エランベルジェは，ブロイアーが患者を入院させた経緯について，以前に発表したものとは違っているとは言え，今でもあいかわらず誤った報告をし続けている．初期の版では，ベルタは1881年6月から丸一年入院していたとしていたが，この要約の中では，ベルタはその夏にウィーンに戻ったと正しく述べている．しかし，その後に次のような出来事が続いたとされる．“しかし，1881年12月に状態が悪化したために，彼女は田舎の屋敷（country-house）に連れ戻されなければならなかった”（Ellenberger, 1972）．この主張には証拠はまったくない．この1972年の論文は，1973年に，他の論文と一緒にエランベルジェによって再刊された．その本の編集者は新版を出すにあたって，自分とエランベルジェは若干の改訂をおこなった，と記している（Ellenberger, 1973）が，現在の目的のためにここではエランベルジェの文章の原版を使っている．

8　エランベルジェの犯した失敗，つまりベルタが1882年にウィーン近郊のサナトリウムに入院していたと推測したことが，明らかに彼を導いて，現代の精神分析学のもっとも重大な発見の一つへと至らせたのは，たしかに最高の皮肉と言わなければならない．なぜなら，もし私たちが彼のクロイツリンゲン文書の発見についての1972年の説明を信用するなら，コ

ンスタンツで撮影された写真の影響の下に，彼にベルタの足跡を遠く離れたサナトリウムで探す気にさせたのは，この最初の誤った憶測だったからである．全文を引用すると，次のごとくである．「ベルタは，ウィーン近郊のサナトリウムに重症で入院しているものと思われていたのに，ドイツのコンスタンツで，乗馬服を着て，何をしていたのだろう？　エディンガー夫人の話では，彼女は実際にヨーロッパのその地域にあるサナトリウムの一つで治療を受けていたと思われる，ということだった．現実に，コンスタンツのすぐ近くのクロイツリンゲンというスイスの小さな町に，有名なサナトリウム“ベルビュー・サナトリウム”があった」(Ellenberger, 1972)．結果としてエランベルジェが症例の原記録を発見したことの意義を考えれば，このように明らかに幸運の賜物を手に入れたことで彼を羨むのは，当たっていないだろう．

9　エランベルジェは1974年に彼の大作（magnum opus）のフランス語版を出版した際に，クロイツリンゲンでの発見に照らして，1970年版のアンナ・Oに関する本を改訂した．この改訂では，彼は主として1972年の著作の大部分を引き継いでおり，最近のフランス語版（1994）でも同様である．しかし，写真の件については，二点で抑制が認められる．乗馬服を着たベルタのコンスタンツでの外見と，彼女が重病でウィーン郊外のサナトリウムに入っているという，ブロイアーが言ったとされる証言の間の矛盾については，もはや問題にされていないし，この写真と，ブロイアーの描く家の中に引き籠ったエネルギーの発散口もない娘の肖像の間の対照についても，いっさい触れられていない（Ellenberger, 1994）．エランベルジェは，1970年に発表した分析には間違いがあること，1972年のものにも少し違った形で間違いがあることをはっきり知っていたが，フランス語の改訂版においても，この意味をさらに考え抜くことはしなかった．1972年の論文が，1973年にマイカルによって再刊されたが，その際もこの写真についての結論に特段の修正はなされなかった．

10　本論文の1993年刊行の改訂版で，エランベルジェは期待を少し抑えて，“失望させる disappointing”の代わりに，“無益な uninformative”を当てている（Ellenberger, 1993）．逆に，何の先入観も持たない読者にとっては，この報告はまさにそこに記載されていないことのために，きわめて有益である．

第9章　伝説の成熟

1　原文ドイツ語．Mancher klopft mit dem Hammer an der Wand herum und glaubt, er treffe jedesmal den Nagel auf den Kopf. J. W. von Goethe, *Maximen und Reflexionen* (Posth.)

2　その一方で，このパイオニア的手術を誰がおこなったかわからないため，歯科領域で至高の技能を持ったヨーゼフ・ブロイアーは，無名のままに終わっている．

3　マックス・ローゼンバウムの『アンナ・O症例の現在の再解釈シリーズ』の巻頭小論（1984）はそうしたもののよい例である．それは歴史的情報のさまざまな断片とその二次的解釈を混ぜ合わせ，あたかもその細部に疑いもなく，素材間には矛盾がないかのように読める，歴史的に連続した物語を作り出している．

4　これは部分的には，事件についてのストレイチィの描写と，彼が「すべての病 illness は終焉した」（Breuer & Freud, 1895）と言ったときに，“hysteria” を “illness” と誤って置き換えて

しまったことにのみ依拠した結果であろう．マクミランはこの箇所を初期の論文では引用していなかったが，後の症例要約では入れている（Macmillan, 1997）．

5 ポロック（1973）は同様の誤った推測をしている．もしエランベルジェがこの点について誤った症例報告をしていたと考えれば，それは理解できる．

6 イスラエルスの著作を参照しなくても，その後ボルヒ－ヤコブセンはこの点についてのイスラエルスの議論の構造を正確に再現している．彼はまず，10 月 31 日の手紙に基づいて，誰が誰に魅惑されたかという点から，フロイトはブロイアーとアンナ・O の役割を逆にした，と言ってフロイトを責める．そして同様に，ブロイアーが彼に何が起こったかを率直に話していたことは手紙が示している（Borch-Jacobsen, 2005）のに，ブロイアーは治療の終わりの状況について何も言わなかったと強く主張するフロイトの欺瞞を非難する．このようにフロイトが後に真実と主張したことの証拠にならない同じ手紙が，一方でまた，彼がまったく聞いていないと主張する真実を，実は前から知っていたことを示している，とも考えられたのである．

7 ジョン・フォレスターが，ベルタの転移とブロイアーの逆転移は，これらの書簡に漠然と示されている，と同じ書簡についての議論の中で仄めかしているが，その一因は，マルタの手紙を誤って転写したことにある（Forrester, 1990）．彼はまた同様な疑わしい臆説に基づいて書いている――後にイスラエルスも同様の誤りをした――が，それはブロイアーの治療中断について論じている部分で，フロイトとマルタが言及しているのは，直後のことではなくて 1882 年 6 月の出来事のことに違いない，とする臆説である．

8 ボルヒ－ヤコブセンは，ベルタの治療のこの側面を論じる際に，問題の多い数々の仮定や疑わしい文献を短くまとめている．2 月の手術とその翌月の患者の苦痛の増大を結びつけて，彼はベルタの母――確実により多くの知識を与えられていた――でさえしていない一つの推理に飛躍する．飛躍した挙句に彼は，手術を“明らかな失敗”とみなし，この洞察はシュヴァイクホーファーによる，とした．しかし歯科手術が失敗であったことを示す証拠はないばかりでなく，実際，シュヴァイクホーファーはそれに対してまったく反対の見方を表明している．すでに見たように，彼の考えでは，手術はベルタの長く続く顎の苦痛を治療するためにおこなわれたものであり，その結果ベルタが他の症状からも回復したことから見て，完全な成功であった（Schweighofer, 1987）．

9 19 世紀後半の中央ヨーロッパにおけるさまざまな私的入居施設の違いについては，ショーター（1990）を参照されたい．

10 ボルヒ－ヤコブセンは，1996 年の著書ではこの独特の作話に基づいた議論はあまり展開していないが，その後の仕事ではそうではない．三年後に出版した論文では，彼は著作で述べた非難を繰り返しているが，しかもこのときはその証拠を一切引用していない．彼は「事実私たちは，ブロイアーがアンナ・O の話を若い同僚のフロイトに，治療の悲劇的な結末を隠そうともせずに語ったことを知っている」と述べる（Borch-Jacobsen, 1999）．根拠としてこれを持ち出してから，彼はその上にまったくの創作的な物語を並べ立て，その話を仕立てるためにありとあらゆる推測を並べていく．

普通の良識があれば，フロイトはその後の行き詰まりに至らないように思いとどまるこ

とができただろうに，と思われる．しかしそれでは，事実を彼のお気に入りの理論という祭壇に捧げる，フロイトの生涯変わらない性質を無視することになろう．当時フロイトは，シャルコー，ジャネ，デルブーフらの外傷性記憶の催眠下での“脱暗示 desuggestion”の研究と足並を揃えて仕事しており，アンナ・Oの話を，サルペトリエール学派の理論に照らして急ぎ再読（あるいは，むしろ書き直し）していた．1888 年当時，彼はベルタ・パッペンハイムが回復しつつあると考える理由がなく，また彼自身の患者にはまだカタルシス法を試していなかったこのとき，彼はある百科事典の“ヒステリー”の項目に，「ヒステリー：ウィーンのヨーゼフ・ブロイアーが最初におこなった方法を採用すれば，さらに効果的である……」と誇らしげに書いている．(ibid.)

この文全体を読むと，ブロイアーが治療の悲劇的な結末を話していた証拠は存在しないと思われるが，それでもボルヒ－ヤコブセンは，1882 年 11 月以後の彼自身の本ではそう考えていたことを，銘記しなければならない．フロイトが“当時”シャルコー，ジャネ，デルブーフと足並を揃え，1888 年に一本の論文を書いていたことと，ベルタ・パッペンハイムは回復しつつあると考える理由はないことを，まったく証拠もなしに言われると，完全に時間的混乱が生じる．この状況でボルヒ－ヤコブセンが，フロイトと“無数の”精神分析家たちがアンナ・O症例を書き直し，勝手に手を加えた，と非難し始めたのは，むしろ皮肉である．なぜなら，ボルヒ－ヤコブセン自身の物語の読者こそが“作られる途上の歴史”を目撃する，貴重な機会を手にするからである．

11　これはたまたま，まったく誤って参照した資料によるものである．しかし，ともあれこれは，論理の整合性に影響を及ぼす重要な誤りというより，資料への特殊なアプローチを示す誤りなのである．

結　論

1　原文ドイツ語．Der Mensch muß bei dem Glauben verharren, daß das Unbergreifliche begreiflich sei; er würde sont nicht forschen. J. W. von Goethe, *Maximen und Reflexionen* (1829)

2　ここには少々但し書きが必要であろう．ブロイアーの公刊版の説明とビンスワンガーにあてた原本報告を仔細に吟味すると，前者は後者をほとんど踏襲しているのがわかる．同僚への医学的報告として書かれた 1882 年の文書は，範囲を狭めて症状と治療により綿密に焦点をあてたものでなく，患者の全般的状態をまとめて説明するために書かれている．このため公刊された症例は，最初から構成して書いた場合と比べて，あまりに包括的であり，明らかに妥協の産物といった趣がある．ブロイアー自身が次のように認めている――「私は非常にたくさんのきわめて興味深い細部を発表しないでいるが，にもかかわらずこのアンナ・Oの症例史は，それだけでは決して変わった性質の病気ではないヒステリーを語るに必要な程度を越えて，膨大なものになった．しかし細部に立ち入らずにこの症例を述べることは不可能であったし，本症例の特徴は，この広範にわたる報告を許すに十分な重要性をもっているように思える」(Breuer & Freud, 1895)．病気自体は決して変わった性質のものではないとブロイアーが判断したのは，彼には突飛な症状は，狭い意味でのヒステリー性とは考えられな

かったことを示唆するが，これは今日の感覚ではやや奇妙に感じられる．また，発症以前の春，一時的に顔面の疼痛があったことにまったく言及していないのはともかくとして，1882年のブロイアーの報告に顔面神経痛の記載がないことも指摘しておかねばならない．また，歯科手術の記録もなく，モルヒネ依存の記録もない．たしかにこうしたことは，1882年前半におこなわれた治療の最終期間を記録した中になく，またこの部分は報告書に入っていないが，それも当然であろう．それらは書き写されなかった，あるいはさらにいえば，一度も書かれなかったからである．症例の公刊の大きな目的は，関連のある部分のみを示すことである．ブロイアーには，神経痛とその成り行きをヒステリー性と考えなかったと判断する理由が十分にある以上，ブロイアーがそれらを記載しなかったのは，それほど驚くにはあたらない．

3　ロンドンの精神分析研究所にあるジョーンズ部門には，ジェームズ・ストレイチィが1951年にアーネスト・ジョーンズに宛てた一通の手紙が保存されている．それによると――「フロイトは細部についてきわめて不正確です．でも，自分は“レコード的記憶 phonographic memory”を持っていると思い違いをしているようでした．実際は，彼の引用記述のかなりの部分は――私は大部分と言いたいのですが――は確かめればいささか誤っているのがわかります．事実の細部については，彼自身，いつも矛盾したことを言っていました．症例史を書いた際は，私たちは，彼にこれらの長いリストを送りましたが．彼はその大部分を全集 Ges. Schriften と後の版の中で訂正しました」．

4　事実，ベルタの従兄弟ウィルヘルム・パッペンハイムとその妻エンマは，ブロイアーの70歳の誕生日に患者や同僚，友人たちが送った祝い状に署名し，感情のこもった言葉を添えている（Hirschmüller, 1989）．

5　この点についてジェラルド・クレフトの協力と，彼がエリカ・フロムと交わした私信の詳細を教えてくれたことに感謝したい．オッペンハイマーが，アンナ・Oとベルタとが同一人物であることにまったく気がつかなかったことは，興味深い．このことは，1880年代にアンナがフランクフルトに行く前の詳細な医療記録は，オッペンハイマーが引き継いだ記録の中には入っていなかったことを意味する．

著者略歴

(Richard A. Skues, 1953-)

ロンドン・メトロポリタン大学社会学部講師．専門は精神分析史・フロイト論．共著に *After Freud Left: A Century of Psychoanalysis in America* (University of Chicago Press, 2012).

訳者略歴

岡元彩子〈おかもと・あやこ〉 臨床心理士．元成城墨岡クリニック分院．著訳書『子どものこころの理解と援助』（共著 日本評論社）グレン『シュレーバーと狼男』ブランク『精神分析的心理療法を学ぶ』（共訳 いずれも金剛出版）ほか．

馬場謙一〈ばば・けんいち〉 精神科医．東京大学文学部独文科，慶應義塾大学医学部卒業．現在，南八街病院，上諏訪病院勤務．著訳書オプホルツァー『W氏との対話』（共訳 みすず書房）ガーディナー『狼男による狼男』（みすず書房）ブランク『精神分析的心理療法を学ぶ』（共訳 金剛出版）フロイト『フロイド精神分析入門』（共訳 日本教文社）ほか多数．

リチャード・A・スクーズ
フロイトとアンナ・O
最初の精神分析は失敗したのか
岡元彩子
馬場謙一
共 訳

2015年 9 月30日 印刷
2015年10月 9 日 発行

発行所 株式会社 みすず書房
〒113-0033 東京都文京区本郷5丁目 32-21
電話 03-3814-0131(営業) 03-3815-9181(編集)
http://www.msz.co.jp

本文組版 キャップス
本文印刷所 萩原印刷
扉・表紙・カバー印刷所 リヒトプランニング
製本所 松岳社
装丁 安藤剛史

ISBN 978-4-622-07938-5
[ふろいととあんなオー]